ま　え　が　き

　消費税は、消費一般に幅広く公平に負担を求める間接税であり、医療、福祉、教育等の一部を除き、国内における物品の販売、資産の貸付け、サービスの提供及び貨物の輸入に対して課税され、原則としてこのような取引を行う全ての事業者が納税義務者となります。

　しかしながら、一定規模以下の事業者につきましては、事務負担に配慮して、納税義務を免除する事業者免税点制度や、仕入れに係る消費税額の計算を売上げに係る消費税額を基礎とした簡易な方法により行うことができる簡易課税制度が設けられています。

　この簡易課税制度におきましては、事業者の方が営む事業を、その事業の種類ごとに第一種事業から第六種事業までの6つに区分し、各事業区分に応じたみなし仕入率を適用して仕入れに係る消費税額の計算を行います。したがいまして、適正な申告を行うためには、この事業区分の判定を正しく行うことが重要なポイントとなります。

　本書は、第1編で、消費税の基本的な枠組みを説明し、消費税全般のしくみや軽減税率制度、税額計算、簡易課税制度について容易に理解していただけるよう配意しました。

　第2編では、簡易課税制度の事業区分が一目でわかるよう、事業者の方の様々な業種を、日本標準産業分類をベースとして、わかりやすく解説しました。さらに、第3編では、簡易課税制度に係る申告書、届出書等の作成に当たって参考となるよう記載例を掲載しました。

　また、令和5年10月から適格請求書等保存方式（インボイス制度）が導入されましたが、これに関して令和5年度税制改正で措置された、適格請求書発行事業者となる小規模事業者に対する負担軽減措置（いわゆる2割特例）などについても、今回の改訂で織り込んでおります。

　本書が、多くの事業者の方にとりまして、消費税を理解する上での一助となり、皆様方のお役に立てば幸いです。

　なお、本書は大阪国税局課税第一部審理課に勤務する者が、休日等を利用して執筆したものであり、本文中の意見にわたる部分については、執筆者の個人的見解であることをお断りしておきます。

　令和5年10月

　　　　　　　　　　　　　　　　　　　　　　　　　　大 谷 靖 洋

目　次

第1編　消費税のしくみ

第2編 業種別事業区分の判定表

Contents

第3編 簡易課税制度の申告書・届出書等の記載例

Contents

凡　　例

本書において使用した次の省略用語は、それぞれ次に掲げる法令を示すものです。

法……………………………消費税法

令……………………………消費税法施行令

規……………………………消費税法施行規則

基通………………………消費税法基本通達

（注）令和5年9月30日現在の法令通達によっています。

CHAPTER 1

［第**1**編］

消費税の
しくみ

第1章

消費税とは

　消費税は、消費に広く公平に負担を求めるという観点から、金融取引や資本取引、医療、福祉、教育等の一部を除き、ほとんどすべての国内での商品の販売、サービスの提供及び保税地域から引き取られる外国貨物を課税対象として、取引の各段階ごとに飲食料品等は軽減税率の8%（うち1.76%は地方消費税）、その他は標準税率の10%（うち2.2%は地方消費税）の税率で課税される間接税です。

第1節　消費税の概要

(1) 課税対象

1 消費税の課税対象

　消費税は、国内において事業者が事業として対価を得て行う資産の譲渡等（特定資産の譲渡等に該当するものを除く。）及び特定仕入れが課税の対象となります。

　資産の譲渡等とは、資産の譲渡、貸付け及び役務の提供をいい、特定資産の譲渡等とは、事業者向け電気通信利用役務の提供及び特定役務の提供をいい、特定仕入れとは、事業として他の者から受けた特定資産の譲渡等をいいます。

　消費税の課税対象は、国内取引と輸入取引（保税地域から引き取られる外国貨物）に限られ、国外で行われる取引は課税対象になりません。

　消費税において事業者が事業として行う各取引は、課税取引、不課税取引、非課税取引、免税取引に区分されます。

　なお、課税取引、不課税取引、非課税取引、免税取引のおおよその区分は次表のとおりです。

課税取引		・国内取引……事業者が事業として対価を得て行う資産の譲渡、貸付け及び役務の提供（特定資産の譲渡等を除く。）並びに特定仕入 ・輸入取引……保税地域から引き取られる外国貨物
課税取引以外の取引	不課税取引	・国外取引 ・事業として行われるものでない取引 ・反対給付としての対価性を有しない取引
	非課税取引	消費に負担を求める税としての性格上、又は特別の政策的な配慮に基づき課税の対象とされていない取引
	免税取引	輸出取引等（一定の要件を満たすことにより免税されます。）

1）国内において行うもの

消費税は国内取引に対して課税されます。

事業者が国内と国外にわたって取引を行っている場合は、以下の判定基準をもとに、国内取引であるか国外取引であるかを判定します。

① 資産の譲渡又は貸付けの場合

資産の譲渡又は貸付けが行われる時において、その資産の所在する場所が国内であれば国内取引になります。したがって、その資産の所在する場所が国外であれば、消費税の課税対象外（不課税取引）になります。

　（注）譲渡又は貸付けの対象資産が船舶、航空機、特許権等の場合は、その船舶等の登録をした機関の所在地等が国内であれば国内取引になります。

② 役務の提供の場合

役務の提供が行われた場所が国内であれば、国内取引になります。したがって、その役務の提供が行われた場所が国外であれば、消費税の課税対象外（不課税取引）になります。

　（注）運輸、通信その他国内と国外の双方にわたって行われる役務の提供などの場合には、発送地や到着地等の場所が国内であれば国内取引になります。

③ 電気通信利用役務の提供の場合

電気通信利用役務の提供を受ける者の住所若しくは居所又は本店若しくは主たる事務所の所在地が国内であれば国内取引になります。したがって、役務提供を受ける者の住所等が国外であれば、消費税の課税対象外（不課税取引）になります。

④ 特定仕入れの場合

上記②又は③に定める場所が国内にあるかどうかにより判定します。

> 国内と国外にわたって取引を行っている場合は、その取引内容に応じて、国内取引であるかどうかの判定が必要です。

2) 事業者が事業として行うもの

事業者が事業として行う取引を課税対象としています。

事 業 者	・個人事業者（事業を行う個人） ・法人
事 業	対価を得て行われる資産の譲渡等を反復、継続かつ独立して遂行すること（注）

（注）事業活動に付随して行われる取引（例えば事業用固定資産の譲渡など）も事業に含みます。

法人が行う取引はすべて「事業として」に該当します。

個人事業者の場合は、事業者の立場と消費者の立場とを兼ねていますから、事業者の立場で行う取引が「事業として」に該当し、消費者の立場で行う資産の譲渡（例：家庭で使用しているテレビ等家事用資産の売却）等は「事業として」に該当しません。

> 個人事業者は、事業者の立場で行う取引が課税の対象です。

3) 対価を得て行うもの

資産の譲渡等に対して反対給付を受けること（＝反対給付として対価を得る取引）をいいます。したがって、寄附金、補助金のように反対給付としての対価でないものは原則として資産の譲渡等の対価に該当せず、課税対象になりません。

また、無償の取引（みなし譲渡に該当するものは除く。）や利益の配当、宝くじの当せん金等も同様に課税対象になりません。

（注1）代物弁済、負担付き贈与、交換、現物出資等は、対価を得て行われる資産の譲渡等に含まれます。
（注2）みなし譲渡とは、個人事業者が事業に使用していた資産を家事のために消費・使用した場合や、法人がその役員に対して資産を贈与又は著しく低い対価により譲渡した場合をいい、いずれの場合も、その時における資産の価額に相当する金額が課税標準となります。

> 対価を得る取引とは、反対給付を受ける取引のことです。

4) 資産の譲渡、資産の貸付け、役務の提供

① 資産の譲渡

売買や交換等の契約により、資産の同一性を保持しつつ、他人に移転することをいい

ます。

資　産	棚卸資産、機械装置、建物などの有形資産及び商標権、特許権などの無形資産など、取引（譲渡又は貸付け）の対象となるものはすべて含まれます。

② 資産の貸付け

　賃貸借や消費貸借等の契約により、資産を他の者に貸し付け、使用させる一切の行為をいいます。

　なお、「資産を他の者に使用させる」とは、動産、不動産、無体財産権その他の資産を他の者に使用させること（例：自動車のレンタル、貸倉庫や貸金庫の賃貸）をいいます。

　（注）資産の貸付けには、不動産、無体財産権その他の資産に地上権、利用権、実施権等の権利を設定する行為も含まれます。

③ 役務の提供

　請負契約、運送契約、委任契約、寄託契約などに基づいて労務、便益その他のサービス（例：請負、宿泊、飲食、出演、広告、運送、委任）を提供することをいいます。

　また、税理士、公認会計士、作家、スポーツ選手、映画俳優、棋士などによる、その専門的知識、技能に基づく役務の提供もこれに含まれます。

5）電気通信利用役務の提供に係る課税関係等

① 「電気通信利用役務の提供」とは

　「電気通信利用役務の提供」とは、電気通信回線（インターネット等）を介して行われる電子書籍・広告の配信などの役務の提供をいいます。

　また、国外事業者(注1)が行う「電気通信利用役務の提供」のうち、役務の性質や取引条件等から当該役務の提供を受ける者が通常事業者に限られるものを「事業者向け電気通信利用役務の提供」(注2)といいます。

　（注1）国外事業者とは、非居住者である個人事業者及び外国法人をいいます。
　（注2）「事業者向け電気通信利用役務の提供」には、例えば、インターネットを介した広告の配信や、インターネット上でのゲームソフトやソフトウェアの販売場所を提供するサービスなどが該当します。

② 「事業者向け電気通信利用役務の提供」に係る課税方式（リバースチャージ方式）

○ リバースチャージ方式とは

　　リバースチャージ方式とは、消費税の申告・納税義務を、役務の提供を行った国外事業者ではなく、当該役務の提供を受けた（課税仕入れを行った）事業者に課す課税方式です。

○　対象となる取引

　　対象となる取引は、国外事業者が行う「事業者向け電気通信利用役務の提供」及び「特定役務の提供」(注)です（これらを「特定資産の譲渡等」といいます。）。

(注)「特定役務の提供」とは、国外事業者が行う、映画若しくは演劇の俳優、音楽家その他の芸能人又は職業運動家の役務の提供を主たる内容とする事業として行う役務の提供のうち、当該国外事業者が他の事業者に対して行うもの（不特定かつ多数の者に対して行う役務の提供を除きます。）をいいます。

※　リバースチャージ方式は、課税売上割合が95％以上の事業者や簡易課税制度が適用される事業者は、「事業者向け電気通信利用役務の提供」又は「特定役務の提供」を受けた場合でも、経過措置により当分の間は、その仕入れはなかったものとみなされますので、リバースチャージ方式による申告は不要です。

　　国税庁長官の登録を受けた登録国外事業者から受ける消費者向け電気通信利用役務の提供については、その仕入税額控除を行うことができるとされています。

> 1）～5）の要件のどれか一つでも満たしていない取引は、消費税の課税対象外（いわゆる「不課税取引」）です。

2 非課税取引

　消費税の性格から課税対象とすることになじまないものや社会政策的な配慮から課税することが適当でないものは、非課税取引として消費税を課税しないこととされています。

1	土地（土地の上に存する権利を含みます。）の譲渡及び貸付け（一時的に使用させる場合等を除きます。）
2	有価証券、有価証券に類するもの及び支払手段（収集品及び販売用のものは除きます。）の譲渡
3	利子を対価とする貸付金その他の特定の資産の貸付け及び保険料を対価とする役務の提供等
4	郵便切手類、印紙及び証紙の譲渡（郵便切手類等が収集等の対象として収集品販売業者等によって販売される場合は課税対象になります。）
5	物品切手等の譲渡
6	国、地方公共団体等が、法令に基づき徴収する手数料等に係る役務の提供
7	外国為替業務に係る役務の提供
8	公的な医療保障制度に係る療養、医療、施設療養又はこれらに類する資産の譲渡等
9	介護保険法の規定に基づく、居宅・施設・地域密着型介護サービス費の支給に係る居宅・施設・地域密着型介護サービス等（利用者の選定による一部のサービスを除きます。）
10	社会福祉法に規定する社会福祉事業等として行われる資産の譲渡等

11	医師、助産師その他医療に関する施設の開設者による、助産に係る資産の譲渡等
12	墓地、埋葬等に関する法律に規定する埋葬・火葬に係る埋葬料・火葬料を対価とする役務の提供
13	身体障害者の使用に供するための特殊な性状、構造又は機能を有する物品の譲渡、貸付け等
14	学校、専修学校、各種学校等の授業料、入学金、施設設備費等
15	教科用図書の譲渡
16	住宅の貸付け（貸付けに係る期間が1か月に満たない場合、又は旅館、ホテル等は除きます。）

（2）納税義務

1　納税義務者

消費税を納める義務のある者（納税義務者）は、次のとおりです。

2　納税義務が免除される場合

　国内で課税資産の譲渡等を行った事業者は、消費税の納税義務者となりますが、その①課税期間の②基準期間における③課税売上高が1,000万円以下である事業者については、その課税期間は納税義務が免除されます。

　また、その課税期間の基準期間における課税売上高が1,000万円以下であっても、前年の1月1日から6月30日までの期間（法人の場合は、原則として前事業年度の開始の日以後6か月の期間（以下「特定期間」といいます。））の課税売上高が1,000万円を超える場合、その課税期間は納税義務があります。

> 　特定期間の課税売上高に代えて、特定期間の給与等支払額の合計額（所得税の課税対象とされる給与、賞与等の合計額をいい、未払給与等を除きます。）を用いて判定することもできます（法9の2③、規11の2、基通1−4−2、1−5−23）。
> 　したがって、特定期間の課税売上高が1,000万円を超えていても、給与等支払額が1,000万円を超えていなければ、給与等支払額により免税事業者と判定することができます。

（注）法人で前事業年度が7か月以下である場合などは、特定期間が異なります。

●用語の説明

① 課税期間	納付すべき消費税の計算の基礎となる期間をいいます。原則として、個人事業者は「暦年（1月1日から12月31日まで）」、法人は「事業年度」をいいます。
② 基準期間	事業者にとって、その課税期間において課税事業者となるかどうか、また、簡易課税制度を適用できるかどうかを判断する基準となる期間をいいます。個人事業者はその年の「前々年」、事業年度が1年の法人は課税期間の「前々事業年度」をいいます。
③ 課税売上高	消費税が課税される取引の売上金額（税抜き）と輸出取引等の免税売上金額の合計額からこれらの売上げに係る売上返品、売上値引や売上割戻し等に係る金額を控除した残額をいいます。

●課税事業者の判定

① 個人事業者及び事業年度が1年の12月決算法人の場合

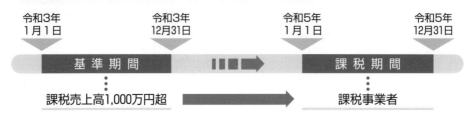

② 事業年度が1年の3月決算法人の場合

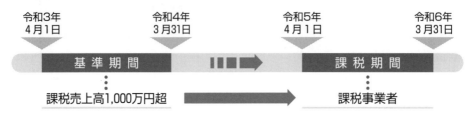

③ 個人事業者及び事業年度が1年の12月決算法人の場合

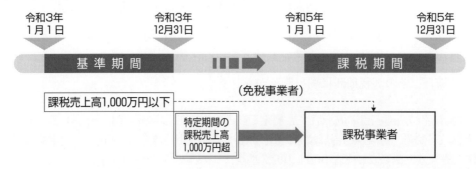

④ 事業年度が１年の３月決算法人の場合

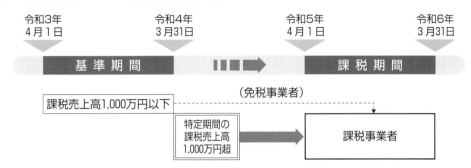

3 納税義務が免除されない場合

　上記 **2** の納税義務が免除される場合（7ページ）については納税義務が免除されますが、次に掲げる場合には納税義務が免除されません。

1）課税事業者を選択した場合

　「消費税課税事業者選択届出書」を提出し、課税事業者になることを選択すれば、届出書を提出した課税期間の翌課税期間以後は課税事業者となり、納税義務が免除されません。

2）新設法人に該当する場合

　その事業年度の基準期間がない法人（社会福祉法人を除きます。）のうち、その事業年度開始の日における資本金の額又は出資の金額が1,000万円以上である法人（以下「新設法人」といいます。）については、その基準期間がない事業年度（課税期間）の納税義務が免除されません。

　また、基準期間がない各課税期間中に調整対象固定資産（棚卸資産以外の固定資産で100万円（税抜き）以上のもの）の課税仕入れを行い、かつ、その仕入れた日の属する課税期間の消費税の確定申告を後記**3** **4**（13ページ）の一般課税による方法で行う場合には、調整対象固定資産の課税仕入れを行った日の属する課税期間の初日から原則として３年間は、納税義務が免除されません。

3）特定新規設立法人に該当する場合

　その事業年度の基準期間がない法人（新設法人及び社会福祉法人を除きます。以下「新規設立法人」といいます。）のうち、その基準期間がない事業年度開始の日（以下「新設開始日」といいます。）において特定要件（他の者により新規設立法人の発行済株式又は出資（自己の株式又は出資を除きます。）の50％超を直接又は間接に保有される場合その他の他の者により新規設立法人が支配される場合）に該当し、かつ、新規設立法人が特定要件に該当する旨の判定の基礎となった他の者及び当該他の者と特殊な関係に

9

ある法人のうちいずれかの者の当該新規設立法人の当該新設開始日の属する事業年度の基準期間に相当する期間における課税売上高が5億円を超える者（以下「特定新規設立法人」といいます。）については、当該特定新規設立法人の基準期間がない事業年度に含まれる各課税期間における課税資産の譲渡等及び特定課税仕入れについて、納税義務が免除されません。

(注) 平成26年3月31日以前に設立された法人については適用されません。

4）相続や合併、分割等があった場合

個人事業者について相続があった場合や法人について合併、分割等があった場合に納税義務を免除しないこととする特例があります。

5）高額特定資産を取得した場合

事業者（納税義務を免除される事業者を除く。）が、簡易課税制度の適用を受けない課税期間中に高額特定資産（一の取引の単位につき、課税仕入れに係る支払対価の額（税抜き）が1,000万円以上の棚卸資産又は調整対象固定資産（棚卸資産以外の固定資産で100万円（税抜き）以上のもの））の課税仕入れ等を行った場合には、その高額特定資産の仕入れ等の日を行った日の属する課税期間の初日から原則として3年間は、納税義務が免除されません。

(注) 平成28年3月31日以前に高額特定資産の仕入れ等を行った場合は適用されません。

4 信託財産に係る資産の譲渡等の帰属等について

信託法が規定する様々な類型の信託のうち、信託段階で法人税が課税される一定の信託（法人課税信託）については、当該信託の受託者の各信託財産に係る事業（受託事業）とその受託者の信託財産以外の財産である固有財産に係る事業（固有事業）とを区分し、それぞれの事業ごとに消費税の確定申告等を行うこととなっています。

なお、納税義務の判定に当たっては、固有事業の基準期間における課税売上高と、その基準期間に対応する期間における各受託事業の課税売上高の合計額により判定することになります。

(注) 個人事業者が受託事業者である場合、当該受託事業者は法人とみなされ、消費税の規定が適用されます。

5 課税期間の短縮

消費税の課税期間は、「消費税課税期間特例選択・変更届出書」を所轄の税務署長に提出することにより、3か月又は1か月に短縮することができます。

　この特例を選択した場合には、3か月又は1か月ごとに消費税額を計算して申告、納付をすることになります。

区　　分			個 人 事 業 者	法　　　　　人
課税期間	原則		1月1日から12月31日までの期間	事業年度（みなし事業年度を含みます。）
	特例	3か月特例	1月1日から3月31日までの期間 4月1日から6月30日までの期間 7月1日から9月30日までの期間 10月1日から12月31日までの期間	その事業年度をその開始の日以後3か月ごとに区分した各期間（最後に3か月未満の期間が生じたときは、その3か月未満の期間）
		1か月特例	1月1日以後1か月ごとに区分した各期間	その事業年度をその開始の日以後1か月ごとに区分した各期間（最後に1か月未満の期間が生じたときは、その1か月未満の期間）

⑶ 納付税額の計算

1 納付税額の計算

納付すべき消費税額は次のように計算し、消費税額と地方消費税額の合計額を納付します。

[消費税の納付税額] =

（100円未満切捨て。ただし、還付となる場合は切り捨てません。）

課税期間中の課税売上げに係る消費税額（課税標準額）×消費税率（注）	−	課税期間中の課税仕入れ等に係る消費税額（仕入控除税額）	−	売上対価の返還等に係る消費税額	−	貸倒れに係る消費税額

（注）消費税率
    1　平成元年4月1日から平成9年3月31日までは3%
    2　平成9年4月1日から平成26年3月31日までは4%
    3　平成26年4月1日から令和元年9月30日までは6.3%
    4　令和元年10月1日以降は軽減税率6.24%、標準税率7.8%を区分して計算して合計します。

[地方消費税の納付税額] = [消費税の納付税額] × 地方消費税率（注）

（100円未満切捨て。ただし、還付となる場合は切り捨てません。）

（注）地方消費税率
    1　平成9年4月1日から平成26年3月31日までは $\dfrac{1}{4}$
    2　平成26年4月1日から令和元年9月30日までは $\dfrac{17}{63}$
    3　令和元年10月1日以降は $\dfrac{22}{78}$

[消費税等の納付税額] = [消費税の納付税額] + [地方消費税の納付税額]

2 課税標準額

課税標準とは、税額計算の基礎となる金額のことをいい、この合計額を課税標準額といいます。この課税標準額に税率を掛けて課税売上げに係る消費税額を算出します。

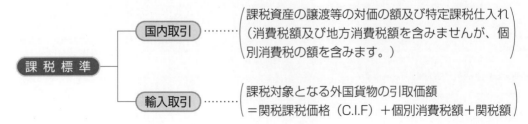

課税標準
- 国内取引 ……… 課税資産の譲渡等の対価の額及び特定課税仕入れ（消費税額及び地方消費税額を含みませんが、個別消費税の額を含みます。）
- 輸入取引 ……… 課税対象となる外国貨物の引取価額＝関税課税価格（C.I.F）＋個別消費税額＋関税額

3 税率 (注)

　消費税の税率は、軽減税率は 6.24 %、標準税率は 7.8 % です。

　このほか地方消費税率が消費税率換算で軽減税率の場合 1.76 %、標準税率の場合 2.2 %課税されますから、合わせた税率は軽減税率 8 %、標準税率 10 % となります。

(注)　1　平成元年 4 月 1 日から平成 9 年 3 月 31 日までの消費税の税率は、3 % です。
　　　2　平成 9 年 4 月 1 日から平成 26 年 3 月 31 日までの消費税の税率は、4 % です。
　　　　　このほか地方消費税率が消費税率換算で 1 % 課税されますから、合わせた税率は 5 % となります。
　　　3　平成 26 年 4 月 1 日から令和元年 9 月 30 日までの消費税の税率は、6.3 % です。
　　　　　このほか地方消費税が消費税率換算で 1.7 % 課税されますから、合わせた税率は 8 % となります。

4 仕入控除税額の計算

　消費税においては、税の累積を排除する観点から、前段階の税額を控除する仕入税額控除制度が設けられています。

　課税事業者は、その課税期間中の課税標準額に対する消費税額（課税売上げに係る消費税額）から、その課税期間中に国内において行った課税仕入れに係る消費税額及び保税地域から引き取った課税貨物につき課された又は課されるべき消費税額の合計額（以下「仕入控除税額」といいます。）を控除します。

　なお、地方消費税も仕入税額控除を行った後の消費税の納付税額を基礎として計算しますから、税が累積することはありません。

　仕入控除税額の計算方法は、「一般課税による方法」と「簡易課税による方法」があります。

●仕入控除税額の計算方法

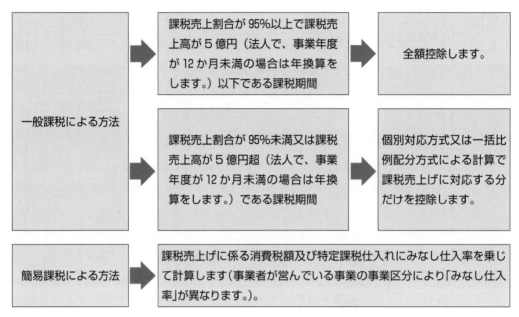

一般課税による方法	→	課税売上割合が95%以上で課税売上高が5億円（法人で、事業年度が12か月未満の場合は年換算をします。）以下である課税期間	→	全額控除します。
	→	課税売上割合が95%未満又は課税売上高が5億円超（法人で、事業年度が12か月未満の場合は年換算をします。）である課税期間	→	個別対応方式又は一括比例配分方式による計算で課税売上げに対応する分だけを控除します。
簡易課税による方法	→	課税売上げに係る消費税額及び特定課税仕入れにみなし仕入率を乗じて計算します（事業者が営んでいる事業の事業区分により「みなし仕入率」が異なります。）。		

課税売上割合とは、次の算式により計算した割合をいいます。

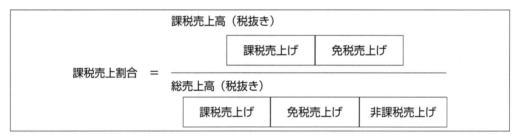

$$課税売上割合 = \frac{課税売上高（税抜き）[課税売上げ｜免税売上げ]}{総売上高（税抜き）[課税売上げ｜免税売上げ｜非課税売上げ]}$$

5 売上返品、値引き、割戻し等があった場合

　課税事業者が課税資産の譲渡等につき、返品を受けたり、値引き、割戻し、割引をしたことにより、その課税資産の譲渡等の対価の額（税込価額）の全部若しくは一部の返還又はその課税資産の譲渡等の税込価額等に係る売掛金その他の債権の額の全部若しくは一部の減額（以下「売上対価の返還等」といいます。）をした場合には、売上対価の返還等を行った課税期間の課税売上げに係る消費税額から、売上対価の返還等の金額に係る消費税額の合計額を控除することになります。

　「売上対価の返還等の金額に係る消費税額」は、次のように計算します。

$$売上対価の返還等の金額に係る消費税額 = 売上対価の返還等の金額（税込み） \times \left(軽減税率\frac{6.24}{108}\right) 又は \left(標準税率\frac{7.8}{110}\right)（注）$$

（注）1　平成元年4月1日から平成9年3月31日までは$\frac{3}{103}$です。

2　平成9年4月1日から平成26年3月31日までは$\frac{4}{105}$です。

3　平成26年4月1日から令和元年9月30日までは$\frac{6.3}{108}$です。

なお、課税事業者が税率改定前に行った課税資産の譲渡等につき、税率改定以降に売上対価の返還をした場合は、当該売上対価の返還等に係る消費税額の控除については、なお従前の例によります。

6　貸倒れが生じた場合

課税事業者が国内において課税資産の譲渡等を行った場合において、その相手方に対する売掛金等が貸倒れとなったときは、貸倒れとなった日の属する課税期間の課税売上げに係る消費税額から、貸倒れ処理した金額に係る消費税額の合計額を控除します。

なお、控除することができる貸倒れに係る消費税額は、次の算式により計算します。

$$\text{貸倒れに係る消費税額} = \text{貸倒れに係る金額} \times \left(\text{軽減税率}\frac{6.24}{108}\right) \text{又は} \left(\text{標準税率}\frac{7.8}{110}\right) \text{(注)}$$

(注)　1　平成元年4月1日から平成9年3月31日までは$\frac{3}{103}$です。

2　平成9年4月1日から平成26年3月31日までは$\frac{4}{105}$です。

3　平成26年4月1日から令和元年9月30日までは$\frac{6.3}{108}$です。

なお、課税事業者が税率改定前に行った課税資産の譲渡等につき、税率改定以降に売上対価の返還をした場合は、当該売上対価の返還等に係る消費税額の控除については、なお従前の例によります。

(4) 申告・納付の手続

1　確定申告

課税事業者は、課税期間の末日の翌日から2か月以内に、所定の事項を記載した消費税及び地方消費税の確定申告書を所轄の税務署長に対して提出するとともに、その申告に係る消費税額及び地方消費税額の合計額を納付することになります。

(注) 個人事業者の確定申告の申告期限及び納期限は、翌年3月末日までとされています。

○　使用する申告書及び付表

令和5年10月1日以後終了課税期間の消費税及び地方消費税に係る申告書及び申告書付表の使用区分は次のとおりです。

区　　　分		申告書本表	付表 1-1 及び 1-2	付表 1-3	付表 2-1 及び 2-2	付表 2-3	付表 4-1 及び 4-2	付表 4-3	付表 5-1 及び 5-2	付表 5-3	付表※ 6
一般課税制度による場合	経過措置対象課税資産の譲渡等及び経過措置対象課税仕入れ等あり	消費税及び地方消費税申告書（一般用）第一表及び第二表	○		○						
	経過措置対象課税資産の譲渡等及び経過措置対象課税仕入れ等なし	消費税及び地方消費税申告書（一般用）第一表及び第二表		○		○					
簡易課税制度による場合	経過措置対象課税資産の譲渡等あり	消費税及び地方消費税申告書（簡易課税用）第一表及び第二表					○		○		
	経過措置対象課税資産の譲渡等なし	消費税及び地方消費税申告書（簡易課税用）第一表及び第二表						○		○	
2割特例（インボイス発行事業者となる小規模事業者に対する負担軽減措置）による場合	簡易課税制度を選択している事業者	消費税及び地方消費税申告書（簡易課税用）第一表及び第二表									○
	上記以外の事業者	消費税及び地方消費税申告書（一般用）第一表及び第二表									○

（注1）付表の○印は、申告書本表に添付して、税務署に提出するものを示します。

（注2）消費税の還付申告書（中間還付を除く）を提出する場合、「消費税の還付申告に関する明細書」を添付しなければなりません。

（注3）2割特例は、免税事業者（消費税課税事業者選択届出書の提出により課税事業者となった免税事業者を含みます。）がインボイス発行事業者となる場合にインボイス発行事業者の令和5年10月1日から令和8年9月30日までの日の属する各課税期間において、適用することができます（28改正法附則51の2①）。

　※　第4―⒀号様式「付表6　税率別消費税額計算表〔小規模事業者に係る税額控除に関する経過措置を適用する課税期間用〕（特別）」

	特　例	卸売業 小売業	その他 の業種	簡易課税申告 の適用可否	適用対象期間
売上税額の 計算特例	小売等軽減仕入割合 の特例	○	×	×	令和元年10月1日から 令和5年9月30日まで
	軽減売上割合の特例 （10営業日割合）	○	○	○	
	50%の割合による特例	○	○	○	

2 中間申告

1）中間申告制度

中間申告の回数等は、直前の課税期間の確定消費税額に応じて、次のようになります。

直前の課税期間の確定消費税額 （地方消費税額を含まない年税額）	中間申告の回数	申告納付期限	中間納付税額
48万円以下	中間申告不要		
48万円超400万円以下	年1回	各中間申告対象課税期 間の末日の翌日から2 か月以内（注）	直前の課税期間の確定 消費税額の12分の6
400万円超4,800万円以下	年3回		直前の課税期間の確定 消費税額の12分の3
4,800万円超	年11回		直前の課税期間の確定 消費税額の12分の1

（注）直前の課税期間の確定消費税額が4,800万円超の場合、最初の1か月分（個人事業者は、1〜3月分）の申告納付期限は、課税期間開始の日以後2か月（個人事業者は5月末）を経過した日から2か月以内となります。

2）任意の中間申告制度

直前の課税期間の確定消費税額（地方消費税額を含まない年税額）が48万円以下の事業者（中間申告義務のない事業者）が、任意に中間申告書（年1回）を提出する旨を記載した届出書を納税地の所轄税務署長に提出した場合には、当該届出書を提出した日以後にその末日が最初に到来する6月中間申告対象期間（注1）から、自主的に中間申告・納付することができます。

（注1）「6月中間申告対象期間」とは、その課税期間開始の日以後6月の期間で、年1回の中間申告の対象となる期間をいいます。

当該届出書を提出した場合の中間申告の回数等は、直前の課税期間の確定消費税額に応じて、次のようになります。

直前の課税期間の確定消費税額 （地方消費税額を含まない年税額）	中間申告の回数	申告納付期限	中間納付税額
48 万円以下	任意の中間申告 （年1回）が可能	各中間申告対象課税期間の末日の翌日から2か月以内（注2）	直前の課税期間の確定消費税額の2分の1
48 万円超 400 万円以下	年1回		直前の課税期間の確定消費税額の12分の6
400 万円超 4,800 万円以下	年3回		直前の課税期間の確定消費税額の12分の3
4,800 万円超	年11回		直前の課税期間の確定消費税額の12分の1

（注2）直前の課税期間の確定消費税額が4,800万円超の場合、最初の1か月分（個人事業者は、1
～3月分）の申告納付期限は、課税期間開始の日以後2か月（個人事業者は5月末）を経過し
た日から2か月以内となります。

（5）会計処理

■1 会計処理の方法

消費税の会計処理方法には、以下の2通りの方法があります。いずれを採用するかは
事業者の任意であり、納付する消費税額及び地方消費税額の合計額は同額となります。

（注）免税事業者は税込経理方式です。

1）税込経理方式

消費税額及び地方消費税額を、売上高及び仕入高等に含めて経理する方法です。

特　　徴	売上げ又は仕入れ等に係る消費税額及び地方消費税額は、売上金額、仕入金額、資産の取得価額又は経費等の金額に含まれるため、事業者の損益は消費税及び地方消費税によって影響されますが、税抜計算の手数が省けます。
売上げに係る 消費税額等	売上げに含めて収益として計上します。 （例）税込み 11,000 円の売上げがあった場合 　　　売掛金　11,000 円　／　売上　11,000 円
仕入れ等に係る消費税額等	仕入金額、資産の取得価額又は経費等の金額に含めて計上します。 （例）税込み 11,000 円の仕入れがあった場合 　　　仕入　11,000 円　／　買掛金　11,000 円

2）税抜経理方式

消費税額及び地方消費税額を、売上高及び仕入高等に含めないで区分して経理する方
法（取引の都度区分する方法と期末に一括区分する方法があります。）です。

特　　　徴	売上げ又は仕入れ等に係る消費税額及び地方消費税額は、仮受消費税等、又は仮払消費税等とされ、事業者を通過するだけの税金にすぎないため、事業者の損益は消費税及び地方消費税によって影響されませんが、税抜計算の手数が掛かります。
売上げに係る消費税額等	売上げには含めず、仮受消費税等とします。 （例）税込み 11,000 円の売上げがあった場合 　　　売掛金　11,000 円　／　売上　　　　　10,000 円 　　　　　　　　　　　　　　　仮受消費税等　1,000 円
仕入れ等に係る消費税額等	仕入金額、資産の取得価額又は経費等の金額には含めず、仮払消費税等とします。 （例）税込み 11,000 円の仕入れがあった場合 　　　仕入　　　　　10,000 円　／　買掛金　11,000 円 　　　仮払消費税等　1,000 円

2　具体的な経理処理方法

1）税込経理方式の場合

① 納付税額

　　納付税額は、租税公課として必要経費（損金）に算入できます。計上する時期は、原則として、申告書提出日の属する年分（事業年度）となります。

　　ただし、申告書を作成することで確定した納付税額を未払消費税等として計上したときは、計上日の属する年分（事業年度）の必要経費（損金）に算入することもできます。

租税公課　　XX,XXX 円　　／　　未払消費税等　　XX,XXX 円

---

② 還付税額

　　還付税額は、雑収入として収入金額（益金）に算入することとなります。計上する時期は、原則として、申告書提出日の属する年分（事業年度）となります。

　　ただし、申告書を作成することで確定した還付税額を未収消費税等として計上したときは、計上日の属する年分（事業年度）の収入金額（益金）に算入することとなります。

未収消費税等　　XX,XXX 円　　／　　雑収入　　XX,XXX 円

2）税抜経理方式の場合

　　仮受消費税等の合計額から仮払消費税等の合計額を控除した額を、支出又は入金とし、損益には関係させません。このとき、税額計算上の端数処理等により納付税額と仮受消

費税等の合計額から仮払消費税等の合計額を控除した金額との間に差額が生じる場合は、その差額は雑損失又は雑収入として処理することとなります。

① 納付税額

| 仮受消費税等 | XXX,XXX 円 | ／ | 仮払消費税等 | XXX,XXX 円 |
| | | | 未払消費税等 | XX,XXX 円 |

② 還付税額

| 仮受消費税等 | XXX,XXX 円 | ／ | 仮払消費税等 | XXX,XXX 円 |
| 未 収 入 金 | XX,XXX 円 | | | |

（6）総額表示

1 総額表示の対象となる事業者及び取引

対　象　者	消費税の課税事業者 （注）免税事業者は、取引に課される税がないことから、そもそも「税抜価格」を表示して別途消費税相当額を受領することは、消費税の仕組み上予定されていませんから、当然に総額表示の対象者となります。
対象となる取引	消費者に対して商品の販売、役務の提供等を行う場合、いわゆる小売段階の価格表示 （注）特定の者との間で個々の契約や注文に基づいて行われる一般的な事業者間取引は、総額表示義務の対象とはなりません。

（注）令和3年4月1日以降、総額表示は義務付けされています。

2 総額表示の具体的な表示方法

価格表示の方法については、商品やサービス、あるいは事業者によって様々な方法があると考えられますが、「税込価格」が明示されているか否かがポイントとなります。

例えば、次に掲げるような表示がこれに該当します。

① 8,800 円

② 8,800 円（税込み）

③ 8,800 円（税抜価格 8,000 円）

④ 8,800 円（うち消費税額等 800 円）

⑤ 8,800 円（税抜価格 8,000 円、消費税額等 800 円）

⑥ 8,800 円（税抜価格 8,000 円、消費税率 10%）

⑦ 8,000 円（税込価格 8,800 円）

3 総額表示の対象となる表示媒体

　総額表示の義務付けは、消費者に対してあらかじめ商品の販売、役務の提供等を行う場合の価格表示を対象としていますので、それがどのような表示媒体によるものであるかを問いません。

　具体的には、次のようなものが該当します。

① 値札、商品陳列棚、店内表示などによる価格の表示

② 商品のパッケージなどへの印字あるいは貼付した価格の表示

③ チラシ、パンフレット、商品カタログなどによる価格の表示

④ 新聞、雑誌、テレビ、インターネットホームページ、電子メールなどの媒体を利用した広告

⑤ ポスター、看板などによる価格の表示

　なお、口頭による価格の提示や、代金決済時の価格表示は、総額表示義務の対象となりません。

第2節　消費税の軽減税率制度

（1）消費税の軽減税率制度の概要

　消費税及び地方消費税（以下「消費税等」といいます。）の税率は、令和元年 10 月 1 日に、8%（うち地方消費税率は 1.7%）から 10%（うち地方消費税率は 2.2%）に引き上げられました。

　また、これと同時に、10% への税率引上げに伴う低所得者への配慮の観点から、「酒類・外食を除く飲食料品」と「定期購読契約が締結された週 2 回以上発行される新聞」を対象に、消費税の軽減税率制度が実施されています。

　なお、軽減税率は、軽減税率の対象品目を譲渡した時に適用されます。

　軽減税率制度の概要をまとめると次のとおりです。

税率	適用時期／区分	令和元年 9 月 30 日まで	令和元年 10 月 1 日から	
			軽減税率	標準税率
	消費税率	6.3%	6.24%	7.8%
	地方消費税率	1.7%	1.76%	2.2%
	合計	8.0%	8.0%	10.0%

軽減税率の対象品目	● 飲食料品（外食・酒類は含みません。） ● 週 2 回以上発行される新聞（定期購読契約に基づくもの）	
事業者における対応	● 売上げ・仕入れ（経費）を税率ごとに区分経理 ● 区分経理に対応した請求書等の交付・保存	
仕入税額控除の要件	令和元年 9 月 30 日まで	● 帳簿及び請求書等の保存
	令和元年 10 月から	● 帳簿及び区分記載請求書等の保存
	令和 5 年 10 月から	● 帳簿及び適格請求書等の保存
税額計算の特例（経過措置）	● 税率ごとの区分経理が困難な中小事業者に対する売上税額又は仕入税額の計算の特例	

（2）軽減税率の対象品目

1 飲食料品の範囲等

1）飲食料品

　軽減税率の対象品目である「飲食料品」とは、食品表示法に規定する食品（酒税法に規定する酒類を除き、以下「食品」といいます。）をいい、人の飲用又は食用に供されるものをいいます。

　この「食品」とは、全ての飲食物をいい、「医薬品、医療機器等の品質、有効性及び安全性の確保等に関する法律」に規定する「医薬品」、「医薬部外品」及び「再生医療等製品」を除き、食品衛生法に規定する「添加物」を含むものとされています。

　また、「食品」と「食品以外」の資産があらかじめ一の資産を形成し、又は構成しているもの（その一の資産に係る価格のみが提示されているものに限り、以下「一体資産」といいます。）のうち、一定の要件を満たすものも含みます。

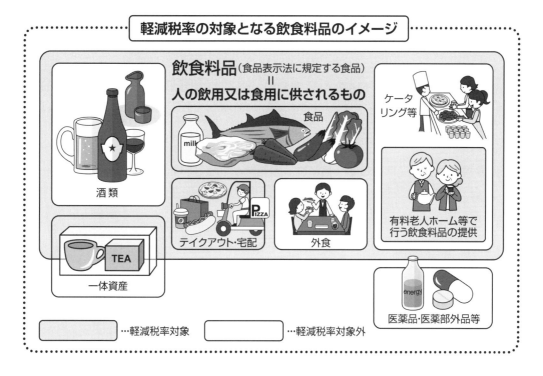

軽減税率の対象となる飲食料品のイメージ

飲食料品（食品表示法に規定する食品）
＝
人の飲用又は食用に供されるもの

食品

ケータリング等

酒類

milk

テイクアウト・宅配

外食

有料老人ホーム等で行う飲食料品の提供

TEA

一体資産

energy

医薬品・医薬部外品等

　　　…軽減税率対象　　　　　…軽減税率対象外

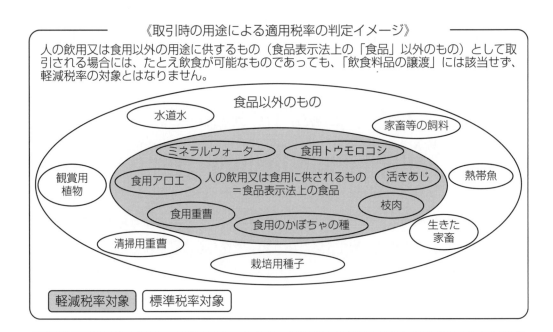

《取引時の用途による適用税率の判定イメージ》

人の飲用又は食用以外の用途に供するもの（食品表示法上の「食品」以外のもの）として取引される場合には、たとえ飲食が可能なものであっても、「飲食料品の譲渡」には該当せず、軽減税率の対象とはなりません。

食品以外のもの

水道水

家畜等の飼料

ミネラルウォーター　食用トウモロコシ

観賞用
植物

食用アロエ　人の飲用又は食用に供されるもの
＝食品表示法上の食品

活きあじ

熱帯魚

食用重曹

枝肉

食用のかぼちゃの種

生きた
家畜

清掃用重曹

栽培用種子

軽減税率対象　標準税率対象

〔参考〕食品表示法（平成 25 年法律第 70 号）
第 2 条第 1 項
　この法律において「食品」とは、全ての飲食物（医薬品、医療機器等の品質、有効性及び安全性の確保等に関する法律（昭和 35 年法律第 145 号）第 2 条第 1 項に規定する医薬品、同条第 2 項に規定する医薬部外品及び同条第 9 項に規定する再生医療等製品を除き、食品衛生法第 4 条第 2 項に規定する添加物（第 4 条第 1 項第 1 号及び第 11 条において単に「添加物」という。）を含む。）をいう。

2）飲食料品から除かれるもの（軽減税率の対象とならないもの）

① 酒類

　酒税法に規定する「酒類」は、軽減税率の対象となる「食品」から除かれています。このため、食品の製造原料として「酒類」を販売する場合であっても軽減税率の対象となりません。

〔参考〕酒税法に規定する酒類
　アルコール分 1 度以上の飲料（飲用に供し得る程度まで水等を混和してそのアルコール分を薄めて 1 度以上の飲料とすることができるものや水等で溶解してアルコール分 1 度以上の飲料とすることができる粉末状のものを含みます。）

② 医薬品、医薬部外品

　「医薬品、医療機器等の品質、有効性及び安全性の確保等に関する法律」に規定する「医薬品」、「医薬部外品」及び「再生医療等製品」は、食品表示法上の「食品」から除かれ

ていますので、軽減税率の対象となりません。

③　外食

　飲食店営業等、食事の提供を行う事業者が、テーブル・椅子等の飲食に用いられる設備がある場所において、飲食料品を飲食させる役務の提供は、軽減税率の対象となりません。

④　ケータリング・出張料理など

　相手方が指定した場所において行う、加熱、調理又は給仕等の役務を伴う飲食料品の提供は、原則、軽減税率の対象となりません。

3) 飲食料品を販売する際に使用される包装材料等

　飲食料品の販売に使用される包装材料及び容器（以下「包装材料等」といいます。）が、通常必要なものとして販売に使用されるものである時は、その包装材料等も含め軽減税率の対象となる「飲食料品の譲渡」に該当します。

　ここでの通常必要なものとして販売に使用される包装材料等とは、その飲食料品の販売に付帯するものであり、通常、飲食料品が費消され又はその飲食料品と分離された場合に不要となるようなものが該当します。例えば、精肉や魚などを販売するときのトレイなどは、包装材料等に該当します。

> **注意**
> 　包装材料等の販売者が行う、飲料メーカーに対する缶・ペットボトルの販売やスーパー等の小売店に対するトレイの販売は、容器そのものの販売ですので、「飲食料品の譲渡」に該当せず、軽減税率の対象となりません。

　なお、贈答用の包装など、包装材料等につき別途対価を定めている場合のその包装材料等の譲渡は、「飲食料品の譲渡」には該当しません。

　また、例えば、陶磁器やガラス食器等の容器のように飲食の用に供された後において、食器や装飾品として利用できるものを包装材料等として使用しており、食品とその容器をあらかじめ組み合わせて一の商品として価格を提示し販売しているものについては、その商品は「一体資産」に該当し、一定の要件を満たすものに限り軽減税率が適用されます。

4) 飲食料品の輸入取引

　保税地域から引き取られる課税貨物のうち、「飲食料品」に該当するものについては、軽減税率が適用されます。

　課税貨物が「飲食料品」に該当するか否か（軽減税率の対象となるか否か）は、輸入

の際に、人の飲用又は食用に供されるものとして輸入されるか否かにより判定します。

2 一体資産

1）一体資産

「一体資産」とは、次のいずれにも該当するものをいい、「一体資産」の譲渡は、原則、軽減税率の対象とはなりません。

> ① 食品と食品以外の資産があらかじめ一の資産を形成し、又は構成しているもの
> ② 一の資産の価格のみが提示されているもの

しかしながら、次のいずれにも該当する場合は、飲食料品の譲渡として、その全体が軽減税率の対象となります。

A 一体資産の譲渡の対価の額（税抜価格）が1万円以下であること

B Aのうち食品に係る部分の価額の占める割合として、合理的な方法により計算した割合が3分の2以上であること

2）一の資産の価格のみが提示されている場合

一体資産は、上記1）①及び②のいずれにも該当するものに限られますので、例えば、次のような場合は、食品と食品以外の資産が一の資産を形成し、又は構成しているものであっても、「一体資産」に該当しません。

① 食品と食品以外の資産を組み合わせて詰め合わせ商品として、個々の商品の価格を内訳として提示している場合

② 商品の価格を提示して販売しているか否かにかかわらず、食品と食品以外の資産を、顧客が自由に組み合わせて販売している場合

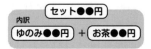

3）1万円以下の判定の単位

税抜販売価額が1万円以下であるかどうかは、一体資産の販売ごと、つまり、セット商品の1個当たりで判定します。

```
┌─ 1万円以下の判定の単位の計算例 ──────────────────┐
│                                                    │
│ コーヒーとティーカップをセット商品として、100個単位で 100,000円（税抜き）で販売 │
│   セット商品1個当たりの販売価額                        │
│   100,000円 ÷ 100個 ＝ 1,000円                      │
│   一体資産の譲渡の対価の額（税抜価額）は 10,000円以下となります。 │
│                                                    │
└────────────────────────────────────────────────┘
```

4） 食品に係る部分の割合として合理的な方法により計算した割合

「食品に係る部分の価額の占める割合として合理的な方法により計算した割合」とは、事業者の販売する商品や販売実態等に応じ、例えば、次の割合など、事業者が合理的に計算した割合であれば、これによって差し支えありません。

```
┌──────────────────────────────────────────────┐
│ ①　一体資産の譲渡に係る売価のうち、合理的に計算した食品の売価の占める割合 │
│ ②　一体資産の譲渡に係る原価のうち、合理的に計算した食品の原価の占める割合 │
└──────────────────────────────────────────────┘
```

```
┌─ 原価に占める割合の計算方法例 ───────────────────┐
│                                                    │
│ コーヒーとカップの一体資産                            │
│ 販売価格（税抜き）：1,000円                           │
│ 仕入価格（税込み）：コーヒー 550円、マグカップ 200円      │
│                                                    │
│  したがって、この商品の販売は、                        │
│    A　一体資産の譲渡の対価の額（税抜価額）が 1万円以下（1,000円） │
│    B　食品に係る部分の割合が 3分の2以上（73.3%）         │
│  この場合は、上記②に示した計算方法によって計算し、その結果、食品に係る部 │
│  分の割合が3分の2以上であるものに該当します。            │
│ コーヒー（食品）の原価　一体資産の譲渡の原価　一体資産の譲渡の原価のうち、食品の占める割合 │
│                                                    │
│   550円  ／  750円  ÷ 73.3% ≧ $\frac{2}{3}$ （66.666…%） │
│                                                    │
│ 以上のことから、「飲食料品の譲渡」に該当し、軽減税率の対象となります。 │
│                                                    │
└────────────────────────────────────────────────┘
```

5） 合理的な割合が不明な場合（小売事業者等）

小売業や卸売業等を営む事業者が、一体資産に該当する商品を仕入れて販売する場合において、販売する対価の額（税抜価額）が1万円以下であれば、その課税仕入れのときに仕入先が適用した税率をそのまま適用して差し支えありません。

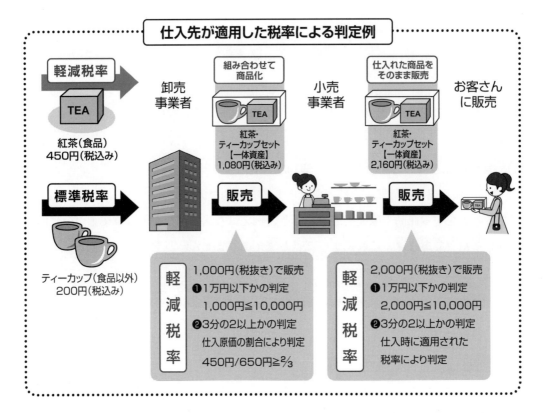

6）一括譲渡

　スーパーなどのレジで、食品と食品以外の商品を一括して販売（以下「一括譲渡」といいます。）した場合には、その商品が「食品」であれば軽減税率、「食品以外」のものであれば標準税率が適用されます。

　このような取引の合計額から一括して値引きを行う場合（例えば、レジで割引券300円の値引きをする場合など）には、原則、適用税率ごとに合理的に区分して、値引後の額を算出する必要があります。

３ 新聞の範囲

　軽減税率の対象となる「新聞の譲渡」とは、一定の題号を用い、政治、経済、社会、文化等に関する一般社会的事実を掲載する週２回以上発行される新聞の定期購読契約に基づく譲渡をいいます。

1）週２回以上の発行

　軽減税率の対象となる「週２回以上発行される新聞」とは、通常の発行予定日が週２回以上とされている新聞をいいます。

2）定期購読契約

　定期購読契約とは、その新聞を購読しようとする者に対して、その新聞を定期的に継続して供給することを約する契約をいいます。

（3）外食等の範囲

1　外食

　「外食」は、軽減税率の対象となりません。ここでいう「外食」とは、<u>飲食店業等の事業を営む者が行う食事の提供</u>をいい、次の①、②の要件をいずれも満たすものをいいます。

> ①　場所要件
> 　　テーブル、椅子、カウンターその他の飲食に用いられる設備（以下「飲食設備」といいます。）のある場所
> ②　サービス要件
> 　　飲食料品を飲食させる役務の提供
> 　　具体例としては、レストランやフードコートでの食事の提供が「外食」に該当します。

> 〔参考〕飲食店業等の事業を営む者が行う食事の提供
> 　飲食店業等の事業を営む者が行う食事の提供には、飲食料品をその場で飲食させる事業を営む者が行う全ての食事の提供が該当します。
> 　したがって、食品衛生法上の飲食店営業や喫茶店営業を営む者が行うものでなくても、①「場所要件」、②「サービス要件」を満たす場合が、「外食」に該当します。

> 〔参考〕飲食設備
> 　飲食設備とは、飲食に用いられる設備であれば、<u>その規模や目的を問いません。</u>
> 　例えば、テーブルのみ、椅子のみ、カウンターのみ若しくは、これら以外の設備又は飲食目的以外の施設等に設置されたテーブル等であっても、これらの設備が飲食に用いられるのであれば、飲食設備に該当します。
> 　また、飲食料品を提供する事業者と飲食設備を設置・管理する者が異なっていても、両者の合意等に基づき、顧客に利用させることとしている場合は、飲食設備に該当します。

2　テイクアウト（持ち帰り販売）

　「テイクアウト（持ち帰り販売）」など、飲食料品を持ち帰りのための容器に入れ、又は包装を施して行う販売は、単なる「飲食料品の譲渡」に該当し、<u>軽減税率の対象となります。</u>

「外食」に該当するか、「テイクアウト（持ち帰り販売）」に該当するかどうかは、飲食料品を販売する時点（取引を行う時点）で、顧客に意思確認を行うなどの方法によって判定します。

なお、顧客への意思確認は、事業者が販売している商品や事業形態に応じた、適宜の方法で行っていただくこととなります。

例えば、ファストフード店においては、飲食料品の提供の時に、店内での飲食か又は、持ち帰るのかを顧客に意思確認するなどの方法により判定することになります。

また、イートインスペースのあるコンビニエンスストアにおいては、大半の商品（飲食料品）が持ち帰りであるのであれば、顧客に対して質問により意思確認する方法に代えて、「イートインコーナーを利用する場合は申し出て下さい」といった掲示により、意思確認を行うこともできます。

3 出前・宅配

「出前・宅配」などは、指定された場所での加熱、調理又は給仕等が伴わない、単に飲食料品を届けるだけであるため、「飲食料品の譲渡」に該当し、軽減税率の対象となります。

4 ケータリング・出張料理

「ケータリング」、「出張料理」などは、顧客が指定した場所において行う加熱、調理又は給仕等の役務を伴う飲食料品の提供であり軽減税率の対象となりません。

ここでいう、「加熱、調理又は給仕等の役務を伴う」とは、相手方が指定した場所で、飲食料品の提供を行う事業者が食材等を持参し、調理して提供するものや、調理済みの食材をその指定された場所で加熱して温かい状態で提供する場合のほか、例えば、次のような場合も該当します。

> ① 相手方が指定した場所で飲食料品の盛り付けを行う場合
> ② 相手方が指定した場所で飲食料品が入っている器を配膳する場合
> ③ 相手方が指定した場所で飲食料品の提供とともに取り分け用の食器等を飲食に適する状態に配置する場合

5 有料老人ホーム等での飲食料品の提供・学校給食

有料老人ホームや小中学校などで提供される食事で、これらの施設で日常生活や学校

生活を営む者（以下「入居者等」といいます。）の求めに応じて、その施設の設置者等が調理等をして提供するもののうち、次の一定の基準を満たすものについては、軽減税率の対象となります。

> ①　施設の設置者等が同一の日に同一の入居者等に対して行う飲食料品の提供の対価の額（税抜き）が1食につき640円以下であるもののうち
> ②　その日の最初に提供された飲食料品の提供の対価の額から累計した金額が1,920円に達するまでの飲食料品の提供

施　　設	飲食料品の提供の範囲	参　　考
有料老人ホーム	有料老人ホームの設置者又は運営者が、入居者に対して行う飲食料品の提供	次の入居者に対するものに限られます。 ①　60歳以上の者 ②　要介護認定又は要支援認定を受けている60歳未満の者 ③　①又は②に該当する者と同居している配偶者（婚姻の届け出をしていないが、事実上婚姻関係と同様の事情にあるものを含みます。）
サービス付き高齢者向け住宅	サービス付き高齢者向け住宅の設置者又は運営者が入居者に対して行う飲食料品の提供	
義務教育諸学校の施設	義務教育諸学校の設置者が、その児童又は生徒の全てに対して学校給食として行う飲食料品の提供	義務教育諸学校とは、学校教育法に規定する小学校、中学校、義務教育学校、中等教育学校の前期課程又は特別支援学校の小学部若しくは中学部をいいます。 アレルギーなどの個別事情により全ての児童又は生徒に対して提供することができなかったとしても軽減税率の対象となります。
夜間課程を置く高等学校の施設	高等学校の設置者が、夜間学校給食として行う飲食料品の提供	
特別支援学校の幼稚部又は高等部の施設	特別支援学校の設置者が、その幼児又は生徒の全てに対して学校給食として行う飲食料品の提供	
幼稚園の施設	幼稚園の設置者が、その施設で教育を受ける幼児の全てに対して学校給食に準じて行う飲食料品の提供	
特別支援学校の寄宿舎	寄宿舎の設置者が、寄宿舎に寄宿する幼児、児童又は生徒に対して行う飲食料品の提供	

6 ～外食等の具体例～

|軽減税率
（外食等に当たらない）|標準税率
（外食等に当たる）|

<table>
<tr><td>

軽減税率
（外食等に当たらない）

</td><td>

標準税率
（外食等に当たる）

</td></tr>
<tr><td>

- 屋台での飲食料品の販売
  ※ その屋台に飲食設備がない場合又は持ち帰りの場合
- イートインスペース付のコンビニエンスストアでの持ち帰り販売（持ち帰りとして販売される飲食料品の譲渡）
  ※ 顧客に対して店内飲食か持ち帰りかの意志確認等を行うことで判定
- ファストフード店でのテイクアウト

- 公園のベンチでの飲食
  ※ 飲食料品を提供する者と公園の設置者等の間でベンチの利用について合意等なく、誰でもベンチを利用できる場合
- 列車内の移動ワゴン販売

- 映画館の売店での飲食料品の販売
  ※ その売店に飲食設備がない場合又は持ち帰りの場合
- そばの出前、ピザの宅配
- 学校給食
- 有料老人ホーム等での一定の飲食料品の提供

</td><td>

- セルフサービスの飲食店
- 屋台での飲食料品の販売
  ※ その屋台に飲食設備を設置し、その飲食設備で飲食させる場合
- イートインスペース付のコンビニエンスストアでの食事の提供（トレイや返却が必要な食器に入れて飲食料品を提供する場合、顧客が店内飲食の意思表示をした場合）

- ファストフード店での店内飲食
- 飲食店で注文した食事の残りを持ち帰る場合
- 公園のベンチでの飲食
  ※ 飲食料品を提供する者と公園の設置者等の合意等により、顧客にベンチを利用させている場合
- 列車内の食堂施設での飲食
- カラオケボックスの客室での飲食
- 映画館の売店での飲食料品の販売
  ※ その売店が飲食設備を設置し、その飲食設備で飲食させる場合
- 料理代行サービス
- 学生食堂

</td></tr>
</table>

第3節　軽減税率制度における帳簿・請求書

【1】区分記載請求書等保存方式（令和5年9月30日まで）

1 区分経理

　軽減税率制度の実施に伴い、消費税等の税率が軽減税率（8%）と標準税率（10%）の複数税率となりましたので、事業者は、消費税等の申告・納税を行うために、税率ごとに区分経理を行う必要があります。

2 区分記載請求書等保存方式

　これまで、仕入税額控除の適用を受けるためには、法定事項が記載された帳簿及び請求書等の保存が要件とされていました（請求書等保存方式）。

　令和元年10月1日から令和5年9月30日までの間は、この仕入税額控除の要件について、これまでの請求書等保存方式を基本的に維持しつつ、その仕入れが軽減税率の対象となる資産の譲渡等（以下「軽減対象資産の譲渡等」といいます。）に係るものか、標準税率の対象となるものかの区分を明確にした帳簿及び請求書等の保存が要件とされます（区分記載請求書等保存方式）。

1）帳簿の記載事項

　これまでの記載事項に加え、課税仕入れが他の者から受けた軽減対象資産の譲渡等に係るものである場合には、「軽減対象資産の譲渡等である旨」の記載が必要となります。

帳簿の記載事項

① 課税仕入れの相手方の氏名又は名称
② 課税仕入れを行った年月日
③ 課税仕入れに係る資産又は役務の内容
（軽減対象資産の譲渡等である旨）
④ 課税仕入れに係る支払対価の額

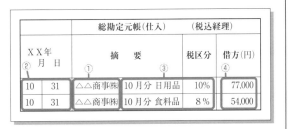

	総勘定元帳（仕入）		（税込経理）	
XX年②月　日	摘　　要①	③	税区分	借方（円）④
10　31	△△商事㈱ 10月分 日用品		10%	77,000
10　31	△△商事㈱ 10月分 食料品		8%	54,000

2）帳簿の記載に関する留意点

① 「課税仕入れに係る資産又は役務の内容」の記載

帳簿への「課税仕入れに係る資産又は役務の内容」の記載は、請求書等に記載されている取引内容をそのまま記載することを求めていません。

商品の一般的総称でまとめて記載するなど、軽減税率の対象となるものか、標準税率の対象となるものであるかを明確にし、帳簿に基づいて、税率ごとに仕入控除税額を計算できる内容で差し支えありません。

② 「軽減対象資産の譲渡等である旨」の記載

「軽減対象資産の譲渡等である旨」の記載は、軽減対象資産の譲渡であることが客観的に明らかであるものとする必要があります。

---

① 軽減税率の対象には「※」や「☆」などを記載
② 「※」や「☆」が軽減税率の対象であることを示すことを記載
　これ以外に、帳簿に税率区分欄を設けて、「8％」と記載する方法や税率コードを記載する方法も認められます。

---

③ 一定期間のまとめ記載

一定期間まとめて請求書等が交付される場合は、その期間分をまとめて帳簿に記載しても差し支えありません。

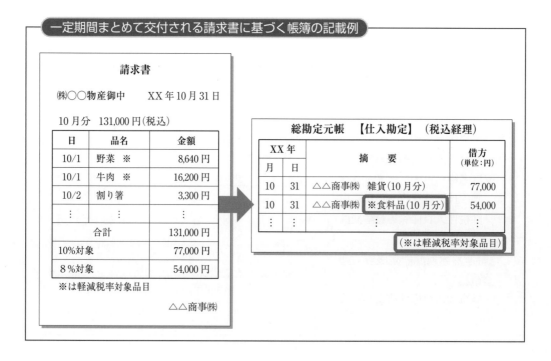

34

3) 区分記載請求書等の記載事項

これまでの記載事項に加え、次の事項の記載が必要となります。

> ① 軽減対象資産の譲渡等である旨
> ② 軽減税率と標準税率との税率の異なるごとに区分して合計した課税資産の譲渡等の対価の額（税込み）
>
>   （以下「税率ごとに区分して合計した課税資産の譲渡等の対価の額（税込み）」といいます。）

区分記載請求書等の記載事項

① 区分記載請求書等発行者の氏名又は名称
② 課税資産の譲渡等を行った年月日
③ 課税資産の譲渡等に係る資産又は役務の内容（軽減対象資産の譲渡等である旨）
④ 税率ごとに区分して合計した課税資産の譲渡等の対価の額（税込み）
⑤ 書類の交付を受ける事業者の氏名又は名称

請求書

⑤ ㈱○○物産　　　　　XX 年 10 月 31 日

10 月分　131,000 円（税込）

日付	品名 ③	金額
10/1	野菜　※	8,640 円
10/1	牛肉　※	16,200 円
10/2	割り箸	3,300 円
⋮	⋮	⋮
②	合計	131,000 円
④	10%対象	77,000 円
	8 %対象	54,000 円

※は軽減税率対象品目

① △△商事㈱

4) 区分記載請求書等の記載に関する留意点

① 「課税資産の譲渡等に係る資産又は役務の内容」の記載

軽減税率の対象となるものであるか、標準税率の対象となるものであるかが明確になるよう、個別の商品名等の記載が行われている必要があります。

② 「軽減対象資産の譲渡等である旨」の記載

軽減対象資産の譲渡等であることが客観的に明らかである表示がされていればよく、個々の取引ごとに 8%や 10%の税率が記載されている場合のほか、例えば、次のような場合も「軽減対象資産の譲渡等である旨」の記載があると認められます。

軽減対象資産の譲渡などである旨の記載事項

記号・番号等を使用した場合

① 軽減税率の対象となる商品に「※」や「☆」など記号番号等を表示
② 税率ごとに区分して合計した課税資産の譲渡等の対価の額(税込み)を記載
③ 「※」が軽減税率の対象であることを示すことを記載

請求書

㈱○○物産御中　　　　　　XX 年 10 月 31 日

10 月分　131,000 円（税込）

日	品名	金額
10/1	野菜　※ ①	8,640 円
10/1	牛肉　※	16,200 円
10/2	割り箸	3,300 円
⋮	⋮	⋮
	合計	131,000 円
②	10%対象	77,000 円
	8 %対象	54,000 円

※は軽減税率対象品目　③

△△商事㈱

同一請求書内で、税率ごとに商品を区分した場合

① 軽減税率の対象商品とそれ以外の商品とをそれぞれ「小計」を表示するなど区分し、「8%対象 小計」、「10% 対象 小計」などを記載
② ①で区分した商品を合計し、税率ごとに区分して合計した課税資産の譲渡等の対価の額(税込み)を記載

請求書

㈱○○物産御中　　　　　　XX 年 10 月 31 日

10 月分　131,000 円（税込）

日付	品名	金額
10/1	野菜	8,640 円
10/1	牛肉	16,200 円
⋮	⋮	⋮
① 8 %対象　小計		② 54,000 円
10/2	割り箸	3,300 円
⋮	⋮	⋮
① 10%対象　小計		② 77,000 円
	合計	131,000 円

△△商事㈱

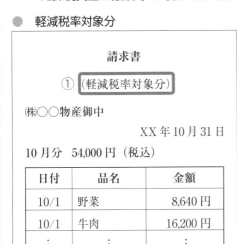
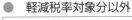

税率ごとに区分記載請求書等を分けた場合

① 軽減税率対象分の請求書については、軽減税率の対象のみであることが明らか
になるよう「軽減税率対象」などを記載

② 税率ごとに区分して発行したそれぞれの請求書に、税率ごとに区分して合計し
た課税資産の譲渡等の対価の額（税込み）を記載

● 軽減税率対象分

請求書

① （軽減税率対象分）

㈱○○物産御中

XX 年 10 月 31 日

10 月分　54,000 円（税込）

日付	品名	金額
10/1	野菜	8,640 円
10/1	牛肉	16,200 円
⋮	⋮	⋮
②	合計	54,000 円

△△商事㈱

● 軽減税率対象分以外

請求書

㈱○○物産御中

XX 年 10 月 31 日

10 月分　77,000 円（税込）

日付	品名	金額
10/2	割り箸	3,300 円
⋮	⋮	⋮
②	合計	77,000 円

△△商事㈱

③ 一定期間のまとめ記載

　日々の取引内容については、納品書等に記載され、一定期間の納品についてまとめて請求書が交付される場合において、<u>納品書等と請求書との相互関連性が明確で、かつ、これらの書類全体で区分記載請求書等の記載事項を満たすとき</u>には、これらの書類をまとめて保存することで、区分記載請求書等の保存があるものとして取り扱われます。

　この場合、請求書に記載する取引年月日については、対象となる一定期間を記載すればよく、また、同一の商品（一般的な総称による区分が同一となるもの）を一定期間に複数回購入しているような場合、「軽減対象資産の譲渡等である旨」の記載については、同一の商品をまとめて記載して差し支えありません。

┌───┐
│ **一定期間の取引をまとめて記載する場合の記載例** │

請求書

㈱○○物産御中

XX 年 10 月分
（XX 年 10 月 1 日～10 月 31 日）

131,000 円（税込）

品名	金額
肉類　※　　①	32,400 円
野菜　※　　②	10,800 円
酒	22,000 円
雑貨	11,000 円
⋮	⋮
合計	131,000 円
10％対象	77,000 円
8 ％対象	54,000 円

※は軽減税率対象品目

△△商事㈱

納品書

㈱○○物産御中

△△商事㈱

下記の商品を納品いたします。

XX 年 10 月 1 日

品名	金額
牛肉　　　①	5,400 円
じゃがいも　②	2,160 円
割り箸	1,100 円
ビール	3,300 円
合計	11,960 円

（注）納品書に記載のある①「牛肉」を「肉類」、②「じゃがいも」を「野菜」としてまとめて
　　　請求書へ記載した上で、それぞれに「軽減対象資産の譲渡等である旨」を記載することが
　　　できます。

④　請求書等への追記

　区分記載請求書等保存方式において、仕入税額控除を行うために保存すべき請求書等
には、これまでの請求書等への記載事項に加え、

> ①　軽減対象資産の譲渡等である旨
> ②　税率ごとに区分して合計した課税資産の譲渡等の対価の額（税込み）

の 2 項目の記載が必要となります。

　しかしながら、請求書等を発行する事業者がこれらの記載事項に対応できないことも
考えられますので、交付を受けた事業者が、取引の事実に基づき、受領した請求書等に
自ら追記することができます。

〔参考〕追記の範囲
　請求書等の交付を受けた事業者が追記できるのは、①「軽減対象資産の譲渡等である旨」及び②「税率ごとに区分して合計した課税資産の譲渡等の対価の額（税込み）」の2項目に限られます。例えば、品目等の請求書等に記載されているその他の記載事項についてまで追記することは認められていません。

〔参考〕レジに多数の商品を登録できない場合
　店舗が取り扱っている商品の一般的な総称の記載（例えば、八百屋であれば「野菜」、精肉店であれば「肉」、又は一括して「食品」や「飲食料品」）において、取引された資産が、①課税資産の譲渡等に係るものであること、②軽減税率の対象となるものとそれ以外のものであることが、領収書の交付を受けた事業者において把握できる程度のものであれば、区分記載請求書等保存方式における請求書等の記載事項である「資産の内容」を満たすものとして取り扱われます。

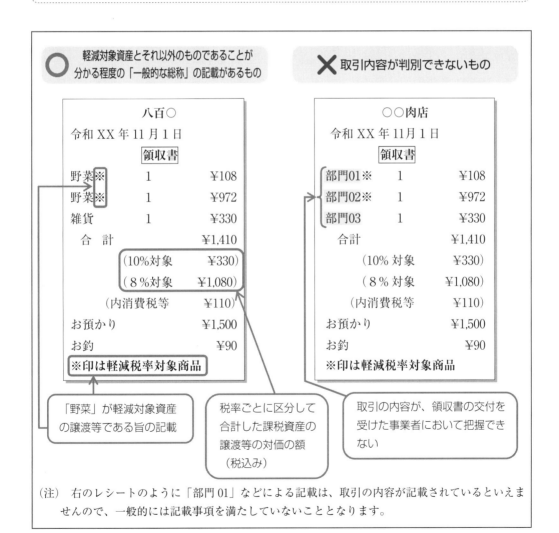

（注）　右のレシートのように「部門01」などによる記載は、取引の内容が記載されているといえませんので、一般的には記載事項を満たしていないこととなります。

⑤　免税事業者からの仕入れについて

　免税事業者からの仕入れについても、仕入税額控除を行うことができます。この場合、免税事業者からの仕入れであっても、これまでの請求書等への記載事項に加え、

---

① 　軽減対象資産の譲渡等である旨
② 　税率ごとに区分して合計した課税資産の譲渡等の対価の額

の記載のある区分記載請求書等の保存が必要となります。

（2）適格請求書等保存方式（令和5年10月1日から）

1　適格請求書等保存方式の概要

　令和5年10月1日から複数税率に対応した仕入税額控除の方式として、「適格請求書等保存方式」（いわゆるインボイス制度）が導入されます。

　適格請求書等保存方式の下では、「帳簿」及び令和元年10月1日からの区分記載請求書等保存方式における区分記載請求書等に代えて、<u>税務署長に申請して登録を受けた課税事業者が交付する「適格請求書」等の保存</u>が仕入税額控除の要件となります。

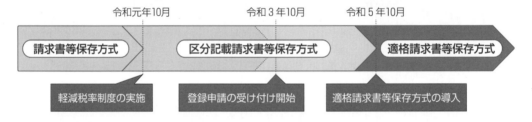

2　適格請求書発行事業者登録制度

　仕入税額控除の要件として保存が必要な「適格請求書」を発行できる事業者は、「適格請求書発行事業者」としての登録を受けた事業者に限られます。

登録を受けることができる事業者	課税事業者 ※　免税事業者は、登録を受けることができません
登録申請時期	**令和3年10月1日から**
申請書提出先	納税地を所轄する税務署長
免税事業者の登録	課税事業者を選択することで登録を受けることができる

　免税事業者が令和5年10月1日から令和11年9月30日の属する課税期間において、令和5年10月2日以後に適格請求書発行事業者となる場合には、「適格請求書発行事業

者の登録申請書」に登録希望日（提出日から15日以降の登録を受ける日として事業者が希望する日）を記載する必要があります。

この場合、税務署長は当該登録希望日により登録をすることになります。

なお、実際に登録が完了した日が、登録希望日後であっても、登録希望日に登録を受けたものとみなされます。

（注）　翌課税期間の初日から適格請求書発行事業者の登録を取りやめる場合の「適格請求書発行事業者の登録の取消しを求める旨の届出書」の提出期限については、取りやめる課税期間の初日から起算して15日前の日までとされています。

3 令和5年10月1日以降の仕入税額控除の要件

令和5年10月1日以降、仕入税額控除を行うには、「帳簿」及び税務署長の登録を受けた事業者が交付する「適格請求書」等の保存が要件となります。

1）帳簿の記載事項

① 課税仕入れの相手方の氏名又は名称
② 課税仕入れを行った年月日
③ 課税仕入れに係る資産又は役務の内容（軽減対象資産の譲渡等である旨）
④ 課税仕入れに係る支払対価の額

※　帳簿の記載事項は、区分記載請求書等保存方式の場合と同じです。（登録番号の記載は不要です。）

帳簿の保存のみで仕入税額控除ができる場合
適格請求書等の交付を受けることが困難な場合は、帳簿への記載により仕入税額控除をすることができます（適格請求書等の保存は不要です）。
（注）　3万円未満の課税仕入れについて、これまでは法定事項が記載された帳簿の保存のみで仕入税額控除が認められていました。しかしながら、令和5年10月1日以降は、原則として、適格請求書等の保存が必要となりますのでご注意ください。

2）適格請求書の記載事項

「適格請求書」とは、次に掲げる事項を記載した請求書、納品書その他これらに類す

41

る書類をいいます。

　なお、小売業、飲食業、タクシー業等の不特定多数の者に対して課税資産の譲渡等を行う事業に係るものであるときは、適格請求書の記載事項を簡易なものとした「適格簡易請求書」を発行することができます。

適格請求書

適格請求書に記載すべき事項
① 　適格請求書発行事業者の氏名又は名称
　　及び登録番号
② 　課税資産の譲渡等を行った年月日
③ 　課税資産の譲渡等に係る資産又は役務
　　の内容（軽減対象資産の譲渡等である旨）
④ 　課税資産の譲渡等に係る税抜価額又は
　　税込価額を税率の異なるごとに区分して
　　合計した金額及び適用税率
⑤ 　消費税額等
⑥ 　書類の交付を受ける事業者の氏名又は
　　名称

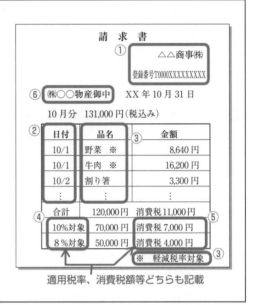

適格簡易請求書

適格簡易請求書に記載すべき事項
① 　適格請求書発行事業者の氏名又は名
　　称及び登録番号
② 　課税資産の譲渡等を行った年月日
③ 　課税資産の譲渡等に係る資産又は役
　　務の内容（軽減対象資産の譲渡等であ
　　る旨）
④ 　課税資産の譲渡等に係る税抜価額又
　　は税込価額を税率の異なるごとに区分
　　して合計した金額
⑤ 　税率ごとに区分した消費税額等又は
　　適用税率

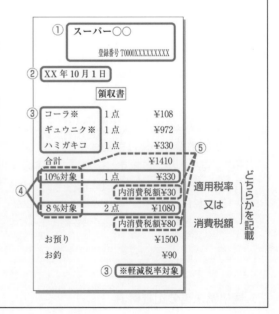

42

区分記載請求書等保存方式 令和元年10月1日から	適格請求書等保存形式 令和5年10月1日から

帳簿の記載事項

区分記載請求書等保存方式

総勘定元帳（仕入）

XX年 月　日	摘要	借方
10　31	△△商事㈱ 10月分 ※食料品	54,000
10　31	△△商事㈱ 10月分 日用品	77,000

※軽減税率対象

これまでの帳簿の記載事項に加え、軽減対象資産の譲渡等に係るものである旨を記載します。

適格請求書等保存形式

総勘定元帳（仕入）

XX年 月　日	摘要	借方
10　31	△△商事㈱ 10月分 ※食料品	54,000
10　31	△△商事㈱ 10月分 日用品	77,000

※軽減税率対象

区分記載請求書等保存方式と同様の記載をします。

請求書等の記載事項

区分記載請求書等保存方式

請求書

㈱○○物産御中　　XX年10月31日

10月分　131,000円（税込）

日付	品名	金額
10/1	野菜　　※	8,640円
10/1	牛肉　　※	16,200円
10/2	割り箸	3,300円
⋮	⋮	⋮
合　計		131,000円
10%　対象		77,000円
8%　対象		54,000円

※軽減税率対象

△△商事㈱

これまでの請求書等の記載事項に次を追加。
① 軽減対象資産の譲渡等である旨
② 税率ごとに合計した対価の額（税込み）
(注) ①及び②の追加記載事項は受領者の追記可。

適格請求書等保存形式

請求書

㈱○○物産御中　　XX年10月31日

10月分　131,000円（税込）

日付	品名	金額
10/1	野菜　※	8,640円
10/1	牛肉　※	16,200円
10/2	割り箸	3,300円
⋮	⋮	⋮
合計	120,000円 消費税11,000円	
10%対象 70,000円 消費税 7,000円		
8%対象 50,000円 消費税 4,000円		

※軽減税率対象

△△商事㈱

登録番号T0000XXXXXXXXX

区分記載請求書等の記載事項に加え、以下を加えます。
① 登録番号（T＋13桁）
② 税率ごとの消費税額及び適用税率
(注) 税率ごとに合計した対価の額は税抜き又は税込みで記載します。

〔参考〕令和 5 年度税制改正情報
(1)　適格請求書発行事業者となる小規模事業者に係る税額控除に関する経過措置
　　　適格請求書発行事業者の令和 5 年 10 月 1 日から令和 8 年 9 月 30 日までの日の属する各課税
　　期間であって、適格請求書発行事業者の登録を受けなかったとしたならば免税事業者となる一
　　定の課税期間については、その納付税額の計算において、課税標準額に対する消費税額に 8 割
　　を乗じて計算した額を仕入控除税額とすることができるとされました。

(2)　請求書等の保存を要しない課税仕入れに関する経過措置
　　　基準期間における課税売上高が 1 億円以下又は特定期間における課税売上高が 5,000 万円以
　　下である事業者が令和 5 年 10 月 1 日から令和 11 年 9 月 30 日までの間に行った課税仕入れに
　　ついて、その課税仕入れに係る支払対価の額（税込）が 1 回の取引で 1 万円未満である場合には、
　　帳簿のみの保存で仕入税額控除制度の適用が認められることとされました。

(3)　少額な適格返還請求書の交付義務の見直し
　　　売上げに係る対価の返還等に係る税込価額が 1 万円未満である場合について、適格返還請求
　　書の交付義務を課さないこととされました。

❸ 免税事業者の方への留意事項

▌1▐ 区分記載請求書等保存方式への対応等

　令和元年 10 月 1 日からの軽減税率制度の実施により、課税事業者が仕入税額控除を
行うためには、帳簿及び区分経理に対応した区分記載請求書等の保存が必要となりまし
た（区分記載請求書等保存方式）。

　他方、免税事業者は、自身の消費税申告は必要がないため、仕入税額控除を行うこと
はありませんが、課税事業者との取引に際しては、区分記載請求書等の交付などの対応
が必要になる場合があります。

　免税事業者が課税事業者と取引を行う際には、現行必要に応じて取引先の仕入税額控
除に必要な請求書等の交付が行われる場合があるように、軽減税率制度実施後について
も、課税事業者に対して飲食料品等を販売する際には、請求書等に「軽減対象資産の譲
渡等である旨」等の記載のある区分記載請求書等の交付を求められることがあります。

┌─ これまでの請求書等に追加して記載すべき事項 ─────────────────┐

① 軽減対象資産の譲渡等である旨

② 税率ごとに区分して合計した課税資産の譲渡等の対価の額

※ 免税事業者は、課税資産の譲渡等に課される消費税がないことから、請求書等に「消費税額」等を表示して別途消費税相当額等を受け取るといったことは、消費税の仕組上、予定されていません。

└──┘

〔参考〕

　課税事業者は、3万円未満の課税仕入れについて、これまでは法定事項が記載された帳簿の保存のみで仕入税額控除が認められていました。しかしながら、令和5年10月1日以降は、原則として、適格請求書等の保存が必要となりますのでご注意ください。

2 適格請求書等保存方式への対応等

　令和5年10月1日から、課税事業者が仕入税額控除を行うためには、帳簿及び適格請求書等の保存が必要となります（適格請求書等保存方式）。

　「適格請求書」を発行できる事業者は、「適格請求書発行事業者」として、税務署長の登録を受けた課税事業者（適格請求書発行事業者）に限られます。

　このため、適格請求書等保存方式が導入されると、免税事業者や消費者のほか税務署長の登録を受けていない課税事業者からの課税仕入れ等に係る消費税額を控除することができなくなります。

　ただし、帳簿及び区分記載請求書等と同様の事項が記載された請求書等を保存している場合は、次表のとおり一定期間について、仕入税額相当額の一定割合を仕入税額として控除できる経過措置が設けられています。

期　　　間	割　　　合
令和5年10月1日から	仕入税額相当額の80%
令和8年9月30日まで	
令和8年10月1日から	仕入税額相当額の50%
令和11年9月30日まで	

第2章
軽減税率制度の税額計算等

（1）税額計算

　軽減税率制度の実施後は、消費税率が軽減税率（8%）と標準税率（10%）の複数税率となることから、売上げと仕入れを税率ごとに区分して税率計算を行う必要があります。

　なお、売上税額から仕入税額を控除するといった納付税額の計算方法はこれまでと変わりません。

◼1 納付税額の計算方法

　消費税等の納付税額は、次の算式により計算します。

> 消費税額の計算
>
> 消費税額 ＝ 課税売上げに係る消費税額 － 課税仕入等に係る消費税額

> 地方消費税額の計算
>
> 地方消費税額 ＝ 消費税額 × $\dfrac{22}{78}$

> 納付税額の計算
>
> 納付税額 ＝ 消費税額 ＋ 地方消費税額

◼2 課税売上げに係る消費税額

　課税売上げに係る消費税額は、次の計算式のとおり、軽減税率分と標準税率分とに区分した課税標準額にそれぞれの税率を掛けて計算したものを合計して算出します。

		課税標準額		税率
❶ 軽減税率分の課税売上げに係る消費税額	＝	軽減税率の対象となる課税売上げの合計額（税込み）	× $\dfrac{100}{108}$	× $\dfrac{6.24}{100}$
❷ 標準税率分の課税売上げに係る消費税額	＝	標準税率の対象となる課税売上げの合計額（税込み）	× $\dfrac{100}{110}$	× $\dfrac{7.8}{100}$
課税売上げに係る消費税額	＝	❶ ＋ ❷		

3 課税仕入れ等に係る消費税額

課税仕入れ等に係る消費税額は、一般課税により申告する事業者と簡易課税制度を選択する事業者では、計算方法が異なります。

1) 一般課税

一般課税における課税仕入れ等に係る消費税額は、国内における課税仕入れに係る消費税額と外国貨物の引取りに係る消費税額を合計します。

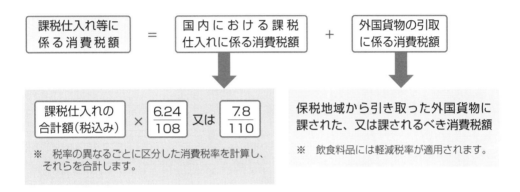

課税仕入れ等に係る消費税額 ＝ 国内における課税仕入れに係る消費税額 ＋ 外国貨物の引取に係る消費税額

課税仕入れの合計額（税込み） × $\dfrac{6.24}{108}$ 又は $\dfrac{7.8}{110}$

※ 税率の異なるごとに区分した消費税率を計算し、それらを合計します。

保税地域から引き取った外国貨物に課された、又は課されるべき消費税額

※ 飲食料品には軽減税率が適用されます。

2) 簡易課税制度

簡易課税制度における課税仕入れ等に係る消費税額は、課税売上げに係る消費税額に事業に応じた一定の「みなし仕入率」を掛けて計算します。

課税仕入れ等に係る消費税額 ＝ 課税売上げに係る消費税額 × みなし仕入率

〔参考〕簡易課税制度の事業区分とみなし仕入率

事業区分	該当する事業	みなし仕入率
第一種事業	卸売業 （他の者から購入した商品を、その性質及び形状を変更しないで他の事業者に販売する事業）	90%
第二種事業	小売業等 他の者から購入した商品を、その性質及び形状を変更しないで消費者に販売する事業 令和元年10月1日以後、農業、林業及び漁業のうち、飲食料品の譲渡を行う部分	80%
第三種事業	※農業、林業、漁業（第二種事業に該当するものを除きます。）、鉱業、建設業、製造業（製造小売業を含みます。）、電気業、ガス業、熱供給業及び水道業をいい、第一種事業、第二種事業に該当するもの及び加工賃その他これに類する料金を対価とする役務の提供を除きます。	70%

第四種事業	第一種事業、第二種事業、第三種事業、第五種事業、第六種事業以外の事業（飲食店業等）	60%
第五種事業	運輸通信業、金融業及び保険業、サービス業（飲食店業に該当する事業を除きます。）をいい、第一種から第三種までの事業に該当する事業を除きます。	50%
第六種事業	不動産業	40%

(2) 中小事業者の税額計算の特例

　軽減税率制度が実施される令和元年10月1日から一定期間、売上げ又は仕入れを軽減税率と標準税率とに区分することが困難な事情がある中小事業者に対して、売上税額又は仕入税額の計算の特例が設けられています。

〔参考〕困難な事情とは
　例えば、課税期間中に国内において行った課税売上げ（税込み）又は課税仕入れ等（税込み）につき、税率ごとの管理が行えなかった場合等をいいます。困難の程度は問いません。

〔参考〕中小事業者とは
　基準期間（法人：前々事業年度、個人：前々年）における課税売上高が5,000万円以下の事業者をいいます。

1 売上税額の計算の特例

　課税売上げ（税込み）を税率の異なるごとに区分して合計することにつき困難な事情がある中小事業者は、経過措置として、課税売上げ（税込み）の合計額に一定の割合を掛けて軽減税率の対象となる課税売上げ（税込み）を計算する特例が認められています。

　「一定の割合」については、中小事業者の態様に応じて次のとおりとなります。

　なお、適用期間は、令和元年10月1日から令和5年9月30日までとなります。

1）小売等軽減仕入割合の特例

　課税仕入れ等（税込み）を税率ごとに管理できる卸売業又は小売業を営む中小事業者は、当該事業に係る課税売上げ（税込み）に、当該事業に係る課税仕入れ等（税込み）に占める軽減税率の対象となる売上げにのみ要する課税仕入れ等（税込み）の割合（小売等軽減仕入割合）を掛けて、軽

小売等軽減仕入割合
卸売業・小売業に係る軽減税率対象品目の売上げにのみ要する課税仕入れ（税込み）
卸売業・小売業に係る課税仕入れ（税込み）

減税率の対象となる課税売上げ（税込み）を算出し、売上税額を計算できます。

■　小売等軽減仕入割合を用いた課税標準額計算のイメージ

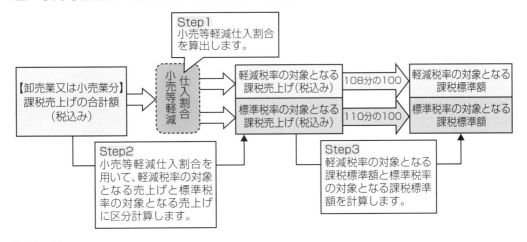

Step1

　小売等軽減仕入割合を計算します。

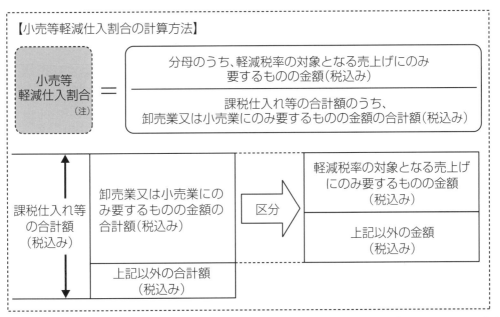

（注）　主として軽減対象資産の譲渡等を行う事業者で、小売等軽減仕入割合を算出することが困難な場合は、小売等軽減仕入割合を50％として計算することができます。

Step2

　小売等軽減仕入割合を用いて、卸売業又は小売業に係る売上げを、軽減税率の対象となる売上げと標準税率の対象となる売上げに区分します。

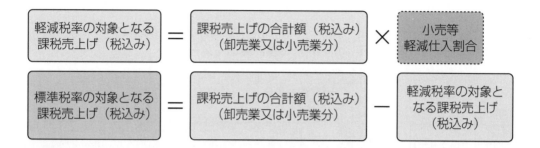

軽減税率の対象となる課税標準額と標準税率の対象となる課税標準額を計算します。

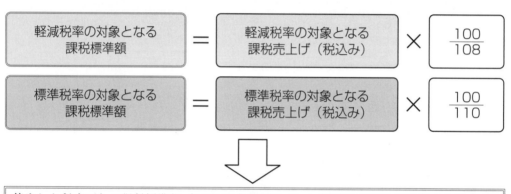

算出した税率ごとの課税標準額（1,000円未満切捨て）に軽減税率又は標準税率を掛けて、税率ごとの課税売上げに係る消費税額を計算します。

2）軽減売上割合の特例

　通常の連続する10営業日の課税売上げ（税込み）に占める同期間の軽減税率の対象となる課税売上げ（税込み）の割合（軽減売上割合）を掛けて、軽減税率の対象となる課税売上げ（税込み）を算出し、売上税額を計算できます。

軽減売上割合
通常の連続する10営業日の軽減税率対象品目の課税売上げ（税込み）
通常の連続する10営業日の課税売上げ（税込み）

　この通常の連続する10営業日とは、当該特例の適用を受けようとする期間内の通常の事業を行う連続する10営業日であれば、いつかは問いません。

■　軽減売上割合を用いた課税標準額計算のイメージ

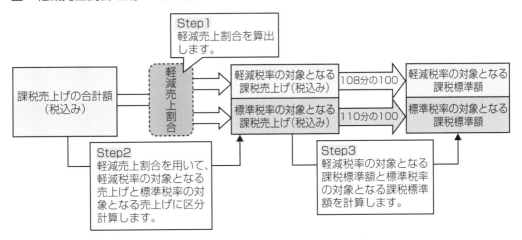

Step1

軽減売上割合を計算します。

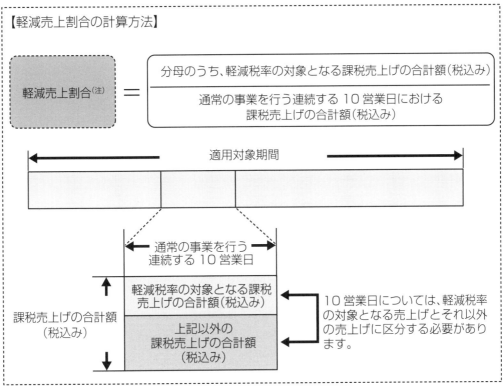

（注）主として軽減対象資産の譲渡等を行う事業者で、軽減売上割合を算出することが困難な場合は、
軽減売上割合を50％として計算することができます。

Step2

軽減売上割合を用いて、軽減税率の対象となる売上げと標準税率の対象となる売上げ

51

に区分します。

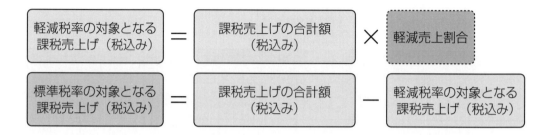

Step3

軽減税率の対象となる課税標準額と標準税率の対象となる課税標準額を計算します。

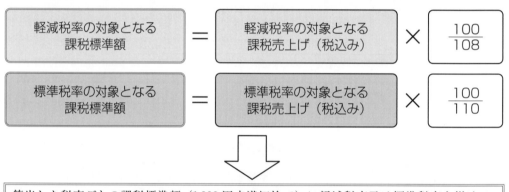

算出した税率ごとの課税標準額（1,000円未満切捨て）に軽減税率又は標準税率を掛けて、税率ごとの課税売上げに係る消費税額を計算します。

3）上記1）及び2）の割合の計算が困難な場合

上記1）及び2）の割合の計算が困難な中小事業者で主として軽減対象資産の譲渡等を行う事業者は、割合を$\frac{50}{100}$とすることができます。

主として軽減対象資産の譲渡等を行う事業者とは、適用対象期間中の課税売上げのうち、<u>軽減税率の対象となる課税売上げの占める割合がおおむね50%以上である事業者</u>をいいます。

計算が困難な場合

$$\frac{50}{100}$$

4）複数の事業を営む中小事業者の売上税額の計算の特例の適用関係

複数の事業を営む中小事業者が、課税売上げ（税込み）を事業ごとに区分しているときは、その区分している事業ごとに「小売等軽減仕入割合の特例」又は「軽減売上割合の特例」を適用することができます。

なお、<u>「小売等軽減仕入割合の特例」</u>と「軽減売上割合の特例」を併用することはで

きません<u>ので、例えば、小売業と製造業を営む中小事業者で、小売業について、「小売等軽減仕入割合の特例」を適用する場合、製造業については、原則どおり、税率ごとに課税売上げ（税込み）を区分し、税額計算しなければなりません（以下の①の場合）。

　ただし、この場合であっても、小売業と製造業の両方に「軽減売上割合の特例」を適用することは可能です（以下の②の場合）。

■複数の事業を営む場合の売上税額の計算の特例の適用関係

① 　小売業に「小売等軽減仕入割合の特例」を適用した場合

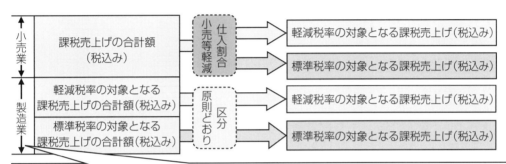

② 　小売業・製造業それぞれに「軽減売上割合の特例」を適用した場合

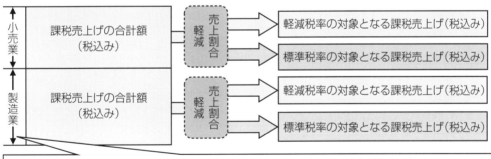

事業ごとに「軽減売上割合の特例」を適用する場合の計算例

例：小売業と製造業を営む中小事業者Ａ（課税期間が令和４年10月１日から令和５年９月30日）は、課税期間中の売上げを税率ごとに区分経理することにつき困難な事情があることから、各事業につき、10営業日の売上げを軽減税率の対象と標準税率の対象とに区分経理し、軽減売上割合の特例を適用することとした。

売上帳（小売業）　　　　　　　（単位：円　税込み）

月	日	摘要	内訳	金額
10	・・・	・・・		1,800,000
11	1～10	野菜※	400,000	
		雑貨	100,000	
	11～30		1,000,000	1,500,000
12	・・・	・		1,600,000
1	・・・	・・・		1,800,000
2	・・・	・・・		1,200,000
3	・・・	・・・		1,000,000
4	・・・	・・・		1,300,000
5	・・・	・・・		1,300,000
6	・・・	・・・		900,000
7	・・・	・・・		1,700,000
8	・・・	・・・		1,100,000
9	・・・	・・・		1,000,000
	総売上高			16,200,000

連続する10営業日

売上帳（製造業）　　　　　　　（単位：円　税込み）

月	日	摘要	内訳	金額
10	・・・	・・・		1,700,000
11	・・・	・・・		1,200,000
12	・・・	・・・		900,000
1	・・・	・・・		1,100,000
2	1～18	・・・	800,000	
	19～28	パン※	100,000	
		雑貨	300,000	1,200,000
3	・・・	・・・		1,400,000
4	・	・・・		1,300,000
5	・	・・・		1,000,000
6	・・・	・・・		800,000
7	・・・	・・・		1,500,000
8	・・・	・・・		1,200,000
9	・・・	・・・		740,000
	総売上高			14,040,000

連続する10営業日

※は軽減税率対象品目

【小売業】
1　軽減売上割合の算出
　　軽減売上割合
　　400,000/（400,000＋100,000）＝0.8
2　軽減税率の対象となる課税売上げ（税込み）
　　16,200,000×0.8＝12,960,000
3　軽減税率の対象となる課税資産の譲渡等の対価の額
　　12,960,000×100/108＝12,000,000
4　標準税率の対象となる課税資産の譲渡等の対価の額
　　（16,200,000－12,960,000）×100/110
　　　　　　　　　　　　　　＝2,945,454

※は軽減税率対象品目

【製造業】
1　軽減売上割合の算出
　　軽減売上割合
　　100,000/（100,000＋300,000）＝0.25
2　軽減税率の対象となる課税売上げ（税込み）
　　14,040,000×0.25＝3,510,000
3　軽減税率の対象となる課税資産の譲渡等の対価の額
　　3,510,000×100/108＝3,250,000
4　標準税率の対象となる課税資産の譲渡等の対価の額
　　（14,040,000－3,510,000）×100/110
　　　　　　　　　　　　　　＝9,572,727

【合計】
軽減税率の対象となる課税標準額（1,000円未満切捨て）　12,000,000＋3,250,000≒15,250,000
標準税率の対象となる課税標準額（1,000円未満切捨て）　2,945,454＋9,572,727≒12,518,000
※　連続する10営業日は事業ごとに異なった日とすることも可能です。

第3章

簡易課税制度とは

（1）簡易課税制度とは

　課税仕入れ等に係る消費税額を計算するための事務負担に考慮して、課税事業者が、「簡易課税制度選択届出書」を提出した場合に、その基準期間における課税売上高が5,000万円以下である課税期間については、第1章第1節 **3 4**（13ページ）の一般課税の場合の計算方法によらず、課税売上げに係る消費税額から控除する課税仕入れに係る消費税額は、事業者の営む次の事業の区分に応じ、それぞれの事業の区分ごとの課税売上げに係る消費税額にみなし仕入率を乗じて計算した金額とします。これが簡易課税制度です。

業　種		区　分	みなし仕入率
卸売業		第1種事業	90%
小売業等	小売業	第2種事業	80%
	農業、林業、漁業のうち飲食料品の譲渡（注1）		
製造業等	農業、林業、漁業、鉱業、建設業、製造業（製造小売業を含む）、電気業、ガス業、熱供給業及び水道業（第1種事業、第2種事業に該当するもの及び加工賃その他これに類する料金を対価とする役務の提供を行う事業を除く）	第3種事業	70%
その他事業	飲食店業、その他の事業	第4種事業	60%
	金融業及び保険業	第5種事業	50%
サービス業等	運輸通信業、サービス業（飲食店業を除く）	第5種事業	50%
	不動産業（注2）	第6種事業	40%

（注1）　令和元年10月1日を含む課税期間（同日前の取引は除きます。）から第3種事業から第2種事業へ変更されました。

（注2）　平成27年4月1日以後に開始する課税期間について、簡易課税制度のみなし仕入率が6区分に改正されました。

課税仕入れ等に係る消費税額の控除

課税仕入れ等に係る消費税額（実額）
（一　般　課　税）

課税売上げに　　　　みなし
係る消費税額　×　仕入率
（簡　易　課　税）

消費税の　＝　課税売上げに　－
納付税額　　　係る消費税額

適用の
要　件　▶　①「簡易課税制度選択届出書」の提出
　　　　　　②基準期間の課税売上高が5,000万円以下

> 1　簡易課税制度は、その事業者の事業全体が適用を受けるものですので、部門ごとに独立採算制を採っている場合であっても、部門ごとに適用することはできません。
> 2　簡易課税制度では、「みなし仕入率」により納付額を計算しますので、多額の投資を行った場合などで、一般課税により計算すれば税額が還付になる場合であっても、還付を受けることはできません。

（2）簡易課税制度の規定の適用又は不適用

1　簡易課税制度選択の届出による効力の発生時期

　簡易課税制度の規定の適用を受けるためには、「簡易課税制度選択届出書」を提出しなければなりませんが、適用となる課税期間は、その届出書を提出した日の属する課税期間の翌課税期間以後の課税期間になります。

　なお、新たに事業を開始した場合、又は相続、合併（新設合併を除きます。）若しくは吸収分割によりこの選択の届出を行っていた事業者の事業を承継した場合（以下「相続等」といいます。）にあっては、「簡易課税制度選択届出書」を提出した課税期間以後の課税期間について簡易課税制度が適用できます（法37①、令56）。

> 1　「簡易課税制度選択届出書」は、免税事業者であっても提出することができます（基通13－1－4）。
> 2　「簡易課税制度選択届出書」、「簡易課税制度選択不適用届出書」の適用開始課税期間は、原則として提出した日の属する課税期間の翌課税期間からですので、提出する課税期間の末日が祝日等であっても、提出期限は延長されません。

　また、相続等があった場合の「簡易課税制度選択届出書」の効力発生時期に関しては、次のことに注意してください。

(1)　被相続人、被合併法人又は分割法人が提出した「簡易課税制度選択届出書」の効力は、相続等によりその事業を承継した相続人、合併法人又は分割承継法人には及びませんので、これらの相続人等が簡易課税制度の適用を受けようとする場合には、新たに「簡易課税制度選択届出書」を提出する必要があります。

(2)　次の場合には、「簡易課税制度選択届出書」をそれぞれに掲げる課税期間内に提出すれば、その課税期間以後の各課税期間について簡易課税制度を適用できます。

区　　分		簡易課税制度選択届出書の提出があった課税期間	根拠通達
相続	事業を営んでいない相続人が相続により被相続人の事業を承継した場合	相続があった日の属する課税期間	基通13－1－3の2(2)
	個人事業者である相続人が相続により簡易課税の適用を受けていた被相続人の事業を承継した場合	相続があった日の属する課税期間（基準期間の課税売上高が1,000万円以下の課税期間に限られます。）	
合併	法人が新設合併によりその事業を承継した場合	合併があった日の属する課税期間	基通13－1－3の3(2)
	法人が吸収合併により簡易課税制度の適用を受けていた被合併法人の事業を承継した場合	合併があった日の属する課税期間（基準期間の課税売上高が1,000万円以下の課税期間に限られます。）	
分割	法人が新設分割によりその事業を承継した場合	新設分割があった日の属する課税期間	基通13－1－3の4(2)
	法人が吸収分割により簡易課税制度の適用を受けていた分割法人の事業を承継した場合	吸収分割があった日の属する課税期間（基準期間の課税売上高が1,000万円以下の課税期間に限られます。）	

　(注)　分割等に係る新設分割子法人については、基準期間の課税売上高に応じ、簡易課税制度が適用されない場合があります（令55。「**3**　課税売上高が5,000万円以下であるかどうかの判定」(64ページ）参照）。

　　新たに事業を開始した場合や、相続等により事業を承継した場合に「簡易課税制度選択届出書」を提出するときには、その課税期間からの適用又は翌課税期間からの適用のいずれを選択するかを明確にする必要があります（基通13－1－5（注））。

2 選択の届出の効力の存続期間

「簡易課税制度選択届出書」は、「消費税簡易課税制度選択不適用届出書」（以下「簡易課税制度選択不適用届出書」といいます。）が提出されない限り、その効力は存続します（法 37 ⑤⑦）。

したがって、「簡易課税制度選択届出書」が提出され、「簡易課税制度選択不適用届出書」が提出されない間においては、その基準期間における課税売上高が 5,000 万円以下である課税期間については簡易課税制度を適用し、その基準期間における課税売上高が 5,000 万円を超える課税期間については、一般課税による方法で仕入れに係る消費税額を計算することになります。そして、再びその基準期間における課税売上高が 5,000 万円以下となった課税期間については、改めて「簡易課税制度選択届出書」を提出することなく、簡易課税制度を適用して仕入れに係る消費税額を計算することになります（法 37 ①、基通 13－1－3）。

また、「簡易課税制度選択届出書」を提出した事業者は、「簡易課税制度選択不適用届出書」を提出しない限り、簡易課税の適用を受け、免税事業者の期間も継続されます。免税事業者から再び課税事業者となった場合においても簡易課税の適用がありますので、改めて「簡易課税制度選択届出書」を提出する必要はありません。

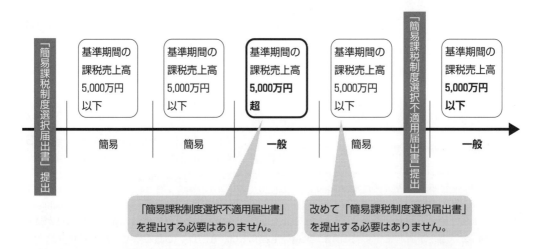

3 調整対象固定資産の仕入れ等を行った場合の簡易課税制度選択届出書の提出制限

1） 課税事業者を選択した場合の簡易課税制度選択届出書の提出制限

課税事業者選択届出書を提出した事業者が、次の①から③のすべてに該当する場合には、調整対象固定資産の課税仕入れ又は調整対象固定資産に該当する課税貨物の輸入（以下「調整対象固定資産の仕入れ等」といいます。）を行った課税期間の初日から 3 年を経過する日の属する課税期間の初日以後でなければ、簡易課税制度選択届出書を提出す

ることはできません（法37③一）。

　したがって、②の調整対象固定資産の仕入れ等を行った課税期間から3年間は一般課税での申告が必要となります。

①	課税事業者となった課税期間の初日から2年を経過する日までの間に開始した各課税期間（原則として2年間）中に、
②	調整対象固定資産の仕入れ等を行った場合で、
③	その課税仕入れを行った課税期間につき、一般課税で申告する場合

> 　調整対象固定資産とは、棚卸資産以外の資産で、建物及びその附属設備、構築物、機械及び装置、船舶、航空機、車両及び運搬具、工具、器具及び備品、鉱業権等の無形固定資産その他の資産で、消費税に相当する金額を除いた価額が100万円以上のものをいいます。

　また、簡易課税制度選択届出書の提出日以後、その提出した日の属する課税期間中に調整対象固定資産の仕入れ等を行ったことにより上記に該当することとなった場合には、当該簡易課税制度選択届出書の提出はなかったものとみなされます（法37④、基通13－1－4の2）。

　なお、事業を開始した課税期間から課税事業者を選択した事業者が、その課税期間から簡易課税制度の適用を受けようとする場合の簡易課税制度選択届出書は、調整対象固定資産の課税仕入れ等を行った後でも提出することができます（法37③ただし書、令56②）。

2)　新設法人等の簡易課税制度選択届出書の提出制限

　新設法人（その事業年度の基準期間がない法人（社会福祉法人を除く。）のうち、その基準期間がない事業年度開始の日の資本金の額又は出資の金額が1,000万円以上である法人）又は特定新規設立法人（注）が、次の①から③のすべてに該当する場合には、②の調整対象固定資産の仕入れ等を行った課税期間の初日から3年を経過する日の属する課税期間の初日以後でなければ、簡易課税制度選択届出書を提出することはできません（法37③二）。

　したがって、②の調整対象固定資産の仕入れ等を行った課税期間から3年間は一般課税での申告が必要となります。

①	その基準期間がない事業年度（前々事業年度のない設立当初の事業年度（原則として2年間）中に、
②	調整対象固定資産の仕入れ等を行った場合で、
③	その課税仕入れを行った課税期間につき、一般課税で申告する場合

また、簡易課税制度選択届出書の提出日以後、その提出した日の属する課税期間中に調整対象固定資産の仕入れ等を行ったことにより上記に該当することとなった場合には、当該簡易課税制度選択届出書の提出はなかったものとみなされます（法37④、基通13−1−4の2）。

　なお、事業を開始した課税期間から課税事業者を選択した事業者が、その課税期間から簡易課税制度の適用を受けようとする場合の簡易課税制度選択届出書は、調整対象固定資産の課税仕入れ等を行った後でも提出することができます（法37③ただし書、令56②）。

> （注）「特定新規設立法人」とは、平成26年4月1日以後に設立された法人で、その事業年度の基準期間がない法人（新設法人及び社会福祉法人その他の専ら消費税法別表第一（令和5年10月1日以後については、別表第一が別表第二に改められます。）に掲げる資産の譲渡等を行うことを目的として設立された法人で一定のものを除きます。）のうち、その基準期間がない事業年度開始の日において他の者により当該新規設立法人の株式等の50％超を直接又は間接に保有される場合等、一定の場合に該当するものをいいます（法12の3①）。

3）　高額特定資産を取得した場合の簡易課税制度選択届出書の提出制限

　消費税の課税事業者が、次の①から③のすべてに該当する場合には、高額特定資産の課税仕入れ又は高額特定資産に該当する課税貨物の輸入（以下「高額特定資産の仕入れ等」といいます。）を行った課税期間の初日から3年を経過する日の属する課税期間の初日以後でなければ、簡易課税制度選択届出書を提出することはできません（法37③三）。

　したがって、②の高額特定資産の仕入れ等を行った課税期間から3年間は一般課税での申告が必要となります。

①	消費税の課税事業者が、
②	高額特定資産を取得した場合で、
③	その課税仕入れを行った課税期間につき、一般課税で申告する場合

> 　高額特定資産とは、棚卸資産及び調整対象固定資産並びに他の者との契約に基づき、又はその事業者の棚卸資産若しくは調整対象固定資産として自ら建設等をした高額特定資産（自己建設高額特定資産）で、消費税に相当する金額を除いた価額が1,000万円以上のものをいいます。

　また、簡易課税制度選択届出書の提出日以後、その提出した日の属する課税期間中に高額特定資産の仕入れ等を行ったことにより上記に該当することとなった場合には、当該簡易課税制度選択届出書の提出はなかったものとみなされます（法37④、基通13−

1－4の2)。

　なお、事業を開始した課税期間から課税事業者を選択した事業者が、その課税期間から簡易課税制度の適用を受けようとする場合の簡易課税制度選択届出書は、高額特定資産の課税仕入れ等を行った後でも提出することができます(法37③ただし書、令56②)。

４ 不適用の届出等

　「簡易課税制度選択不適用届出書」の提出があった場合には、その届出書の提出があった日の属する課税期間の翌課税期間以後の課税期間は、「簡易課税制度選択届出書」の効力が失われます（法37⑦）ので、一般課税による方法で仕入れに係る消費税額を計算することになります。

　また、「簡易課税制度選択不適用届出書」は、事業を廃止した場合を除き、簡易課税制度の適用を受けることとなった最初の課税期間の初日から２年を経過する日の属する課税期間の初日以後でなければ、提出することができません（法37⑥）。

　(注) 例えば、課税期間の初日が令和４年１月１日であるときのその日から２年を経過する日とは、令和５年12月31日です。この場合、課税期間を１年とし、かつ令和４年１月１日を含む課税期間から簡易課税制度の適用を受けていたとすると、簡易課税制度を適用した課税期間（令和４年）の翌課税期間の初日（令和５年１月１日）以後は、「簡易課税制度選択不適用届出書」を提出することができます。そして、令和５年１月１日から令和５年12月31日までに「簡易課税制度選択不適用届出書」の提出があれば、令和６年１月１日以後は、「簡易課税制度選択届出書」の効力は失われます。

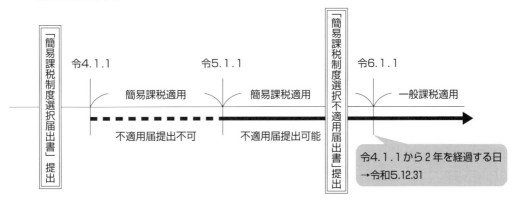

　なお、簡易課税制度を適用している者が事業を廃止した場合には、「簡易課税制度選択不適用届出書」を提出しなければなりませんが、「事業廃止届出書」を提出した場合は、事業を廃止した旨を記載した「簡易課税制度不適用届出書」の提出があったものとして取り扱われます（法37⑤、基通1－4－15(2)）。

　基準期間の課税売上高が5,000万円を超えて、簡易課税制度が適用できなくなった場合や、「簡易課税制度選択不適用届出書」を提出して、一般課税により申告することと

なった場合には、課税仕入れ等の事実を記載した帳簿等と請求書等の両方の保存が必要となります。帳簿等と請求書等の両方の保存がない場合には、仕入れに係る消費税額の控除ができなくなりますので注意が必要です。

5 「簡易課税制度選択届出書」等の提出に係る特例

　事業者が、課税期間開始前に「簡易課税制度選択届出書」を提出できなかったことにつき、やむを得ない事情がある場合には特例規定が設けられています（法37⑧）。

　具体的には、簡易課税制度を選択しようとする事業者が、やむを得ない事情があるため、その適用を受けようとする課税期間開始前に「簡易課税制度選択届出書」を提出できなかった場合において、所轄の税務署長の承認を受けたときは、適用を受けようとする課税期間の初日の前日に提出したものとみなされることになります（令57の2①）。

　この承認を受けようとする事業者は、その適用を受けようとする課税期間の初日の年月日、課税期間開始前に提出できなかった事情等を記載した申請書を、その事情がやんだ後相当の期間内に所轄の税務署長に提出することとされています（令57の2③、規17④一）。

　この場合の「やむを得ない事情」の範囲及び「事情がやんだ後の相当の期間内」の意義は、それぞれ次のとおりです。

1）「やむを得ない事情」の範囲（基通13−1−5の2、1−4−16）

（イ）	震災、風水害、雪害、凍害、落雷、雪崩、がけ崩れ、地滑り、火山の噴火等の天災又は火災その他の人的災害で自己の責任によらないものに基因する災害が発生したことにより、届出書の提出ができない状態になったと認められる場合
（ロ）	（イ）に規定する災害に準ずるような状況又は事業者の責めに帰することができない状態にあることにより、届出書の提出ができない状態になったと認められる場合
（ハ）	その課税期間の末日前おおむね1か月以内に相続があったことにより、相続人が新たに簡易課税制度選択届出書等を提出できる個人事業者となった場合 この場合には、その課税期間の末日にやむを得ない事情がやんだものとして取り扱います。
（ニ）	（イ）から（ハ）に準ずる事情がある場合で、税務署長がやむを得ないと認めた場合

　（注）届出書の提出を失念したような場合は、「やむを得ない事情」に含まれませんので注意してください。

2)「事情がやんだ後相当の期間内」の意義（基通 13－1－5 の 2、1－4－17）

　この特例に規定する「当該事情がやんだ後相当の期間内」とは、やむを得ない事情が
やんだ日から 2 か月以内とされています。したがって、災害等のやむを得ない事情がや
んだ日から 2 か月以内に所轄の税務署長に、この特例の適用を受けるための承認申請書
を提出する必要があります。

　なお、簡易課税制度を選択している事業者が、その選択をやめようとする場合に提出
する「簡易課税制度選択不適用届出書」についてのこの場合の「やむを得ない事情」及
び「事情がやんだ後相当の期間内」についても同様となります。

6 災害等があった場合の「簡易課税制度選択届出書」等の提出期限の特例

　簡易課税制度の適用を受けようとし、又は受けることをやめようとする場合（以下「適
用の変更」といいます。）には、課税期間開始前にその旨の届出書の提出を行うことが
必要とされており、課税期間開始後の適用の変更は認められていません。

　上記 5 の特例は、届出書の提出をしようとした事業者がやむを得ない事情のため提
出できなかった場合の規定であり、やむを得ない事情が生じたその課税期間について簡
易課税制度の適用の変更を認めるものではありませんでした。

　しかしながら、災害その他やむを得ない理由（以下「災害等」といいます。）が生じ
たことにより被害を受けた事業者にあっては、その課税期間開始前には想定していな
かった事務処理能力の低下や緊急な設備投資の必要性が生じる場合があり、このような
特別な事情に配慮し、災害等が生じたことにより被害を受けた事業者が、その被害を受
けたことにより、災害等が生じた課税期間において簡易課税制度の適用の変更を行う必
要が生じた場合に、所轄税務署長の承認を受けることにより、簡易課税制度の変更を認
める特例（以下「災害特例」といいます。）が設けられています（法 37 の 2）。

1)　災害その他やむを得ない理由（基通 13－1－7）

（イ）	地震、暴風、豪雨、豪雪、津波、落雷、地すべりその他の自然現象の異変による災害
（ロ）	火災、火薬類の爆発、ガス爆発、その他の人為による異常な災害
（ハ）	（イ）又は（ロ）に掲げる災害に準じる自己の責めに帰さないやむを得ない事実

　（注）基本的には、国税通則法第 11 条《災害等による期限の延長》において規定する災害その他の
　　　事情と同様ですが、災害等により被害を受けた事実が必要であることに注意してください。

2) 災害特例の適用を受ける場合の申請期限

　災害特例の承認を受けようとする事業者は、災害等のやんだ日から2か月以内に所轄の税務署長に対し、「災害等による消費税簡易課税制度選択（不適用）届出に係る特例承認申請書」を提出しなければなりません。

　ただし、災害等が長期に継続しその課税期間終了後においてその災害等のやんだ日が到来するような場合には、確定申告書の提出期限が申請期限となります（法37の2②かっこ書）。

　なお、国税通則法第11条《災害等による期限の延長》の規定の適用を受けることにより、確定申告書提出期限が延長されたときには、その延長された確定申告書の提出期限が申請期限となることに注意してください（基通13−1−8(2)）。

　(注)「災害等による消費税簡易課税制度選択（不適用）届出に係る特例承認申請書」を提出するときには、申請の内容に応じ、「消費税簡易課税制度選択届出書」又は「消費税簡易課税制度選択不適用届出書」を併せて提出することとなります。

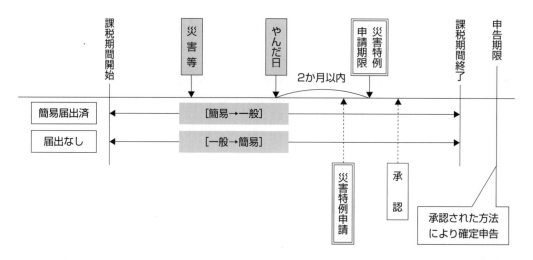

(3) 課税売上高が5,000万円以下であるかどうかの判定

　簡易課税制度は、「簡易課税制度選択届出書」を提出した事業者のその基準期間における課税売上高が、5,000万円以下の課税期間についてのみ適用になります。

　その基準期間における課税売上高とは、その基準期間中に国内において行った課税資産の譲渡等の対価の額（税抜きの金額）の合計額から、売上げに係る対価の返還等の金額（税抜きの金額）の合計額を控除した残額です。そして、この課税売上高には、いずれも輸出取引等に該当するものが含まれます（基通1−4−2）。

　（注）非課税資産の輸出等を行った場合の仕入れに係る消費税等の控除の特例の規定により課税資産

の譲渡等とみなされるものの対価の額は含みません。

　また、法人が分割等を行った場合における新設分割子法人又は新設分割親法人は、次の表に掲げる課税売上高により判定します。

区　分			判定対象事業年度	5,000万円以下であることの判定対象となる課税売上高	根拠法令等
分割等	新設分割子法人	①	分割等があった日の属する事業年度	①の基準期間に対応する期間における新設分割親法人の課税売上高	令55一
		②	分割等があった事業年度の翌事業年度	②の基準期間に対応する期間における新設分割親法人の課税売上高	令55二
		③	分割等があった事業年度の翌々事業年度以後の事業年度（注）	新設分割子法人の③の基準期間における課税売上高と③の基準期間に対応する期間における新設分割親法人の課税売上高	令55三
	新設分割親法人	④	分割等があった日の属する事業年度	新設分割親法人の④の基準期間の課税売上高	法37①
		⑤	分割等があった事業年度の翌事業年度	新設分割親法人の⑤の基準期間の課税売上高	法37①
		⑥	分割等があった事業年度の翌々事業年度以後の事業年度（注）	新設分割子法人の⑥の基準期間における課税売上高と⑥の基準期間に対応する期間における新設分割親法人の課税売上高	令55四

（注）当該事業年度の基準期間の末日において当該新設分割子法人が特定要件（新設分割子法人の発行済株式又は出資の総数又は総額の100分の50を超える数又は金額の株式又は出資が新設分割親法人及び当該新設分割親法人と特殊な関係にある者の所有に属する場合等）に該当しない場合には、それぞれ新設分割子法人又は新設分割親法人のみで判定します。

1　吸収合併に係る合併法人又は吸収分割に係る分割承継法人が簡易課税制度を適用する場合の基準期間の課税売上高には、被合併法人又は分割法人の課税売上高を含める必要がありません（基通13-1-2）。

2　法人課税信託の固有事業者が簡易課税制度を適用する場合の基準期間における課税売上高の計算は、納税義務の判定の場合と同様に行います（第1章第1節**2 4**（10ページ）参照）。

　また、受託事業者の簡易課税制度の適用については、その課税期間の初日において固有事業者が簡易課税制度の適用を受ける事業者である場合に限り適用されます（基通4-4-2）。

■（4）みなし仕入率の適用区分

　簡易課税の規定の適用を受ける場合、仕入れに係る消費税額は、事業者の営む事業の区分に応じ、それぞれの事業ごとの売上げに係る消費税額に、次に掲げるみなし仕入率を適用して計算します（法37①、令57①⑤）。

　なお、事業の区分は、原則として課税資産の譲渡等ごとに行うこととされていますが、2種類以上の事業を行っている事業者が、それらの事業のうちの一の事業に係る課税売上げのみを区分していない場合には、課税売上高の合計額から事業の種類を区分している事業に係る課税売上高を控除した残額を、その区分していない一の事業に係る課税売上高として取り扱うことができることになっています（基通13−3−2）。

　区分の仕方は、帳簿等に事業の種類を記帳し、事業の種類ごとの課税売上高を計算する方法のほか、取引の原始帳票等である納品書、請求書、売上伝票又はレジペーパー等に、事業の種類又は事業の種類が区分できる資産の譲渡等の内容を記載する方法によることができます。また、事業場ごとに一の種類の事業のみを行っている事業者にあっては、当該事業場ごとに区分する方法によることもできます（基通13−3−1）。

1）第1種事業（卸売業）…90%

　第1種事業とは、卸売業（他の者から購入した商品を、その性質及び形状を変更しないで他の事業者に対して販売する事業）をいいます。

2）第2種事業（小売業等）…80%

　第2種事業とは、小売業（他の者から購入した商品を、その性質及び形状を変更しないで販売する事業で、第1種事業以外のもの）及び飲食料品を生産する農林水産業をいいます。

　上記1）及び2）に共通する「性質及び形状を変更しないこと」とは、他の者から購入した商品をそのまま販売することをいいます。

　例えば、次のような行為を施したうえでの販売であっても「性質及び形状を変更しないで販売する」場合に該当するものとして取り扱われます（基通13−2−2、13−2−3）。

①　他の者から購入した商品に商標、ネーム等を貼り付け又は表示する行為

②　運送の利便のために分解されている部品等を単に組み立てて販売する場合のように仕入商品を組み立てる行為

③　2以上の仕入商品を箱詰めする等の方法により組み合わせて販売する場合の当該組み合わせ行為

④　食料品小売店舗において、販売に供される商品に軽微な加工をして販売する場合で、

その加工が一般的に行われると認められるものであって、その加工後の商品が加工前の商品と同一の店舗で販売されるものであるときのその加工

「他の者」には、課税事業者及び免税事業者のほか消費者が含まれます（基通11-1-3）。

3）第3種事業（製造業等）…70%

第3種事業とは、次に掲げる事業（加工賃その他これに類する料金を対価とする役務の提供を行う事業を除きます。）をいいます。

イ　農業（飲食料品の譲渡を行う部分を除く。）

ロ　林業（飲食料品の譲渡を行う部分を除く。）

ハ　漁業（飲食料品の譲渡を行う部分を除く。）

ニ　鉱業

ホ　建設業

ヘ　製造業（製造小売業を含みます。）

ト　電気業、ガス業、熱供給業及び水道業

第3種事業に該当するかどうかは、おおむね日本標準産業分類（総務省）の大分類に掲げる分類を基礎として判定することとなります。

(注) 日本標準産業分類の大分類の区分では製造業等、サービス業等又は不動産業に該当することとなる事業であっても、他の者から購入した商品をその性質及び形状を変更しないで販売する事業は、第1種事業又は第2種事業に該当し、また、加工賃その他これに類する料金を対価とする役務の提供を行う事業は、第4種事業に該当することとなります（基通13-2-4）。

製造した商品を直接消費者に販売するいわゆる製造小売業は、日本標準産業分類上は小売業に該当しますが、簡易課税制度における事業区分は第3種事業として取り扱われます（基通13-2-6）。

また、製造業等に係る事業に伴い生じた加工くず、副産物等の譲渡を行う事業も第3種事業に該当することになります（基通13-2-8）。

いわゆる製造問屋、建設工事の丸投げ、新聞・書籍等の発行・出版等も第3種事業に該当します（基通13-2-5）。

4）第4種事業（その他事業）…60%

第1種事業、第2種事業、第3種事業、第5種事業及び第6種事業のいずれにも該当しない事業をいいます。

おおむね日本標準産業分類による飲食店業が該当します。

> 事業者が自己において使用していた建物、機械、車輌等の固定資産の譲渡を行う事業は、第4種事業として取り扱われます（基通13-2-9）。

5）第5種事業（サービス業等）…50%

第5種事業とは、次に掲げる事業をいいます。

イ　運輸通信業

ロ　金融業、保険業

ハ　サービス業（飲食店業に該当する事業を除きます。）

　この場合において、第5種事業に該当するかどうかは、おおむね日本標準産業分類に掲げる分類を基礎として判定することとなります。第5種事業は、日本標準産業分類の大分類に掲げる次の産業をいうものとされています（基通13-2-4）。

① 情報通信業

② 運輸業、郵便業

③ 金融業、保険業

④ 不動産業、物品賃貸業

⑤ 学術研究、専門・技術サービス業

⑥ 宿泊業、飲食サービス業（飲食サービス業に該当するものを除きます。）

⑦ 生活関連サービス業、娯楽業

⑧ 教育、学習支援業

⑨ 医療、福祉

⑩ 複合サービス事業

⑪ サービス業（他に分類されないもの）

6）第6種事業（不動産業）…40%

第6種事業とは、不動産業をいいます。

（注）日本標準産業分類の大分類の区分では、サービス業等又は不動産業に該当することとなる事業であっても、他の者から購入した商品をその性質及び形状を変更しないで販売する事業は、第1種事業又は第2種事業に該当します（基通13-2-4）。

（5）仕入れに係る消費税額の計算

1）仕入れに係る消費税額の計算

① 仕入れに係る消費税額の計算は、次の算式により計算した金額です（法37①一）。

$$\begin{array}{l}\text{課税仕入れ}\\\text{等に係る消}\\\text{費税額}\end{array} = \left[\begin{array}{l}\text{課税標準額}\\\text{に対する消}\\\text{費税額}\end{array} - \begin{array}{l}\text{売上げに係る対}\\\text{価の返還等に係}\\\text{る消費税額}\end{array}\right] \times \begin{array}{l}\text{みなし}\\\text{仕入率}\end{array}$$

> 1　売上対価の返還等を行った場合には、「課税標準額に対する消費税額」から、売上対価の返還等に係る消費税額の合計額を控除します（法37①）。
> 2　貸倒回収額がある場合には、「課税標準額に対する消費税額」に貸倒回収に係る消費税額を加算します（基通13-1-6（2））。
> 3　算出した金額に1円未満の端数があるときは、その端数を切り捨てます。

② ［原則］2種類以上の事業を行っている事業者のみなし仕入率は、原則として次の算式によります（令57②）。

$$\text{[原則]}$$

$$\frac{\begin{array}{l}\text{第1種}\\\text{事業に}\\\text{係る消} \times 90\%\\\text{費税額}\end{array} + \begin{array}{l}\text{第2種}\\\text{事業に}\\\text{係る消} \times 80\%\\\text{費税額}\end{array} + \begin{array}{l}\text{第3種}\\\text{事業に}\\\text{係る消} \times 70\%\\\text{費税額}\end{array} + \begin{array}{l}\text{第4種}\\\text{事業に}\\\text{係る消} \times 60\%\\\text{費税額}\end{array} + \begin{array}{l}\text{第5種}\\\text{事業に}\\\text{係る消} \times 50\%\\\text{費税額}\end{array} + \begin{array}{l}\text{第6種}\\\text{事業に}\\\text{係る消} \times 40\%\\\text{費税額}\end{array}}{\begin{array}{l}\text{第1種事業に}\\\text{係る消費税額}\end{array} + \begin{array}{l}\text{第2種事業に}\\\text{係る消費税額}\end{array} + \begin{array}{l}\text{第3種事業に}\\\text{係る消費税額}\end{array} + \begin{array}{l}\text{第4種事業に}\\\text{係る消費税額}\end{array} + \begin{array}{l}\text{第5種事業に}\\\text{係る消費税額}\end{array} + \begin{array}{l}\text{第6種事業に}\\\text{係る消費税額}\end{array}}$$

（みなし仕入率 ＝ 上記）

（注）売上げに係る対価の返還がある場合には、「第1～6種事業に係る消費税額」から、それぞれの事業の売上げに係る対価の返還等に係る消費税額を控除します。

　　　みなし仕入率の計算をする場合に、課税売上げに係る貸倒回収額、貸倒額は、計算に含めません。

家具の小売業（第2種事業）売上高　　　　　　　　　　3,000万円（税抜き）
　　　　　　　　　　　売上に係る消費税額　　　　　　234万円(税率7.8%)

家具の製造業（第3種事業）売上高　　　　　　　　　　2,000万円（税抜き）
　　　　　　　　　　　売上げに係る消費税額　　　　　156万円(税率7.8%)

計算例

$$みなし仕入率＝\frac{234万円×80\%＋156万円×70\%}{234万円＋156万円}＝76\%$$

仕入れに係る消費税額は、

(234万円＋156万円)×76%＝296万4千円となります。

> 上記の計算に代えて、234万円×80%＋156万円×70%＝296万4千円
> により計算することもできます。

イ　1種類の事業に係る課税売上高が75%以上の場合

　事業者が2種類以上の事業を営んでいる場合における仕入れに係る消費税額の計算は、事業ごとに計算する上記②［原則］の方法（69ページ）によるのが原則ですが、その課税期間中における課税売上高のうちに1種類の事業の課税売上高の占める割合が75%以上であるときは、事業ごとの計算に代え、次の率によることができます（令57③一、基通13-4-1）。

---

① 第1種事業に係る課税売上高が75%以上であるとき……みなし仕入率90%
② 第2種事業に係る課税売上高が75%以上であるとき……みなし仕入率80%
③ 第3種事業に係る課税売上高が75%以上であるとき……みなし仕入率70%
④ 第4種事業に係る課税売上高が75%以上であるとき……みなし仕入率60%
⑤ 第5種事業に係る課税売上高が75%以上であるとき……みなし仕入率50%
⑥ 第6種事業に係る課税売上高が75%以上であるとき……みなし仕入率40%

ロ　2種類の事業に係る課税売上高が75%以上の場合

　事業者が3種類以上の事業を営んでいる場合において、その課税期間中における課税売上高のうちに2種類の事業の課税売上高の合計額が75%以上であるときは、そのみなし仕入率は事業ごとに計算する上記②［原則］の方法（69ページ）に代え、その2種類の事業のうちみなし仕入率の高い方の事業については、そのまま本来のみなし仕入率を適用し、それ以外の事業に対してはその2種類の事業に係るみなし仕入

率のうち低い方のみなし仕入率を適用することができます（令57③二、基通13-4-2）。

［例］　第1種事業と第2種事業に係る課税売上高の合計額が75％以上であるとき

$$
\text{みなし仕入率} = \frac{\text{第1種事業の売上げに係る消費税額} \times 90\% + \frac{\text{第2種事業及びその他の事業の売上げに係る消費税額}}{} \times 80\%}{\text{その課税期間の売上げに係る消費税額}}
$$

　上記のほか、次の事業に係る課税売上高の合計額が75％以上であるときも、みなし仕入率の計算の特例措置が設けられています。

第1種事業と第3種事業	第2種事業と第6種事業
第1種事業と第4種事業	第3種事業と第4種事業
第1種事業と第5種事業	第3種事業と第5種事業
第1種事業と第6種事業	第3種事業と第6種事業
第2種事業と第3種事業	第4種事業と第5種事業
第2種事業と第4種事業	第4種事業と第6種事業
第2種事業と第5種事業	第5種事業と第6種事業

③　事業者が事業ごとの課税売上高を区分していない場合

　事業者が課税売上高を事業の種類ごとに区分していない場合の適用関係は次によります（令57④）。

イ　第1種事業と第2種事業を営む事業者がそれぞれの売上げを区分していないときは、その区分していない部分の売上げについては、第2種事業の売上げとして計算します。

ロ　第1種事業又は第2種事業と第3種事業を営む事業者がそれぞれの売上げを区分していないときは、その区分していない部分の売上げについては、第3種事業の売上げとして計算します。

ハ　第1種事業又は第2種事業又は第3種事業と第4種事業を営む事業者がそれぞれの売上げを区分していないときは、その区分していない部分の売上げについては、第4種事業の売上げとして計算します。

ニ　第1種事業、第2種事業、第3種事業又は第4種事業と第5種事業を営む事業者

がそれぞれの売上げを区分していないときは、その区分をしていない部分の売上げについては、第5種事業の売上げとして計算します。

ホ　第6種事業又は第6種事業以外の事業を営む事業者がそれぞれの売上げを区分していないときは、その区分していない部分の売上げについては、第6種事業の売上げとして計算します。

> 売上げに係る対価の返還を行った場合に、第1種事業から第6種事業に係る事業の区分をしていない部分があるときは、その区分していない部分については、事業者の課税売上げに係る帳簿等又は対価の返還等に係る帳簿等を基に合理的に区分することになります（基通13−2−10）。

2) 貸倒れがあった場合等の適用関係

簡易課税制度の適用を受けている事業者の行った課税資産の譲渡等に係る売掛金等について、貸倒れに係る消費税額の控除の適用を受ける貸倒れに係る消費税額の控除の規定の適用を受ける貸倒れがあった場合又はその規定の適用を受けた貸倒れに係る売掛金等を回収した場合における消費税額の計算は、次によることになります（基通13−1−6）。

① 貸倒れがあった場合

その貸倒れとなった売掛金等に係る消費税額（15ページ）は、その課税期間の課税標準額に対する消費税額から、簡易課税制度を適用して計算したその課税期間における仕入れに係る消費税額とみなされる金額を控除した後の消費税額から控除します。

② 貸倒れに係る売掛金等を回収した場合

回収した売掛金等に係る消費税額について、その回収した日の属する課税期間の課税標準額に対する消費税額に加算し、加算後の金額を基に仕入控除税額を計算します。

CHAPTER 2

［第2編］

業種別
事業区分の
判定表

（注意事項）

第2編は、日本標準産業分類（総務省）における業種分類と簡易課税制度における事業区分の関係を示したものです。

ただし、日本標準産業分類は、各事業所の事業の種類を主たる事業で分類するものであり、これに対して簡易課税制度における事業区分の判定は、課税資産の譲渡等ごとに行うこととなっています。

したがって、この編の「事業区分」欄は、各業種分類における一般的な事業として行われる課税資産の譲渡等の事業区分を目安として示したものであり、必ずしもこの編の事業区分どおりでない場合がありますので、ご注意ください。

また、「項目」欄は、おおむね日本標準産業分類の小分類によっています。また、「事業区分」欄のうち、「第1種又は第2種」若しくは「第2種又は第1種」としているものについては、他の者から購入した商品等の販売の相手先が、事業者である場合には「第1種」と、事業者以外である場合には、「第2種」と判定してください。

※令和6年4月1日以後、日本標準産業分類は改定が予定されていますのでご注意ください。

事業区分のフローチャート

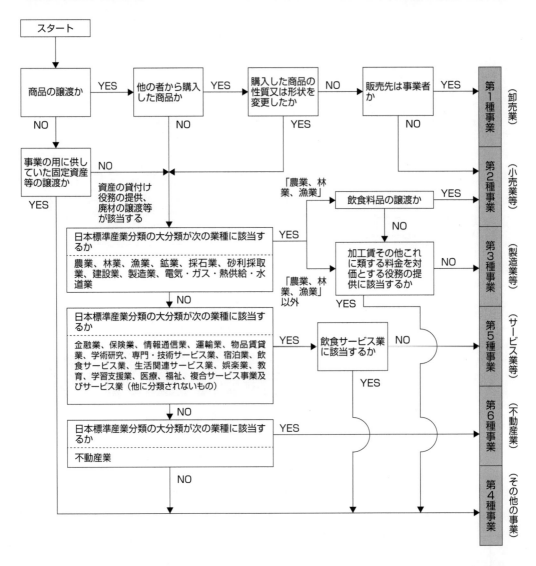

（※）　飲食サービス業のうち、持ち帰り・配達飲食サービス業に該当するものについては、その業態等により
　　　第2種事業又は第3種事業に該当するものがあります。

（注1）　令和元年10月1日を含む課税期間（同日前の取引は除きます。）から農業、林業、漁業のうち飲食料
　　　品の譲渡に係る事業が第3種事業から第2種事業へ変更されました。

（注2）　課税資産の譲渡等からは輸出免税等の適用により消費税が免除されるものを除きます。

（注3）　固定資産等とは、建物、建物附属設備、構築物、機械及び装置、船舶、航空機、車両及び運搬具、工
　　　具、器具及び備品、無形固定資産のほかゴルフ場利用株式等をいいます。

（フローチャートの使用に当たっての留意事項）

1　このフローチャートは、事業区分判定に当たっての目安です。

2　事業区分は原則として資産の譲渡等ごと、すなわち取引単位ごとに判定し、それぞれ第1種事業から第6種事業のいずれかに区分することとなります。

　　したがって、それぞれの取引ごとにこのフローチャートにあてはめて判定する必要があります。

　（注）個々の判定は社会通念上の取引単位を基に行いますが、資産の譲渡等と役務の提供とが混合した取引で、それぞれの対価の額が区分されている場合には、区分されたところにより個々の事業の種類を判定することとなります。

3　「商品の性質又は形状を変更したか」どうかの判定上、例えば、次のような行為は、性質及び形状を変更しないものとして取り扱われます。

　⑴　商標、ネーム等を添付又は表示

　⑵　複数の商品（それ自体販売しているもの）の詰め合わせ

　⑶　液状等の商品の販売用容器への収容

　⑷　ガラス、その他の商品の販売のために行う裁断

50音順用語索引

【さ行】

第1章

農業、林業

（1）農業

耕種農業 / 畜産農業　⇒　第**3**種事業に該当します。
ただし、
食用の農産物の生産　⇒　第**2**種事業に該当します。
農業サービス業 / 園芸サービス業　⇒　おおむね第**4**種事業に該当します。

　農業には、耕種、畜産等に関する事業が分類されるほか、請負で築庭、庭園樹の植樹などを行う事業も含まれ、第3種事業に該当します。

　ただし、食用の農産物を生産する事業は第2種事業となります。

　なお、農産物を他から仕入れ販売する事業は第1種又は第2種に該当し、農業従事者が他の農業従事者の田植え、稲刈り等を手伝う場合には第4種事業に該当します。

　また、育苗、耕起、植付、防除、刈取、脱穀、調整など、穀作農業に係るいずれか1種類以上の作業を請負で行う事業や請負で行う種付け、人工授精又は受精卵移植、育成、種卵採取、ふ卵、育すう、家畜の貸付・飼養管理などを行う事業も第4種事業に該当します。

項　　目	具体的な事例	事 業 区 分
1 耕種農業	食用の米、野菜、果樹を栽培し、出荷する事業	第**2**種
	食用ではない、花き等を栽培し、出荷する事業	第**3**種

項　　目	具体的な事例	事　業　区　分
	農業従事者が他の農業従事者の田植え、稲刈り等を手伝う場合	第4種
	無償で、種、肥料等の支給を受けて栽培料を受領する場合	第4種
	観光果樹園を併設し、入園料を受領してもぎ取り、食用とさせる事業	第3種
	自己の果樹園の果実を持ち帰り用として販売	第2種
	他の者から購入した果実の持ち帰り販売	第2種
2 畜産農業	育成中の牛の売却	第3種
	枝肉の売却	第2種
	事業用資産である乳牛の売却	第4種
3 農業サービス業（園芸サービス業を除く）	育苗、耕起、植付、防除、刈取、脱穀、調整など、穀作農業に係るいずれか1種類以上の作業を請負で行う事業	第4種
	請負で行う種付け、人工授精又は受精卵移植、育成、種卵採取、ふ卵、育すう、家畜の貸付・飼養管理などを行う事業	第4種

項　　　目	具体的な事例	事　業　区　分
	牛馬を預かり、請負により牛馬の育成を行う事業 ▶	第4種
	農業用水供給事業 ▶	第3種
	土地改良区が行う土地改良事業 ▶	第3種
	国等からの委託により行う調査設計業務等 ▶	第5種
4　園芸サービス業	造園工事(庭園造りを含む。)を請け負う事業で資材等を自ら調達する事業 ▶	第3種
	庭師が行う植木の剪定 ▶	第4種

（2）林業

育林業 / 素材生産業 / 特用林産物生産業（きのこ類の栽培を除く）/ その他の林業 ⇒ 第3種事業に該当します。
ただし、
食用の生産物の育成 ⇒ 第2種事業に該当します。
林業サービス業 ⇒ おおむね第4種事業に該当します。

　林業には、山林用苗木の育成・植栽、林木の保育・保護、林木からの素材生産、木炭の製造及び林産物の採取などを行う事業が分類され、第3種事業に該当します。

　ただし、食用の生産物を育成する事業は第2種事業となります。

　また、木材や林産物を他から仕入れ販売する事業は第1種又は第2種事業に該当し、林業従事者が他の林業従事者の苗木の保育、雑草の下草刈り等を手伝う場合には第4種事業に該当し、請負によって造林・保育、

伐木・運材などを行う林業サービス業も第4種事業に該当します。

項　　目	具体的な事例	事　業　区　分
1 育林業	山林の造林・保育・保護を行う事業 ▶	第3種
	他の林業従事者の下草刈りの手伝い ▶	第4種
	苗木等を仕入れて育林を行う事業 ▶	第3種
2 素材生産業	立木を購入し、伐木して主として素材のまま販売 ▶	第3種
	他の林業従事者の丸太の皮剥ぎの手伝い ▶	第4種
3 特用林産物生産業（きのこ類の栽培を除く）	木炭の製造 ▶	第3種
	他の林業従事者の木炭の製造の手伝い ▶	第4種
	天然きのこや松茸の採取 ▶	第3種
4 林業サービス業	請負によって造林・保育、伐木・運材を行う場合 ▶	第4種
5 その他の林業	狩猟（食用のもの） ▶	第3種
	〃（食用以外のもの） ▶	第3種

第2章

漁　　業

（1）漁業

漁業　⇒　第 **3** 種事業に該当します。

ただし、

食用の水産物の生産　⇒　第 **2** 種事業に該当します。

漁業サービス業　⇒　第 **4** 種事業に該当します。

　漁業には、海面又は内水面において自然繁殖している水産動植物を採捕する事業が分類され、第3種事業に該当します。

　ただし、食用の水産物を生産する事業は第2種事業となります。

　また、水産動植物を他から仕入れて販売する事業は第1種又は第2種事業に該当し、漁業従事者が他の漁業従事者の船に乗り込んで漁業に従事する場合で、給与以外の人的役務の提供を行う場合は第4種事業に該当します。

項　　目	具体的な事例	事 業 区 分
1 漁業（水産養殖業を除く）	海面又は内水面において、食用の魚・貝などの水産動植物を採取する事業 ▶	第 **2** 種
	漁業従事者が他の漁業従事者の船に乗り込んで漁業に従事する場合で、給与以外の人的役務の提供の対価 ▶	第 **4** 種

（2）水産養殖業

水産養殖業　⇒　第2種事業に該当します。

　水産養殖業には、海面又は内水面において人工的に設備を施し、水産動植物を移植、放苗、育成などにより集中的に生産する事業が分類され、第2種事業に該当します。

　また、水産動植物を他から仕入れて販売する事業は第1種又は第2種事業に該当し、漁業従事者が他の漁業従事者の養殖を手伝う場合は第4種事業に該当します。

項　目	具体的な事例	事　業　区　分
1 養殖業	稚魚、稚貝等を仕入れて養殖して販売する事業	第2種
	漁業従事者が他の漁業従事者の養殖を手伝う場合	第4種
	稚魚、稚貝の支給を受け委託により行う養殖	第4種
	養殖育成せず、成魚を仕入れて、そのまま販売する事業	第1種又は第2種

第3章
鉱業、採石業、砂利採取業

（1）鉱業、採石業、砂利採取業

鉱業、採石業、砂利採取業 ⇒ 第3種事業に該当します。

　鉱業、採石業、砂利採取業には、有機物、無機物を問わず、天然に固体、液体又はガスの状態で生ずる鉱物を採石等する事業及びこれらの選鉱その他の品位向上処理を行う事業が分類され、第3種事業に該当します。

　また、鉱物等を他から仕入れ販売する事業は第1種又は第2種事業に該当し、他の者の鉱区を下請けにより採掘する事業でダイナマイト等の原材料を自己で持たない場合は第4種事業に該当します。

項　目	具体的な事例	事業区分
1 金属・石炭・亜炭鉱業	他の者の鉱区を下請けにより採掘する事業でダイナマイト等の原材料を自己で持たない場合	第4種
	自己の採掘した鉱物を破砕、選別	第3種
2 原油・天然ガス鉱業	他の者の鉱区を下請けによりボーリング又は採掘する場合	第4種

項　　目	具体的な事例	事　業　区　分
3 採石業、砂・砂利・玉石採取業	岩石の採石、砂・砂利・玉・石などの採取を行う事業 ▶	第**3**種
4 その他の鉱業	他の鉱業従事者の採掘した鉱物を請負により破砕、選別する場合 ▶	第**4**種

第4章

建 設 業

（1）総合工事業

総合工事業 ⇒ 第3種事業に該当します。

　総合工事業には、土木施設、建築物を完成することを発注者に対し直接請け負う事業のほか、自己建設で行う事業、建築物の改装又は軽微な増・改築工事を総合的に行う事業が分類され、第3種事業に該当します。

　また、他の事業者から原材料の支給を受け建設工事の一部を行う人的役務の提供は第4種事業に該当し、しゅんせつ工事も第4種事業に該当します。

項　　目	具体的な事例	事 業 区 分
1 土木・建築工事業	他の事業者から原材料の支給を受け建設工事の一部を行う人的役務の提供	第4種
	請け負った工事を自ら行わないで、全部を下請業者に丸投げする場合	第3種
	建設業者が行う修繕	第3種
	上記のうち原材料の支給を受けて行う修理	第4種

項　目	具体的な事例	事　業　区　分
	しゅんせつ工事 ▶	第**4**種
2 建築リフォーム 工事業	建築物の改装又は軽微な増改築工事を行う事業 ▶	第**3**種

（2）職別工事業（設備工事業を除く）

職別工事業　⇒　おおむね第**3**種事業に該当します。
とび工事業　⇒　第**4**種事業に該当します。

　職別工事業には、主として下請として工事現場において建築物又は土木施設などの工事目的物の一部を構成するための建設工事を行う事業が分類され、第3種事業に該当します。
　また、人的役務の提供のみを行う事業は第4種事業に該当し、とび工事も第4種事業に該当します。

項　目	具体的な事例	事　業　区　分
1 大工工事業	下請けで建築物の大工工事を行う事業 ▶	第**3**種
	工事用資材を自己で持たず他の業者の工事を行う人的役務の提供事業 ▶	第**4**種
2 とび工事業	とび工事や足場の組立て ▶	第**4**種
3 鉄骨・鉄筋工事業	現場で行う構造用鋼材組立て、びょう接、溶接工事を行う事業 ▶	第**3**種

項　　目	具体的な事例	事　業　区　分
4 左官工事業	モルタル吹付工事などを行う事業 ▶	第 **3** 種
5 その他の職別工事業	他の者からの委託に基づくはつり、解体工事 ▶	第 **4** 種
	サッシ等のコーキング事業 ▶	第 **3** 種
	職別工事業者が行う修繕 ▶	第 **3** 種
	上記のうち原材料の支給を受けて行う修理 ▶	第 **4** 種

（3）設備工事業

設備工事業　⇒　第 **3** 種事業に該当します。

　設備工事業には、電気工作物、電気通信信号施設、空気調和設備、給排水・衛生設備、昇降設備等の設備を完成することを発注者に対し直接請負う事業又は自己建設を行う事業などが分類され、第3種事業に該当します。

　また、人的役務の提供のみを行う事業は第4種事業に該当します。

項　　目	具体的な事例	事　業　区　分
1 電気工事業	建築物の屋内外の配線工事 ▶	第 **3** 種
	他の工事業者の指示により人夫を派遣する事業 ▶	第 **4** 種

項　　　目	具体的な事例	事 業 区 分
	機械等を持参し原材料を持たないで行う人的役務の提供	▶ 第**4**種
2 管工事業	配管業者が注文により水道管等の長さを調節し、裁断して販売	▶ 第**1**種又は第**2**種
3 機械器具設置工事業	冷暖房設備工事業者が冷房機の保守点検の際に、必要に応じ行うフロンガスの充填 注）上記の事業は、その他の建物サービス業に該当します。	▶ 第**5**種
4 その他の設備工事業	設備工事業者が行う修理	▶ 第**3**種
	上記のうち原材料の支給を受けて行う修理	▶ 第**4**種

第5章

製 造 業

（1）食料品製造業

食料品製造業 ⇒ 第3種事業に該当します。

　食料品製造業には、畜産食料品などの製造、野菜缶詰などの製造、調味料・糖類・動植物油脂などの製造、精穀・製粉及びパン・菓子・めん類などの製造を行う事業が分類され、第3種事業に該当します。

　また、原材料の支給を受けて行う加工処理は第4種事業に該当します。購入した商品の性質及び形状を変更せずに販売する事業は第1種又は第2種事業に該当し、性質及び形状を変更して販売する事業は第3種事業に該当します。

項　　目	具体的な事例	事 業 区 分
1 畜産・水産食料品製造業	仕入れた肉をスライスして販売	第**1**種又は第**2**種
	仕入れた鰻を開いて串に刺して販売	第**3**種
	仕入れた魚を刺身にして販売	第**1**種又は第**2**種
	仕入れた魚を焼く煮る等の加熱処理を行い販売する事業	第**3**種
	貝、えびの支給を受けて行うむき身の製造	第**4**種

項　目	具体的な事例	事 業 区 分
	仲買人が市場からウニ、ホヤを購入し、殻等を取り除いて販売	第**1**種又は第**2**種
	かつおぶしを購入し削りぶしにして販売	第**3**種
2 野菜・果実缶詰・農産保存食料品製造業	仕入れた果実及び野菜を原料として缶詰・瓶詰を製造する事業	第**3**種
	果物等の支給を受けて行う缶詰加工	第**4**種
	仕入れた野菜及び果実を原料として漬物を製造する事業	第**3**種
	八百屋等の小売業者が野菜を糠漬けにして店頭で販売	第**2**種又は第**1**種
3 精穀・製粉業	玄米の支給を受けて行う精米	第**4**種
	麦の支給を受けて行う製粉	第**4**種
	もち米の支給を受けて行う賃もち	第**4**種
4 パン・菓子製造業	落花生を煎って殻から取り出しピーナッツとして販売	第**3**種

項　　　　目	具体的な事例	事 業 区 分
	ケーキ等の製造小売業者が喫茶店を兼業する場合のケーキの持ち帰り販売 ▶	第**3**種
	上記の製造小売業者の喫茶店の営業として客に提供している部分 ▶	第**4**種

（2）飲料・たばこ・飼料製造業

飲料・たばこ・飼料製造業　⇒　第3種事業に該当します。

　飲料・たばこ・飼料製造業には、清涼飲料、酒類、茶、コーヒー、氷、たばこ、飼料等を製造する事業が分類され、第3種事業に該当します。
　また、原材料の支給を受けて行う加工処理は第4種事業に該当します。

項　　　　目	具体的な事例	事 業 区 分
1 清涼飲料製造業	天然水を自ら採取して販売 ▶	第**3**種
	仕入れた天然水の販売 ▶	第**1**種又は第**2**種
	果物の支給を受けて行うジュースの製造 ▶	第**4**種
2 酒類製造業	酒類の支給を受けて行う酒類の瓶詰 ▶	第**4**種

項　　目	具体的な事例	事　業　区　分
3 茶・コーヒー製造業	荒茶を仕入れ、荒茶どうしをブレンド、裁断及び小分けし仕上茶として販売	第 **3** 種
	自己で製造した茶と他から購入した茶を混ぜ合わせて販売	第 **3** 種
4 製氷業	販売用水を製造する事業	第 **3** 種
5 飼料・有機質肥料製造業	他から購入した種類の異なる肥料を混合して農家に販売する場合 注）食料品小売店舗において行う軽微な加工をして販売する事業における混ぜ合わせ等に該当する場合は第1種事業に該当します。	第 **3** 種

(3) 繊維工業

繊維工業　⇒　第 **3** 種事業に該当します。

　繊維工業には、製糸、紡績糸、織物、ニット生地、網地、フェルト、染色整理及び衣服の縫製など繊維製品を製造する事業が分類され、第3種事業に該当します。
　また、原材料の支給を受けて行う加工処理は、第4種事業に該当します。

項　　目	具体的な事例	事 業 区 分
1 製糸業、紡績業化学繊維、ねん糸等製造業	糸・テープ等の支給を受けて行う糸・テープ等の巻取り ▶	第**4**種
2 織物業	糸の支給を受けて反物等を織る作業 ▶	第**4**種
	生地又は刺繍糸の支給を受けて行う刺繍 ▶	第**4**種
3 染色整理業	糸又は生地の支給を受けて行う染色 ▶	第**4**種
4 外衣・シャツ製造業（和式を除く）	織物製の背広、制服、ズボン、ジャケットなどを製造する事業 ▶	第**3**種
	反物等の支給を受けて行う裁断、縫製 ▶	第**4**種
	生地の無償支給を受けて、自ら調達した糸、ボタンを用いて行う縫製 ▶	第**4**種
	洋服メーカーが指示を受けて行う洋服の型紙の製作 ▶	第**3**種

（4）木材・木製品製造業（家具を除く）

木材・木製品製造業（家具を除く）　⇒　第3種事業に該当します。

　木材・木製品製造業には、製材及び単板（ベニヤ板）、合板など木製基礎資材を製造する事業並びにこれらの木材又は竹、とう、コルクなどを主要材料としてつくられる製品を製造する事業が分類され、第3種事業に該当します。

　また、原材料の支給を受けて行う加工処理は、第4種事業に該当します。購入した商品の性質及び形状を変更せずに販売する事業は第1種又は第2種事業に該当し、性質及び形状を変更して販売する事業は第3種事業に該当します。

項　　目	具体的な事例	事 業 区 分
1 製材業、木製品製造業	9寸角の木材を3寸角の柱にして販売	第3種
	木材の支給を受けて皮むき、切断する事業	第4種
2 木製容器製造業（竹、とうを含む）	原材料の支給を受けて容器、履物を組立加工する事業	第4種
	製作された容器、履物等の支給を受けて行う塗装	第4種
	木材の支給を受けて行う折箱等の製造	第4種

（5）家具・装備品製造業

家具・装備品製造業 ⇒ 第3種事業に該当します。

　家具・装備品製造業には、家庭用及び事業用家具、宗教用具、戸、障子、ふすま及び日よけなどを製造する事業が分類され、第3種事業に該当します。

　また、原材料の支給を受けて行う加工処理は第4種事業に該当します。

項　目	具体的な事例	事 業 区 分
1 家具製造業	家庭及び事務所で使われる家具を製造する事業	第3種
	原材料の支給を受けて行う家具・建具等の組立て	第4種
	原材料の支給を受けて行う家具・建具等の塗装	第4種

（6）パルプ・紙・紙加工品製造業

パルプ・紙・紙加工品製造業 ⇒ 第3種事業に該当します。

　パルプ・紙・紙加工品製造業には、木材その他の植物原料又は古繊維などから主としてパルプ及び紙を製造する事業、又はこれらの紙から紙加工品を製造する事業が分類され、第3種事業に該当します。

　また、原材料の支給を受けて行う加工処理は第4種事業に該当します。

項　目	具体的な事例	事 業 区 分
1 紙製造業	和紙の製造	第3種
	紙の支給を受けて紙製品を製造する事業	第4種

（7）印刷・同関連業

印刷業／製版業　⇒　第3種事業に該当します。
製本業、印刷物加工業／印刷関連サービス業　⇒　おおむね第4種事業に該当します。

　印刷・同関連業では、印刷業、製版業が第3種事業に該当し、製本業、印刷物加工業、印刷関連サービス業がおおむね第4種事業に該当します。
　また、印刷業、製版業のうち原材料の支給を受けて行う加工処理は第4種事業に該当します。

項　　目	具体的な事例	事 業 区 分
1 印刷・製版業	紙の支給を受けて行う印刷	第4種
	はがきの支給を受けて行う印刷	第4種
	印刷原版・刷版を製造する事業	第3種
	写真植字業	第3種
2 製本業・印刷物加工業	印刷物の支給を受けて製本を請け負う事業	第4種

（8）化学工業

化学工業　⇒　第3種事業に該当します。

　化学工業には、化学的処理を製造過程とする事業及び化学的処理によって得られた物質の混合等を行う事業が分類され、第3種事業に該当します。
　また、原材料の支給を受けて行う加工処理は第4種事業に該当します。

⑼ 石油製品・石炭製品製造業

石油製品・石炭製品製造業　⇒　第3種事業に該当します。

　石油製品・石炭製品製造業には、石油を精製する事業、購入した原料を混合加工して潤滑油等を製造する事業、コークス炉による石炭の乾留を行う事業及び石炭を主原料として練炭等を製造する事業などが分類され、第3種事業に該当します。

　また、原材料の支給を受けて行う加工処理は第4種事業に該当します。

⑽ プラスチック製品製造業

プラスチック製品製造業　⇒　第3種事業に該当します。

　プラスチック製品製造業には、プラスチックを用い、各種成形機により成形された成形製品を製造する事業及び同製品に切断、接合、塗装などの加工を行う事業などが分類され、第3種事業に該当します。

　また、原材料の支給を受けて行う加工処理は第4種事業に該当します。

項　　　目	具体的な事例	事　業　区　分
1 工業用プラスチック製品製造業	圧縮などの成形加工によりプラスチック製品を製造する事業	第3種
	成形用樹脂の支給を受けて行う成形加工	第4種
	プラスチック製品の支給を受けて行う塗装、メッキ	第4種
	プラスチック製品の支給を受けて行う組立て	第4種

(11) ゴム製品製造業

ゴム製品製造業　⇒　第3種事業に該当します。

　ゴム製品製造業には、天然ゴム類、合成ゴムなどから作られたゴム製品（タイヤ、チューブ、ゴム履物など）を製造する事業所が分類され、第3種事業に該当します。

　また、原材料の支給を受けて行う加工処理は第4種事業に該当します。

(12) なめし革・同製品・毛皮製造業

なめし革・同製品・毛皮製造業　⇒　第3種事業に該当します。

　なめし革・同製品・毛皮製造業には、なめし革製造業、毛皮製造業及び各種のなめし革製品等を製造する事業が分類され、第3種事業に該当します。

　また、原材料の支給を受けて行う加工処理は第4種事業に該当します。

項　　目	具体的な事例	事 業 区 分
1 かばん製造業	かばん・ランドセルを製造する事業	第3種
	革等の支給を受けて行う縫製	第4種
2 毛皮製造業	毛皮のなめし、調整、染色、仕上げを行う事業	第3種
	毛皮の支給を受けて行うなめし、調整、仕上げ	第4種

⒀ 窯業・土石製品製造業

窯業・土石製品製造業 ⇒ 第3種事業に該当します。

　窯業・土石製品製造業には、板ガラス及びその他のガラス製品、セメント及び同製品、建築用粘土製品、陶磁器、炭素及び黒鉛製品、ほうろう鉄器などを製造する事業が分類され、第3種事業に該当します。

　また、原材料の支給を受けて行う加工処理は第4種事業に該当します。

項　　目	具体的な事例	事　業　区　分
1 陶磁器・同関連製品製造業	浴槽、便器等を製造する事業 ▶	第3種
	陶磁器等の支給を受けて行う塗装、▶ メッキ、蒔絵、沈金	第4種

⒁ 鉄鋼業

鉄鋼業 ⇒ 第3種事業に該当します。

　鉄鋼業には、鉱石、鉄くずなどから鉄及び鋼を製造する事業、鉄及び鋼の鋳造品、鍛造品、圧延鋼材、表面処理鋼材などを製造する事業が分類され、第3種事業に該当します。

　また、原材料の支給を受けて行う加工処理は第4種事業に該当します。

項　　目	具体的な事例	事　業　区　分
1 製鋼を行わない鋼材製造業	他から仕入れた鋼材から鉄線を製造する事業 ▶	第3種
	金属の支給を受けて行うメッキ、▶ 鋳造、圧延、表面処理	第4種

(15) 非鉄金属製造業

非鉄金属製造業 ⇒ 第3種事業に該当します。

　非鉄金属製造業には、鉱石、金属くずなどを処理し、非鉄金属の製錬及び精製を行う事業、非鉄金属の合金製造、圧延、抽伸などを行う事業及び非鉄金属の鋳造、鍛造、その他の基礎製品を製造する事業が分類され、第3種事業に該当します。

　また、原材料の支給を受けて行う加工処理は第4種事業に該当します。

項　目	具体的な事例	事業区分
1 非鉄金属製錬・精製業	金属の支給を受けて行うメッキ、鋳造、圧延、表面処理	第4種
	金属の支給を受けて行うプレス、シャーリング	第4種

(16) 金属製品製造業

金属製品製造業 ⇒ 第3種事業に該当します。

　金属製品製造業には、ブリキ缶及びその他のめっき板等製品、刃物、手道具類、一般金物類、建設用・建築用金属製品などを製造する事業が分類され、第3種事業に該当します。

　また、原材料の支給を受けて行う加工処理は第4種事業に該当します。

項　目	具体的な事例	事業区分
1 金物類製造業	金型等の支給を受けて金属を自己で調達して行う打ち抜き、プレス	第3種
	鉄板等の支給を受けて行う打ち抜き、プレス	第4種
	金属製品の支給を受けて行う彫刻	第4種

項　　　目	具体的な事例	事　業　区　分
	金属の支給を受けて行うメッキ、塗装 ▶	第**4**種
	包丁、はさみなどを製造する事業 ▶	第**3**種
	製造過程で生じた加工くず及び副産物を譲渡する事業 ▶	第**3**種

⑰ はん用機械器具製造業

はん用機械器具製造業　⇒　第**3**種事業に該当します。

　　はん用機械器具製造業には、生産用機械器具、電気機械器具などにはん用的に組み込まれ、あるいは取り付けをすることで用いられるボイラ・原動機、ポンプ・圧縮機等の機械器具を製造する事業が分類され、第3種事業に該当します。

　　また、原材料の支給を受けて行う加工処理は第4種事業に該当し、はん用機械の修理を行う事業は第5種事業に該当します。

項　　　目	具体的な事例	事　業　区　分
1 はん用機械器具製造業	一般機械の修理を行う事業 ▶	第**5**種
	機械の組立てを請け負って行う事業 ▶	第**4**種
2 その他のはん用機械・同部分品製造業	原材料の支給を受けて行う旋盤等による部品の下請加工 ▶	第**4**種
	パイプの支給を受け切断、曲げ作業を行う事業 ▶	第**4**種

⒅ 生産用機械器具製造業

生産用機械器具製造業 ⇒ 第3種事業に該当します。

　生産用機械器具製造業には、農業用機械、建築機械、繊維機械等の物の生産に供される機械器具を製造する事業が分類され、第3種事業に該当します。

　また、原材料の支給を受けて行う加工処理は第4種事業に該当し、生産用機械の修理を行う事業は第5種事業に該当します。

項　目	具体的な事例	事 業 区 分
1 生産機械器具製造業	製造から据付けまでの一貫した請負契約の場合の機械の販売と据付け 注）機械の販売と据付けが別の取引と認められる場合には、本体部分は第3種事業、据付け料金部分は第5種事業に該当します。	第3種

⒆ 業務用機械器具製造業

業務用機械器具製造業 ⇒ 第3種事業に該当します。

　業務用機械器具製造業には、業務用、サービス用、娯楽用等に供される機械器具を製造する事業が分類され、第3種事業に該当します。

　また、原材料の支給を受けて行う加工処理は第4種事業に該当し、業務用機械の修理を行う事業は第5種事業に該当します。

項　　　　目	具体的な事例	事　業　区　分
1 その他の計量器・測定器・分析機器・試験機・測量機械器具・理化学機械器具製造業	製造から据付けまでの一貫した請負契約の場合の機械の販売と据付け 注）機械の販売と据付けが別の取引と認められる場合には、本体部分は第3種事業、据付け料金部分は第5種事業に該当します。	第**3**種
	部品の支給を受けて組立てを行う事業	第**4**種
	完成品の検査を行う場合（商品検査業）	第**5**種

⑳ 電子部品・デバイス・電子回路製造業

電子部品・デバイス・電子回路製造業 ⇒ 第3種事業に該当します。

　電子部品・デバイス・電子回路製造業には、電気機械器具、情報通信機械器具などに用いられる電子部品、デバイス及び電子回路を製造する事業が分類され、第3種事業に該当します。

　また、原材料の支給を受けて行う加工処理は第4種事業に該当します。

㉑ 電気機械器具製造業

電気機械器具製造業 ⇒ 第3種事業に該当します。

　電気機械器具製造業には、電気エネルギーの発生、貯蔵、送電、変電及び利用を行う機械器具を製造する事業が分類され、第3種事業に該当します。

　また、原材料の支給を受けて行う加工処理は第4種事業に該当します。

項　　　目	具体的な事例	事 業 区 分
1 電気機械器具製造業	組立てを請け負って行う事業 ▶	第 **4** 種
	基盤の支給を受けて基盤に文字を印刷する事業 ▶	第 **4** 種

㉒ 情報通信機械器具製造業

情報通信機械器具製造業　⇒　第 3 種事業に該当します。

　　情報通信機械器具製造業には、通信機械器具及び関連機器、電子計算機等及び付属装置を製造する事業が分類され、第3種事業に該当します。

項　　　目	具体的な事例	事 業 区 分
1 電子計算機・同附属装置製造業	組立てを請け負って行う事業 ▶	第 **4** 種
	他の事業者が開発したソフトウエアや周辺機器を購入して販売する場合のそのソフトウエア等の譲渡 ▶	第 **1** 種又は第 **2** 種
	他の事業者が開発したソフトウエアを購入してOSとして機械本体に組み込んで販売する場合の全体の売上げ ▶	第 **3** 種

⑳ 輸送用機械器具製造業

輸送用機械器具製造業 ⇒ 第3種事業に該当します。

　輸送用機械器具製造業には、自動車、船舶、航空機、鉄道車両及びその他の輸送機械器具を製造する事業が分類され、第3種事業に該当します。

　また、鉄道車両の製造業者が行う鉄道車両の修理などは、第3種事業に該当し、原材料の支給を受けて行う加工処理は第4種事業に該当します。

項　　目	具体的な事例	事　業　区　分
1 自動車・同附属品製造業	自動車用部品を製造する事業	第3種
	自動車の支給を受けて保冷車等に改造する事業	第3種
	部品の支給を受けて旋盤等の加工を行う事業	第4種
	部品の支給を受けて溶接を行う事業	第4種
2 鉄道車両・同部分品製造業	鉄道車両の製造業者が行う鉄道車両の修理	第3種
3 船舶製造・修理業、舶用機関製造業	船舶の製造業者が行う船舶の修理	第3種
4 航空機・同附属品製造業	航空機製造業者及び航空機用原動機製造業者が行う航空原動機のオーバーホール	第3種

(24) その他の製造業

その他の製造業 ⇒ 第3種事業に該当します。

その他の製造業には、貴金属製品、楽器、がん具、運動用具、絵画用品、レコードなどを製造する事業が分類され、第3種事業に該当します。

また、原材料の支給を受けて行う加工処理は第4種事業に該当します。

項　　目	具体的な事例	事　業　区　分
1 貴金属・宝石製品製造業	宝石を用いた装身具を製造する事業	第3種
	宝石の支給を受けて切断、研磨、取付けを行う事業	第4種
	真珠の支給を受けて染色を行う事業	第4種
2 漆器製造業	漆塗りの食器の製造を行う事業	第3種
	製品の支給を受けて漆塗りを行う事業	第4種
3 畳等生活雑貨製品製造業	わらの支給を受けて畳を製造する事業	第4種
	畳の表替え、裏返し、修理	第5種
	造花及び脚を用いて花輪を製作する事業	第3種

第6章
電気・ガス・熱供給・水道業

（1）電気業

電気業 ⇒ 第3種事業に該当します。

　　電気業には、一般の需要に応じ電気を供給する事業又はその事業を行う事業所に電気を供給する事業が分類され、第3種事業に該当します。

（2）ガス業

ガス業（導管によりガスを供給するものに限ります。） ⇒ 第3種事業に該当します。

　　ガス業には、一般の需要に応じ製造ガス、天然ガス又はこれらの混合ガスを導管により供給する事業等が分類され、第3種事業に該当します。

項　　目	具体的な事例	事　業　区　分
1 ガス業	導管によりガスを供給する事業 ▶	第3種
	サービスステーションが行うガス器具の修理、点検等 ▶	第5種
	プロパンガスを家庭用ボンベ等に詰め替えて販売する場合（中味のみの取引形態になっているもの） ▶	第1種又は第2種

【(3)】熱供給業

熱供給業　⇒　第3種事業に該当します。

　熱供給業には、一般の需要に応じ蒸気、温水、冷水等を媒体とする熱エネルギー又は蒸気若しくは温水を導管により供給する事業が分類され、第3種事業に該当します。

項　　目	具体的な事例	事　業　区　分
1 熱供給業	導管により温水を供給する事業 ▶	第3種
	温泉の泉源を保有し、旅館等に温湯を供給する事業 ▶	第5種

【(4)】水道業

水道業（導管により供給する簡易水道業を含みます。）　⇒　第3種事業に該当します。

　水道業には、一般の需要に応じ水道管及びその他の設備をもって給水を行う事業並びに公共下水道、流域下水道又は都市下水路により汚水・雨水の排除又は処理を行う事業が分類され、第3種事業に該当します。

項　　目	具体的な事例	事　業　区　分
1 水道業	導管により供給する簡易水道業 ▶	第3種
	停泊する船舶に給水栓、タンク船により飲料水の供給を行う事業 ▶	第1種又は第2種
	農業集落排水事業 ▶	第3種

第7章

情報通信業

（1）通信業

通信業　⇒　第5種事業に該当します。

　通信業には、有線、無線、その他の電磁的方式により情報を伝達するための手段の設置、運用を行う事業が分類され、第5種事業に該当します。

（2）放送業

放送業　⇒　第5種事業に該当します。

　放送業には、公衆によって直接視聴される目的をもって、無線又は有線の電気通信設備により放送事業を行う事業が分類され、第5種事業に該当します。

（3）情報サービス業

情報サービス業　⇒　第5種事業に該当します。

　情報サービス業には、情報の処理、提供などのサービスを行う事業が分類され、第5種事業に該当します。

項　　目	具体的な事例	事　業　区　分
1 ソフトウエア業	顧客の委託により、電子計算機のプログラムの作成及びその作成に関して、調査、分析、助言等を行う事業	第**5**種
	ソフトウエアの設計を外注先に依頼して設計させ、顧客に納品する事業	第**5**種
2 情報処理・提供サービス業	データエントリー業	第**5**種

【(4)】 インターネット付随サービス業

インターネット付随サービス業　⇒　第**5**種事業に該当します。

　　インターネット付随サービス業には、インターネットを通じて、通信及び情報サービスに関する事業を行う事業が分類され、第5種事業に該当します。

項　　目	具体的な事例	事　業　区　分
1 インターネット付随サービス業	インターネットの接続サービスなどを行うプロバイダー事業	第**5**種

（5）映像・音声・文字情報制作業

映像情報制作・配給業 / 音声情報制作業 / 映像・音声・文字情報制作に附帯するサービス業 ⇒ 第5種事業に該当します。
新聞業 / 出版業 ⇒ 第3種事業に該当します。

　映像・音声・文字情報制作業には、映画、ビデオ、又はテレビ番組の制作・配給を行う事業やレコード又はラジオ番組の制作を行う事業等が分類され、第5種事業に該当します。

　なお、映像・音声・文字情報制作に附帯するサービス業も第5種事業に該当します。

　また、新聞の発行を行う事業や書籍、定期刊行物などの出版を行う出版業は第3種事業に該当します。

項　　目	具体的な事例	事 業 区 分
1 新聞業	新聞の発行を行う事業 ▶	第**3**種
	新聞における紙上広告 ▶	第**5**種
2 出版業	書籍の出版を行う事業 ▶	第**3**種
	印刷を自ら行わない書籍の出版 ▶	第**3**種

第8章

運輸業、郵便業

（1）鉄道業

鉄道業　⇒　第5種事業に該当します。

　鉄道業には、鉄道、軌道及び索道により旅客又は貨物の運送を行う事業が分類され、第5種事業に該当します。

（2）道路旅客運送業

道路旅客運送業　⇒　第5種事業に該当します。

　道路旅客運送業には、自動車等により旅客の運送を行う事業が分類され、第5種事業に該当します。
　また、運送業者がバス・タクシー等を売却したことによる売上げは固定資産の売却に該当し、第4種事業となります。

項　　目	具体的な事例	事　業　区　分
1 その他の道路旅客運送業	人力車で観光客を案内する事業	第5種

（3）道路貨物運送業

道路貨物運送業 ⇒ 第5種事業に該当します。

　道路貨物運送業には、自動車等により貨物の運送を行う事業が分類され、第5種に該当します。

　また、運送業者がトラック等を売却したことによる売上げは固定資産の売却に該当し、第4種事業となります。

（4）水運業

水運業 ⇒ 第5種事業に該当します。

　水運業には、海洋、沿海、港湾、河川、湖沼において船舶により旅客又は貨物の運送を行う事業が分類され、第5種事業に該当します。

（5）航空運輸業

航空運輸業 ⇒ 第5種事業に該当します。

　航空運輸業には、航空機により旅客又は貨物の運送を行う事業及び航空機を利用して航空運送以外の行為の請負を行う事業が分類され、第5種事業に該当します。

項　　　目	具体的な事例	事 業 区 分
1 航空運送業	航空機により旅客又は貨物の運送を行う事業	第5種
2 航空機使用業	航空機を使用して、請負により航空運送以外の薬剤散布、宣伝広告、魚群探見、空中写真測量などを行う事業	第5種

(6) 倉庫業

倉庫業　⇒　第5種事業に該当します。

　倉庫業には、倉庫に物品を保管することを業とする事業が分類され、第5種事業に該当します。

項　　目	具体的な事例	事 業 区 分
1 倉庫業（冷蔵倉庫業を除く）	トランクルームで物品を保管する事業 ▶	第5種
2 冷蔵倉庫業	低温装置を施した倉庫に物品を保管する事業 ▶	第5種

(7) 運輸に附帯するサービス業

運輸に附帯するサービス業　⇒　第5種事業に該当します。

　運輸に附帯するサービス業には、鉄道、自動車、船舶及び航空機による運送に附帯するサービスを行う事業が分類され、第5種事業に該当します。

(8) 郵便業（信書便事業を含む）

郵便業　⇒　第5種事業に該当します。

　郵便業には、郵便物（信書便を含む）として差し出された物の引受、取集、区分及び配達を行う事業が分類され、第5種事業に該当します。

卸売業、小売業

（1）各種商品卸売業

各種商品卸売業 ⇒ 第1種事業又は第2種事業に該当します。

　各種商品卸売業には、各種商品の仕入卸売を行う事業が分類され、第1種又は第2種事業に該当します。

　また、性質及び形状の変更があるものは第3種事業に該当します。

項　　目	具体的な事例	事 業 区 分
1 各種商品卸売業	仕入商品等に名入れ等を行い販売 注）商品等に名入れ等を行い販売する場合は、性質及び形状を変更しないものとして取り扱われます。	▶ 第1種又は第2種

（2）繊維・衣服等卸売業

繊維・衣服等卸売業 ⇒ 第1種事業又は第2種事業に該当します。

　繊維・衣服等卸売業には、繊維品及び衣服・身の回り品を仕入卸売する事業が分類され、第1種又は第2種事業に該当します。

　また、性質及び形状の変更があるものは第3種事業に該当し、販売した商品の修理等は第5種事業に該当します。

項　目	具体的な事例	事 業 区 分
1 繊維品卸売業（衣服・身の回り品を除く）	生糸を染色して販売する事業	第**3**種
2 衣服卸売業	白地のTシャツを染色して販売	第**3**種

(3) 飲食料品卸売業

飲食料品卸売業　⇒　第**1**種事業又は第**2**種事業に該当します。

　飲食料品卸売業には、農畜産物、水産物、食料品、飲料を仕入卸売する事業が分類され、第1種又は第2種事業に該当します。
　また、性質及び形状の変更があるものは第3種事業に該当します。

項　目	具体的な事例	事 業 区 分
1 農畜産物・水産物卸売業	ハムの卸売業者が仕入商品であるハムとベーコンを組み合わせてセット商品として販売	第**1**種又は第**2**種
	まぐろの皮をはいだり四つ割にして他の販売業者へ販売	第**1**種
	魚を煮魚・焼魚等加熱加工して販売	第**3**種
	落花生を煎って殻から取り出し、ピーナッツとして販売	第**3**種

項　　　目	具体的な事例	事　業　区　分
	仕入れたブロイラーを焼鳥用に解体して串に刺して販売 ▶	第3種
	生しいたけを乾燥させて販売 ▶	第3種
	生サケを塩にまぶして新巻として販売 ▶	第3種
	生サケから取り出した卵を塩漬けにしてイクラとして販売 ▶	第3種
	かつおぶしを購入し削りぶしにして販売 ▶	第3種
	仕入れた荒茶を加工して製品茶にして販売 ▶	第3種
	ほしのりをあぶって焼きのりにして販売 ▶	第3種

（4）建築材料、鉱物・金属材料等卸売業

建築材料、鉱物・金属材料等卸売業　⇒　第1種事業又は第2種事業に該当します。

　建築材料、鉱物・金属材料等卸売業には、建築材料、化学製品、鉱物・金属材料、再生資源を仕入卸売する事業が分類され、第1種事業又は第2種事業に該当します。

　また、性質及び形状の変更があるものは第3種事業に該当し、販売した商品の修理等は第5種事業に該当します。

項　　目	具体的な事例	事 業 区 分
1 建築材料卸売業	土砂を購入して選別、水洗いし、生コン用、埋め立て用として販売する事業	▶ 第**1**種又は第**2**種
	木材に防虫剤を注入して販売する事業	▶ 第**3**種
	仕入れたサッシとガラスを組み立て、規格品仕様のサッシ窓として販売する事業	▶ 第**1**種又は第**2**種
	仕入れたサッシ及びガラスに切断等の加工を行い規格外のサッシ窓とする場合	▶ 第**3**種
	サッシ窓の製作を請け負う場合	▶ 第**3**種
2 再生資源卸売業	廃車処理業（解体を主とするもの）における中古車の解体販売	▶ 第**1**種又は第**2**種

（5）機械器具卸売業

機械器具卸売業　⇒　第**1**種事業又は第**2**種事業に該当します。

　機械器具卸売業には、産業機械器具、自動車、電機機械器具などを卸売する事業が分類され、第1種事業又は第2種事業に該当します。
　また、性質及び形状の変更があるものは第3種事業に該当し、販売した商品の修理等は第5種事業に該当します。

項　　目	具体的な事例	事 業 区 分
1 自動車卸売業	取付費が無償（サービス）である自動車部品の販売 ▶	第 **1** 種又は第 **2** 種
	販売した商品の修理等 ▶	第 **5** 種

（6）その他の卸売業

その他の卸売業　⇒　第 **1** 種事業又は第 **2** 種事業に該当します。

　その他の卸売業には、家具・建具・じゅう器、医薬品、化粧品、その他の商品を仕入卸売する事業が分類され、第1種又は第2種事業に該当します。

　また、性質及び形状の変更があるものは第3種事業に該当し、販売した商品の修理等は第5種事業に該当します。

項　　目	具体的な事例	事 業 区 分
1 家具・建具・じゅう器等卸売業	メーカー規格の組立式ベッドを組み立てて販売 ▶	第 **1** 種又は第 **2** 種
2 他に分類されない卸売業	代理商・仲立業 ▶	第 **4** 種

（7）各種商品小売業

各種商品小売業　⇒　第 **2** 種事業又は第 **1** 種事業に該当します。

　各種商品小売業には、衣、食、住にわたる各種の商品を一括して一事業所で小売する事業が分類され、第2種又は第1種事業に該当します。

　また、性質及び形状の変更があるものは第3種事業に該当し、販売した商品の修理等は第5種事業に該当します。

項　　目	具体的な事例	事　業　区　分
1 百貨店、総合スーパー	デパートのテナントとデパートとの契約で売上高の一定率をテナント料として支払うことを内容としている場合のテナントの販売	▶ 第2種又は第1種
	デパートのテナントがデパートとの商品販売契約で、デパートが販売した商品をテナントがデパートに対して販売したとするいわゆる消化仕入方式による販売	▶ 第1種

(8) 織物・衣服・身の回り品小売業

織物・衣服・身の回り品小売業　⇒　第2種事業又は第1種事業に該当します。

　織物・衣服・身の回り品小売業には、呉服、服地、衣服、靴、帽子、洋品雑貨、小間物などの商品を小売する事業が分類され、第2種又は第1種事業に該当します。

　また、性質及び形状の変更があるものは第3種事業に該当し、製造小売も第3種事業に該当します。販売した商品の修理等は第5種事業に該当します。

項　　目	具体的な事例	事　業　区　分
1 呉服・服地・寝具小売業	仕入れた服地を販売する事業	▶ 第2種又は第1種
	呉服の仕立小売	▶ 第3種

125

項　　目	具体的な事例	事 業 区 分
2 婦人・子供服小売業	洋服の仕立小売	第**3**種
	服の販売に伴い別途受領するズボンの裾、上着の丈等の直し賃	第**5**種
3 靴・履物小売業	販売した靴の修理	第**5**種

(9) 飲食料品小売業

飲食料品小売業　⇒　第**2**種事業又は第**1**種事業に該当します。

　　飲食料品小売業には、飲食料品を小売する事業が分類され、第2種事業又は第1種事業に該当します。
　　また、性質及び形状の変更があるものは第3種事業に該当し、製造小売も第3種事業に該当します。

項　　目	具体的な事例	事 業 区 分
1 食肉小売業	食肉小売店が、肉をたれに漬け込んで同一の店舗で当該加工品を販売する場合	第**2**種又は第**1**種
	食肉小売店において、仕入商品に加熱等の加工を行い、チャーシュー、ローストビーフ、ポテトサラダ、コロッケ、トンカツ、焼鳥、ハンバーグ、たたき等として販売	第**3**種

項　　目	具体的な事例	事　業　区　分
2 鮮魚小売業	鮮魚小売店が、魚を切って同一の店舗内で販売	第2種
	鮮魚小売店において、仕入商品に加熱等を行い、焼魚、かつおのたたき、煮魚、天ぷら等として販売	第3種
3 酒類小売業	小売酒販店が飲食店に酒類を販売する事業	第1種
4 菓子・パン小売業	菓子・パンの製造小売	第3種
	パン小売店におけるサンドイッチの製造小売	第3種
5 その他の飲食料品小売業	コンビニエンスストアにおいて、他から仕入れしたおにぎりの販売	第2種又は第1種
	仕入れた弁当を電子レンジで加熱して販売する事業	第2種又は第1種
	惣菜・弁当等の製造小売	第3種
	豆腐・かまぼこ等の加工食品の製造小売	第3種

項　　　目	具体的な事例	事 業 区 分
	食材を仕入れて家庭等に配達する食材小売業	▶ 第2種又は第1種
	天然水を採取して販売する事業	▶ 第3種
	他から仕入れた玄米を精米して飲食業者へ販売する事業	▶ 第1種

(10) 機械器具小売業

機械器具小売業　⇒　第2種事業又は第1種事業に該当します。

　機械器具小売業には、自動車、自転車、電気機械器具等（それぞれの中古品を含む）及びその部分品、付属品を小売する事業が分類され、第2種事業又は第1種事業に該当します。

　また、性質及び形状の変更があるものは第3種事業に該当します。

項　　　目	具体的な事例	事 業 区 分
1 自動車小売業	仕入れた中古車を点検、清掃、ワックスがけして販売	▶ 第2種又は第1種
	仕入れた中古車に板金、塗装、部品の取替えを施して販売	▶ 第3種
	自動車の支給を受けて保冷車等に改造して販売	▶ 第3種

項　目	具体的な事例	事　業　区　分
2 自転車小売業	自転車の部品を仕入れ、自転車を組み立てて販売	第**3**種
	運送の利便のために分解されている部品等を組み立てて自転車を販売	第**2**種又は第**1**種

(11) その他の小売業

その他の小売業　⇒　第**2**種事業又は第**1**種事業に該当します。

　その他の小売業には、家具、じゅう器、医薬品、医療品、化粧品、農耕用品、燃料、書籍、文房具、時計、楽器、たばこ、中古品などの商品を小売する事業が分類され、第2種事業又は第1種事業に該当します。
　また、性質及び形状の変更があるものは第3種事業に該当し、製造小売も第3種事業に該当します。

項　目	具体的な事例	事　業　区　分
1 家具・建具・畳小売業	取付費が無償（サービス）であると認められる場合の家具の販売	第**2**種又は第**1**種
	家具の取付費を別途請求する場合の取付費	第**5**種
	畳の表替え、裏返し、修理	第**5**種
	オーダーメイドによるカーテンやカーペットの仕立て販売	第**3**種

項　　　目	具体的な事例	事 業 区 分
2 医薬品・化粧品小売業	調剤薬局において販売される市販薬の販売	第**2**種
	患者の容態に合わせて調剤薬局において調合した薬の販売 注）医師の処方せんに基づき行う投薬が、公的な医療保険制度に基づくものである場合には非課税となります。	第**3**種
3 農業用品小売業	農家に対して農機具・肥料・種子等を販売する事業	第**1**種
4 書籍・文房具小売業	文房具店が事業者の使用する文房具を販売する事業	第**1**種
5 燃料小売業	自動車の燃料用ガソリン・LPG等の販売	第**2**種又は第**1**種
6 写真機・時計・眼鏡小売業	フィルムなどの写真材料の販売	第**2**種又は第**1**種
	フィルムの現像、焼付、引き伸ばし	第**5**種
	眼鏡小売店において、小売価格を明示しているレンズ、眼鏡枠の販売に際し、加工を伴うものであっても、明示した小売価格以外に加工賃を別途受領しない場合	第**2**種

項　　目	具体的な事例	事　業　区　分
7 他に分類されない小売業	印鑑の製造販売	第**3**種
	表札の製造販売	第**3**種
	鰯を釣りえさ用にミンチ⇒冷凍⇒ブロック状（こませ）にして販売	第**3**種
	仕入れた裸石と空枠を指輪に加工して販売	第**3**種
	墓石に文字等を彫刻して販売	第**3**種
	消火器の薬剤の詰替え	第**2**種又は第**1**種

⑫ 無店舗小売業

通信販売・訪問販売・その他無店舗小売業 ⇒ 第2種事業又は第1種事業に該当します。
自動販売機による小売業 ⇒ 第2種事業に該当します。

　無店舗小売業には、通信販売、訪問販売、自動販売機により販売する事業及びその他の店舗を持たない小売業者が区分され、第2種事業又は第1種事業に該当します。

　また、性質及び計上の変更があるものは第3種事業に該当し、製造小売も第3種事業に該当します。

金融業、保険業

(1) 銀行業

銀行業 ⇒ 第**5**種事業に該当します。

　銀行業には、銀行業又は信託業を営む預金取扱機関である銀行が分類され、課税となる各種受取手数料等が第5種事業に該当します。

(2) 協同組織金融業

協同組織金融業 ⇒ 第**5**種事業に該当します。

　協同組織金融業には、組合員である中小企業者、農業者、漁業者や労働団体、協同組合等に対する金融上の便益を供する預金取扱機関が分類され、課税となる各種受取手数料等が第5種事業に該当します。

(3) 貸金業、クレジットカード業等非預金信用機関

貸金業、クレジットカード業等非預金信用機関 ⇒ 第**5**種事業に該当します。

　貸金業、クレジットカード業等非預金信用機関には、貸金業、質屋、クレジットカード業を営む事業所、政府関係金融機関、非預金信用機関が分類され、課税となる各種受取手数料等が第5種事業に該当します。

項　　目	具体的な事例	事 業 区 分
1 質屋	質屋の質流れ品の売却代金	▶ 第**1**種又は第**2**種

（4）金融商品取引業、商品先物取引業

金融商品取引業、商品先物取引業　⇒　第5種事業に該当します。

　　金融商品取引業、商品先物取引業には、資金取引の仲介を行う金融商品取引業、商品先物取引業、商品投資業等を営む事業が分類され、課税となる各種受取手数料等が第５種事業に該当します。

項　目	具体的な事例	事 業 区 分
1 商品先物取引業、商品投資顧問業	商品の自己売買 注）資産の引渡しを伴わない差金決済は、不課税取引となります。	▶ 第1種又は第2種

（5）補助的金融業等

補助的金融業等　⇒　第5種事業に該当します。

　　補助的金融業等には、銀行等の預金取扱機関、貸金業等の非預金信用機関、金融商品取引業、商品先物取引業等を営む業務と密接に関連する補助的業務又は附随的業務を営む事業が分類され、課税となる各種受取手数料等が第５種事業に該当します。

（6）保険業（保険媒介代理業、保険サービス業を含む）

保険業（保険媒介代理業、保険サービス業を含む）　⇒　第5種事業に該当します。

　　保険業（保険媒介代理業、保険サービス業を含む）には、あらゆる形態の生命、火災、海上その他の保険業を行う事業、並びに保険代理業、保険会社及び保険契約者に対する保険サービスを行う事業が分類され、課税となる各種受取手数料等が第５種事業に該当します。

項　目	具体的な事例	事 業 区 分
1 保険媒介代理業	保険会社の代理店が保険契約の締結、保険料徴収等の代理業務により得る代理店手数料	▶ 第5種

第11章 不動産業、物品賃貸業

(1) 不動産取引業

不動産取引業 ⇒ 第6種事業に該当します。

　　不動産取引業には、不動産の売買、交換又は不動産の売買、貸借、交換の代理若しくは仲介を行う事業が分類され、第6種事業に該当します。

項　　目	具体的な事例	事　業　区　分
1 建物売買業、土地売買業	他の事業者が建築施工（自らが施主となって請負契約により建築業者に施工させる場合を除く。）したものを購入してそのまま販売	▶ 第1種又は第2種
	自ら建築施工（自らが施主となって請負契約により建築業者に施工させる場合を含む。）したものを販売	▶ 第3種
	中古住宅をリフォーム（塗装、修理等）して販売	▶ 第3種
2 不動産代理業・仲介業	不動産売買の仲介	▶ 第6種

（2）不動産賃貸業・管理業

不動産賃貸業・管理業　⇒　第6種事業に該当します。

　不動産賃貸業・管理業には、不動産の賃貸又は管理を行う事業が分類され、第6種事業に該当します。

（注）土地の貸付け（貸付期間が1月に満たない場合及び駐車場その他の施設の利用に伴って土地が使用される場合を除きます。）及び住宅の貸付け（貸付期間が1月に満たない場合及び旅館業に係る施設の貸付けに該当する場合を除きます。）は非課税となります。

項　　目	具体的な事例	事　業　区　分
1 駐車場業	モータープール業	第6種
2 不動産管理業	マンションの管理組合等から委託を受けて、マンションの管理を行う事業	第6種

（3）物品賃貸業

物品賃貸業　⇒　第5種事業に該当します。

　物品賃貸業には、主として産業用機械器具、事務用機械器具、自動車、スポーツ・娯楽用品などの物品を賃貸する事業が分類され、第5種事業に該当します。

　また、リース契約のうち売買とされる取引は、第1種又は第2種事業に該当します。

第12章 学術研究、専門・技術サービス業

（1）学術・開発研究機関

学術・開発研究機関　⇒　第5種事業に該当します。

　　学術・開発研究機関には、学術研究、試験、開発研究などを行う事業が分類され、第5種事業に該当します。

　　なお、事業内容によって第1種又は第2種事業となるものもあります。

（2）専門サービス業（他に分類されないもの）

専門サービス業(他に分類されないもの)　⇒　第5種事業に該当します。

　　専門サービス業には、法律に関する事務等の法律的サービス、財務及び会計に関する相談等のサービス及び他に分類されない自由業的、専門的なサービスを提供する事業が分類され、第5種事業に該当します。

項　　目	具体的な事例	事　業　区　分
1 著述・芸術家業	小説の執筆	第5種

（3）広告業

広告業　⇒　第**5**種事業に該当します。

　広告業には、広告代理業など主として依頼人のために広告に係る総合的なサービスを提供することを業とする事業が分類され、第5種事業に該当します。

（4）技術サービス業（他に分類されないもの）

技術サービス業（他に分類されないもの）　⇒　第**5**種事業に該当します。

　技術サービス業には、獣医学的サービス、土木建築に関する設計や相談サービス、商品検査、計量証明及び写真制作などの技術的なサービスを提供する事業が分類され、第5種事業に該当します。

項　目	具体的な事例	事　業　区　分
1 土木建築サービス業	地質調査	第**5**種
2 写真業	結婚式・七五三の写真を撮影し、単に台紙等をはめ込み、記念写真として作成・引き渡す事業	第**5**種
	写真館が小学校等からネガの支給を受け、又は自ら撮影した写真を基に卒業アルバム等を製作する事業	第**3**種

第13章
宿泊業、飲食サービス業

（1）宿泊業

宿泊業 ⇒ 第5種事業に該当します。

　宿泊業には、宿泊又は宿泊と食事を提供する事業（一般公衆に提供する営利的宿泊施設、特定の団体の会員のみに限られる宿泊施設、会社、官公署、学校、病院などの事業体附属の宿泊施設及びキャンプ場が含まれます。）が分類され、第5種事業に該当します。

項　　目	具体的な事例	事 業 区 分
1 旅館、ホテル	旅館における宿泊と食事の提供 ▶	第5種
	旅館に設置された自動販売機の売上げ ▶	第2種
	ホテル内売店の売上げで、他から購入した商品をそのまま販売 ▶	第2種
	ホテル内売店の売上げで、自ら製造加工したものを販売 ▶	第3種
	旅館内レストランの利用による売上げ（旅館の宿泊代とは区分して領収） ▶	第4種

項　　目	具体的な事例	事　業　区　分
	宿泊料金と区分してある客室内冷蔵庫の飲み物等の売上げ	第**4**種
	ホテル内のゲームコーナーの売上げ	第**5**種
	旅館等で飲食代とは別に芸者、コンパニオン費用を花代と称して、客から徴している場合（花代等を旅館等の売上げとして計上）	第**5**種

（2）飲食店

飲食店　⇒　第**4**種事業に該当します。

　飲食店には、客の注文に応じ調理した飲食料品、その他の食料品及び飲料をその場所で飲食させる事業が分類され、第4種事業に該当します。

項　　目	具体的な事例	事　業　区　分
1 食堂・レストラン・専門料理店	飲食店内にある酒等の自動販売機での販売（セルフサービスを目的としたもの）	第**4**種
	料理代金とは別に、料理代金の10％程度をサービス料の名称で徴するサービス料金	第**4**種
	飲食店等で料理代金とは別に徴収する部屋代、テーブルチャージ等の料金	第**4**種

項　　　目	具体的な事例	事　業　区　分
2 すし店	飲食のための施設を有するすし店が行う仕出し、出前	第**4**種
3 喫茶店	喫茶店における持ち帰り用に他から仕入れたケーキ・コーヒー豆等の販売 注）兼業を行っている実態にあるもので区分がなされている場合に限ります。	第**2**種
4 その他の一般飲食店	ハンバーガーショップの店内飲食	第**4**種
	ハンバーガーショップ店が製造したハンバーガーの持ち帰り用販売をする場合	第**3**種
	ハンバーガーショップ店が他から購入したジュースの持ち帰り用販売をする場合	第**2**種

(3) 持ち帰り、配達飲食サービス業

持ち帰り、配達飲食サービス業　⇒　第**3**種事業に該当します。

　持ち帰り、配達飲食サービス業には、客の注文に応じその場所で調理した飲食料品をその場所で飲食させないで、持ち帰り、配達等により提供する事業が分類され、第3種事業に該当します。
　また、仕入れた商品（お茶、ジュース等）を販売する事業は、第2種事業又は第1種事業に該当します。

第14章

生活関連サービス業、娯楽業

（1）洗濯・理容・美容・浴場業

洗濯・理容・美容・浴場業　⇒　第5種事業に該当します。

　洗濯・理容・美容・浴場業には、主として個人に対して身の回りの清潔を保持するためのサービスを提供する事業が分類され、第5種事業に該当します。

項　目	具体的な事例	事 業 区 分
1 洗濯業	クリーニング業	▶ 第5種
2 美容業	美容院等で行う化粧品等の販売	▶ 第2種
3 一般公衆浴場業	銭湯等で行うシャンプーの販売	▶ 第2種
4 その他の洗濯・理容・美容・浴場業	エステティックサロンで行う美顔等	▶ 第5種

（2） その他の生活関連サービス業

その他の生活関連サービス業 ⇒ 第**5**種事業に該当します。

　その他の生活関連サービス業には、主として個人を対象としてサービスを提供する他に分類されない事業が分類され、第5種事業に該当します。

　なお、火葬料、埋葬料については非課税となります。

項　　目	具体的な事例	事　業　区　分
1 旅行業	旅行代理店が行う国内パック旅行の販売 ▶	第**5**種
2 冠婚葬祭業	結婚式場が請け負って行う結婚式、披露宴一式 注）飲食物の提供に係る対価の額を区分していたとしても全体が第5種事業になります。 ▶	第**5**種

（3） 娯楽業

娯楽業 ⇒ 第**5**種事業に該当します。

　娯楽業には、映画、演劇その他の興行及び娯楽を提供する事業等が分類され、第5種事業に該当します。

項　　目	具体的な事例	事　業　区　分
1 興業場（別掲を除く）、興業団	店内飲食用の酒類等の提供 ▶	第**4**種
	プロスポーツ選手がクラブ等と契約を締結し、クラブ等が指定する試合等に参加する事業 ▶	第**5**種
2 スポーツ施設提供業	フィットネスクラブの入会金、月会費等 ▶	第**5**種

教育・学習支援業

（1）学校教育

学校教育　⇒　第5種事業に該当します。

　学校教育には、所定の学科課程を教授する事業が分類され、第5種事業に該当します。

　なお、学校教育法に基づく授業料等は非課税となります。

項　　目	具体的な事例	事 業 区 分
1 学校教育	学校内の売店での文房具の販売	第2種

（2）その他の教育、学習支援業

その他の教育、学習支援業　⇒　第5種事業に該当します。

　その他の教育、学習支援業には、学校教育を除く組織的な教育活動を行う事業、学校教育の補習教育を行う事業及び教養、技能、技術などを教授する事業が分類され、第5種事業に該当します。

項　　目	具体的な事例	事 業 区 分
1 社会教育	博物館、美術館の入場料	第5種

項　　目	具体的な事例	事　業　区　分
	動物園、水族館の入園料	▶ 第**5**種
	動物園等の売店での土産物等の販売	▶ 第**2**種
❷ 学習塾	学習塾の授業料	▶ 第**5**種

第16章

医療、福祉

(1) 医療業

医療業　⇒　第5種事業に該当します。

　医療業には、医師又は歯科医師等が患者に対して医業又は医業類似行為を行う事業等が分類され、第5種事業に該当します。

　なお、医療業のうち、公的な医療保障制度に係る療養若しくは医療に関するものは非課税となりますが、自由診療に該当するものは第5種事業に該当します。

(2) 保健衛生

保健衛生　⇒　第5種事業に該当します。

　保健衛生には、保健所、健康相談施設、検疫所（動物検疫所、植物防疫所を除く。）などの保健衛生に関するサービスを提供する事業が分類され、第5種事業に該当します。

(3) 社会保険・社会福祉・介護事業

社会保険・社会福祉・介護事業　⇒　第5種事業に該当します。

　社会保険・社会福祉・介護事業には、社会保険、社会福祉又は介護事業を行う事業及び更生保護事業を行う事業が分類され、第5種事業に該当します。

　なお、社会福祉法に規定する社会福祉事業（授産施設等を経営する事業において授産活動としての作業に基づき行われるものは除く。）及び更生保護事業として行われる資産の譲渡等は非課税となります。

　また、介護保険法の規定に基づく一定の介護サービスについても非課税となります。

第17章

複合サービス事業

（1）郵便局

郵便局 ⇒ 第5種事業に該当します。

郵便局には、郵便貯金銀行、郵便保険会社及び郵便事業会社等からの委託を受けるなどにより、各種サービスを提供する郵便局及び郵便局受託業を行う事業が分類され、第5種事業に該当します。

（2）協同組合（他に分類されないもの）

協同組合（他に分類されないもの） ⇒ 第5種事業に該当します。

協同組合（他に分類されないもの）には、各種のサービスを提供する農林水産業協同組合及び事業共同組合の事業が分類され、第5種事業に該当します。

なお、農林水産物を生産者から購入して販売する事業は第1種事業又は第2種事業に該当します。

また、性質及び形状を変更する場合は、第3種事業に該当します。

項　　目	具体的な事例	事 業 区 分
1　農林水産業協同組合	仕入れたカニをゆでて販売する事業 ▶	第3種

第18章

サービス業（他に分類されないもの）

（1）廃棄物処理業

廃棄物処理業　⇒　第5種事業に該当します。

　廃棄物処理業は、廃棄物の処理を行う事業が分類され、第5種事業に
該当します。

（2）自動車整備業

自動車整備業　⇒　第5種事業に該当します。

　自動車整備業には、自動車の整備修理を行う事業が分類され、第5種
事業に該当します。

項　目	具体的な事例	事 業 区 分
1 自動車整備業	自動車の修理 注）修理に伴う部品代金を区分していたとしても全体が第5種事業になります。	第5種
	タイヤやオイル交換による商品の販売と工賃等を区分した場合の商品の販売	第1種又は第2種

147

項　　　目	具体的な事例	事　業　区　分
	タイヤやオイル交換による商品の販売と工賃等を区分した場合の工賃の収入 ▶	第**5**種
	タイヤやオイル交換による商品の販売（工賃等の部分が無償である場合） ▶	第**1**種又は第**2**種
	下取りした中古車に点検、清掃、ワックスがけして販売する事業 ▶	第**1**種又は第**2**種
	下取りした中古車に板金、塗装、部品の取替え等を施し販売 ▶	第**3**種

【（3）機械等修理業

機械等修理業　⇒　第5種事業に該当します。

　機械等修理業には、機械、家具などの修理を行う事業が分類され、第5種事業に該当します。
　なお、機械等の修理に際し、修理に伴う部品代を区分しても第5種事業に該当します。

【（4）職業紹介・労働者派遣業

職業紹介・労働者派遣業　⇒　第5種事業に該当します。

　職業紹介・労働者派遣業には、主として労働者に職業を斡旋する事業が分類され、第5種事業に該当します。

（5）その他の事業サービス業

その他の事業サービス業 ⇒ 第5種事業に該当します。

その他の事業サービス業には、企業経営を対象としてサービスを行う他に分類されない事業が分類され、第5種事業に該当します。

項　　目	具体的な事例	事　業　区　分
1 建物サービス業	冷暖房設備工事業者が冷房機の保守点検において行うフロンガスの充填	第5種
2 他に分類されない事業サービス業	温泉の泉源を有し、湧出する温泉を旅館などに供給する事業	第5種
	トレーディングスタンプ発行業者のスタンプ販売に係る売上げ	第5種
	学校から学校給食（学校の食堂）の委託を受けて行う食堂の経営	第4種

（6）政治・経済・文化団体

政治・経済・文化団体 ⇒ 第5種事業に該当します。

政治・経済・文化団体には、経済団体、労働団体、学術文化団体、政治団体など他に分類されない事業が分類され、第5種事業に該当します。
なお、事業内容によって第1種又は第2種事業となるものがあります。

（7）宗教

宗教　⇒　第5種事業に該当します。

　宗教には、礼拝施設を備える宗教団体である神社、寺院、教会等及びこれらを包括する教務本庁、宗務所、教団事務所等が分類され、第5種事業に該当します。

項　　目	具体的な事例	事　業　区　分
1 宗教	課税となる博物館、宝物館等の入館料 ▶	第5種
	課税となる駐車場の利用料 ▶	第6種
	絵葉書、写真帳、暦等の販売 ▶	第2種

（8）その他のサービス業

その他のサービス業　⇒　第5種事業に該当します。

　その他のサービス業には、他に分類されないサービスを提供する事業が分類され、第5種事業に該当します。

CHAPTER 3

[第**3**編]

簡易課税制度の申告書・届出書等の記載例

国税庁ホームページで
申告書を作成しよう！（249ページ）

第1章
設例による申告書の記載例

○　この記載例では、「消費税及び地方消費税の申告書（簡易課税用）」及びこれに添付する付表について説明しています。

○　この記載例は、簡易課税を適用して消費税及び地方消費税の確定申告書、又は仮決算による中間申告書を作成する場合に利用してください。

	設　例　の　内　容	旧税率	軽減税率	標準税率
設例1	1種類の事業を営む場合	－	－	○
設例2	複数事業区分の事業を営む場合	－	○	○
設例3	1種類の事業を営む場合	○	－	○
設例4	複数事業区分の事業を営む場合	○	○	○

<簡易課税制度で使用する申告書及び付表>

　簡易課税制度を適用する場合の消費税及び地方消費税に係る申告書及び付表は次のとおりです。

区　　　　　分	申告書	課税標準となる消費税額計算表	控除対象仕入税額等の計算表
新税率適用取引のみ（標準税率・軽減税率）	第一表（申告書本表）第二表（課税標準額等の内訳書	付表4－3	付表5－3
旧税率適用取引あり（経過措置対象課税資産の譲渡等あり）（旧税率、標準税率・軽減税率）		付表4－1付表4－2	付表5－1付表5－2

（注1）付表は、申告書に添付して、税務署に提出します。

（注2）控除不足還付税額のある還付申告書を提出する場合は、「消費税の還付申告に関する明細書」を添付する必要があります。

<申告書の作成手順>

　申告書の作成は、おおむね次の手順で行うと記載が容易です。

	手順の内容・説明		作成する申告書・付表
1	損益計算書や残高試算表などからの課税標準、消費税額等の計算・転記	新	付表4－3（①～③、⑤、⑥）
		旧	付表4－2、付表4－1（①～③、⑤、⑥）
	損益計算書や残高試算表などから、消費税の申告書の作成に必要となる事項を抜き出し、計算、転記します。		
2	控除対象仕入税額の計算の基礎となる消費税額の計算	新	付表5－3（①～④）
		旧	付表5－2、付表5－1（①～④）
	控除対象仕入税額の計算の基礎となる消費税額として、課税売上高に係る消費税額を計算します。		
3	控除対象仕入税額の計算	新	付表5－3（⑤又は⑥～㊲）
		旧	付表5－2、付表5－1（⑤又は⑥～㊲）
	営む事業区分の種類の数、事業区分の売上割合によって、計算の方法が異なります。		
4	消費税額の計算	新	付表4－3（④、⑦～⑯）
		旧	付表4－2、付表4－1（④、⑦～⑯）
	控除対象仕入税額の計算が終わっているので、消費税と地方消費税の納付税額（還付税額）を計算します。		
5	申告書・課税標準等の内訳書の作成		申告書第二表申告書第一表
	作成した付表を用いて、申告書（第一表と第二表）を作成します。		

設例 1 1種類の事業を営む場合 (標準税率のみの場合)

1 共通事項

1 納 税 地 大阪市中央区大手前○丁目○番○号

2 屋 号 国税商店

3 氏 名 国税 一郎 (個人番号○○○○○○○○○○○○)

4 電 話 番 号 ○○ - ○○○○ - ○○○○

2 簡易課税制度に関する事項

1 「消費税簡易課税制度選択届出書」は、平成17年中に提出済。

2 基準期間 (自令和3年1月1日至令和3年12月31日) の課税売上高…37,257,250円

3 基準期間の課税売上高が5,000万円以下であるため、簡易課税制度を適用します。

3 消費税及び地方消費税の計算に関する事項

課税期間 ： 令和5年1月1日から令和5年12月31日まで

業 種 ： 文具用品小売業 (第二種事業)

そ の 他 ： 免税・非課税及び不課税取引はありません。

	項 目	金額 (税込み金額)
①	課税対象となる売上高の合計額	40,210,000 円
②	同上に係る対価の返還額	180,000 円
③	貸倒回収額	－ 円
④	貸倒処理した金額	20,000 円
⑤	中間申告納付税額 (消費税)	229,900 円
	(地方消費税)	64,800 円

○ 設例に基づく具体的な記載手順

1）課税標準・消費税額等の計算・転記

【説明】

集計表から、申告書の作成に必要となる次の事項を抜き出し、付表4－3に計算、転記します。

なお、貸倒れに係る税額の計算は、消費税額の計算の項目で行うのが一般的ですが、本書では、簡便的に本項目に含めています。

【計算過程】

《付表4－3　軽減・標準税率適用分A、B欄》

①欄（課税標準額）
　課税標準額を求めます。実際には、先に①－1欄の金額を求め、千円未満を切り捨てます。

①B欄　　（36,554,545）　→　36,554,000（千円未満切捨て）

①－1欄（課税資産の譲渡等の対価の額）
　課税資産の譲渡等（売上げや固定資産の譲渡対価の額など）の対価の額（税込み）を税抜き額に割り戻します。

①－1B欄　　$40,210,000 \times \dfrac{100}{110} = 36,554,545$（第二表の⑥欄へ転記します。）

②欄（消費税額）
　①欄の金額に消費税率を乗じることで、課税資産の譲渡等に係る消費税額を計算します。

②B欄　　$36,554,000 \times 7.8\% = 2,851,212$（付表5－3の①B欄と第二表の⑯欄へ転記します。）

③欄（貸倒回収に係る消費税額）
　売掛金等の貸倒回収額（前期損益修正益など）から、貸倒回収に係る消費税額を計算します。

設例の場合は、記載を要しません。

⑤欄（返還等対価に係る税額）
　売上げに係る対価の返還額（売上返品や売上値引、売上割戻など）から、返還等対価に係る消費税額を計算します。

⑤B欄　　$180,000 \times \dfrac{7.8}{110} = 12,763$（付表5－3の③B欄へ転記します。）

⑥欄（貸倒れに係る税額）
　売掛金等の貸倒れ額から、貸倒れに係る消費税額を計算します。

⑥B欄　　$20,000 \times \dfrac{7.8}{110} = 1,418$

《付表4－3　合計C欄》

　A欄、B欄を合計してC欄に記入します。さらに、C欄の金額を第一表、第二表及び付表5－3の各欄へ転記します。

①C欄 （36,554,000）（第二表の①欄へ転記します。）
①－1C欄 （36,554,545）（第二表の⑦欄へ転記します。）
②C欄 （2,851,212）（付表5－3の①C欄と第二表の⑪欄へ転記します。）
⑤C欄 （12,763）（付表5－3の③C欄と第二表の⑰欄へ転記します。）
⑥C欄 （1,418）（第一表の⑥欄へ転記します。）

2）控除対象仕入税額の計算の基礎となる消費税額の計算

付表5－3 控除対象仕入税額等の計算表
　I　控除対象仕入税額の計算の基礎となる消費税額

【説明】

　付表4－3で計算した額を用いて、控除対象仕入税額の計算の基礎となる消費税額を計算します。

【計算過程】

《付表5－3 軽減・標準税率適用分A、B欄》

①欄（課税標準額に対する消費税額）
　付表4－3の②欄の金額を転記します。
----
①B欄 （2,851,212）

②欄（貸倒回収に係る消費税額）
　付表4－3の③欄の金額を転記します。

設例の場合は、記載を要しません。

③欄（売上対価の返還等に係る消費税額）
　付表4－3の⑤欄の金額を転記します。
----
③B欄 （12,763）

④欄（控除対象仕入税額の計算の基礎となる消費税額）
　控除対象仕入税額の計算の基礎となる消費税額を計算します。
----
④B欄 2,851,212 ＋ 0 － 12,763 ＝ 2,838,449

《付表5－3 合計C欄》

A欄、B欄を合計してC欄に記入します。
----
①C欄 （2,851,212）
③C欄 （12,763）
④C欄 0 ＋ 0 ＋ 2,838,449 ＝ 2,838,449

3）1種類の事業の専業者の場合の控除対象仕入税額

付表5－3 控除対象仕入税額等の計算表
　II　1種類の事業の専業者の場合の控除対象仕入税額

【説明】

　課税売上高に専業の事業区分のみなし仕入率を乗じて控除対象仕入税額を計算します。

【計算過程】

《付表5-3　軽減・標準税率適用分A、B欄、合計C欄》

⑤欄（控除対象仕入税額） 　専業の事業区分のみなし仕入率を用いて控除対象仕入税額を計算します。
設例の事業は、第二種事業のためみなし仕入率は80%です。
⑤B欄　　2,838,449 × 80% = 2,270,759（付表4-3の④B欄へ転記します。） 　⑤C欄　　0 + 2,270,759 = 2,270,759（付表4-3の④C欄へ転記します。）

4）2種類以上の事業を営む事業者の場合の控除対象仕入税額

付表5-3　控除対象仕入税額等の計算表 　Ⅲ　2種類以上の事業を営む事業者の場合の控除対象仕入税額 　　⑴　事業区分別の課税売上高（税抜き）の明細（売上割合の計算）

【説明】

　全ての事業区分別の課税売上高（税抜き）を計算し、続いて事業区分別の売上割合を計算します。

　ここで用いる課税売上高は、売上げに係る対価の返還（返品・値引き・割戻し）を控除した額、つまり課税資産の譲渡等によって、実際に受け取った対価の額を用いることに留意してください。

　専業なので、⑥欄以降の計算は不要です。

5）消費税額の計算

付表4-3　税率別消費税額計算表兼地方消費税の課税標準となる消費税額計算表

【説明】

　付表5-3で、控除対象仕入税額の計算が終わったので、付表4-3に戻り、消費税額と地方消費税額を計算します。

【計算過程】

（消費税額の計算）

《付表4-3　軽減・標準税率適用分A、B欄》

④欄（控除対象仕入税額） 　付表5-3の⑤欄又は㊲欄の金額を転記します。
④B欄　　（2,270,759） 　④C欄　　（2,270,759）（第一表の④欄へ転記します。）

⑦欄（控除税額小計） 　控除税額の④欄から⑥欄までの金額を合計します。
⑦B欄　　2,270,759 + 12,763 + 1,418 = 2,284,940

《付表4−3　合計C欄》

⑦欄（控除税額小計）
A欄・B欄を合計してC欄に記入します。さらに、C欄の金額を第一表の⑦欄へ転記します。
⑦C欄　　（2,284,940）（第一表の⑦欄へ転記します。）

⑧欄（控除不足還付税額）又は⑨欄（差引税額）
課税標準額に係る消費税額、貸倒回収に係る消費税額、控除税額を加減算することで、控除不足還付税額又は差引税額を求めます。
⑨C欄　　　2,851,212 ＋ 0 − 2,284,940 ＝ 566,272 → 566,200（百円未満切捨て）（第一表の⑨欄へ転記します。）

（地方消費税額の計算）

⑩欄（控除不足還付税額）又は⑪欄（差引税額）
地方消費税の課税標準となる消費税額として、軽減税率と標準税率の⑧欄又は⑨欄の金額を合計して転記します。
⑪C欄　　　（566,200）（第一表の⑱欄へ転記します。さらに、第二表の⑳及び㉓欄へ転記します。）

⑫欄（還付額）又は⑬欄（納税額）
⑩欄と⑪欄に地方消費税の税率を乗じて還付額又は納税額を計算します。
⑬C欄　　　$566,200 \times \dfrac{22}{78} = 159,697 → 159,600$（第一表の⑳欄へ転記します。）

6）申告書等の作成

申告書第一表、第二表（課税標準額等の内訳書）

【説明】

　申告書第一表と第二表を用いて、消費税及び地方消費税の納付税額又は還付税額を計算します。

【計算過程】

《申告書第二表》

第二表は、特定課税仕入れに関する部分以外が、付表4－3から転記され完成しています。特定課税仕入れに関する事項があれば追加します。

申告書第二表から第一表に転記するものと、⑱欄は次のとおりです。

①欄　　（36,554,000）（第一表の①欄へ転記します。）

⑪欄　　（2,851,212）（第一表の②欄へ転記します。）

⑰欄　　（12,763）（第一表の⑤欄へ転記します。）

⑱欄　　（12,763）

《申告書第一表》

第一表は、中間納付税額までの部分（①欄から⑨欄、⑰欄から⑳欄）は第二表、付表4－3から転記され完成していますので、中間納付税額以降を完成させます。

⑩欄　　（229,900）

⑪欄　　566,200 － 229,900 ＝ 336,300

⑮欄　　$\left(40,210,000 \times \dfrac{100}{110} - 180,000 \times \dfrac{100}{110} \right) = 36,390,909$

⑯欄　　（37,257,250）

㉑欄　　（64,800）

㉒欄　　159,600 － 64,800 ＝ 94,800

㉖欄　　336,300 ＋ 94,800 ＝ 431,100

《付記事項・参考事項》

特別な売上計上基準の適用の有無、課税標準額に対する消費税額の計算の特例の適用の有無、特例計算の適用の有無を記載します。

（特別な売上計上基準の適用の有無）

いずれも適用がありませんので、無に○を付します。

（課税標準額に対する消費税額の計算の特例の適用の有無）

適用がありませんので、無に○を付します。

（事業区分の課税売上高と売上割合）

課税売上高は、申告書第一表の⑮欄から第2種欄に転記します。

売上割合は、専業のため、第2種欄に100.0％を記入します。

（特例計算の適用の有無）

控除対象仕入税額の計算において、1種類の事業を営んでおり、原則計算を適用していますので、無に○を付します。

この用紙はとじこまないでください。

GK0407

第3-（3）号様式

（簡）

令和　年　月　日　　　　　　　　　　　　税務署長殿

納税地　大阪市中央区大手前○丁目○番○号
（電話番号　○○ - ○○○○ - ○○○○　）

（フリガナ）　コク　ゼイ　ショウ　テン
法人名　国　税　商　店

法人番号　○○○○○○○○○○○○○

（フリガナ）　コクゼイ　イチロウ
代表者氏名　国税　一郎

自 平成・令和 **05** 年 **01** 月 **01** 日
至 令和 **05** 年 **12** 月 **31** 日

課税期間分の消費税及び地方
消費税の（　確定　）申告書

中間申告 自 平成・令和 ［　　］年［　　］月［　　］日
の場合の
対象期間 至 令和 ［　　］年［　　］月［　　］日

※税務署処理欄

（個人の方）振替継続希望

※	所管	署名	整理番号

申告年月日　令和 ［　　］年 ［　　］月 ［　　］日

申告区分	指導等	庁指定	局指定

通信日付印　確認
年　月　日

指導年月日	相談	区分1	区分2	区分3
令和				

第一表

令和五年十月一日以後終了課税期間分（簡易課税用）

この申告書による消費税の税額の計算

課税標準額	①	3 6 5 5 4 0 0 0	03
消費税額	②	2 8 5 1 2 1 2	06
貸倒回収に係る消費税額	③		07
控除税額　控除対象仕入税額	④	2 2 7 0 7 5 9	
控除税額　返還等対価に係る税額	⑤	1 2 7 6 3	09
控除税額　貸倒れに係る税額	⑥	1 4 1 8	10
控除税額小計（④+⑤+⑥）	⑦	2 2 8 4 9 4 0	
控除不足還付税額（⑦-②-③）	⑧		13
差引税額（②+③-⑦）	⑨	5 6 6 2 0 0	15
中間納付税額	⑩	2 2 9 9 0 0	16
納付税額（⑨-⑩）	⑪	3 3 6 3 0 0	17
中間納付還付税額（⑩-⑨）	⑫	0 0	18
この申告書が修正申告である場合　既確定税額	⑬		19
この申告書が修正申告である場合　差引納付税額	⑭	0 0	20
この課税期間の課税売上高	⑮	3 6 3 9 0 9 0 9	21
基準期間の課税売上高	⑯	3 7 2 5 7 2 5 0	

この申告書による地方消費税の税額の計算

地方消費税の課税標準となる消費税額　控除不足還付税額	⑰		51
地方消費税の課税標準となる消費税額　差引税額	⑱	5 6 6 2 0 0	52
譲渡割額　還付額	⑲		53
譲渡割額　納税額	⑳	1 5 9 6 0 0	54
中間納付譲渡割額	㉑	6 4 8 0 0	55
納付譲渡割額（⑳-㉑）	㉒	9 4 8 0 0	56
中間納付還付譲渡割額（㉑-⑳）	㉓	0 0	57
この申告書が修正申告である場合　既確定譲渡割額	㉔		58
この申告書が修正申告である場合　差引納付譲渡割額	㉕	0 0	59
消費税及び地方消費税の合計（納付又は還付）税額	㉖	4 3 1 1 0 0	60

付記事項

割賦基準の適用	有　○無	31
延払基準等の適用	有　○無	32
工事進行基準の適用	有　○無	33
現金主義会計の適用	有　○無	34
課税標準額に対する消費税額の計算の特例の適用	有　○無	35

参考事項　事業区分

区分	課税売上高（免税売上高を除く）千円	売上割合%	
第1種			36
第2種	36,390	1 0 0 . 0	37
第3種			38
第4種			39
第5種			42
第6種			43

特例計算適用（令57③）　有　○無　40

税額控除に係る経過措置の適用（2割特例）　44

還付を受けようとする金融機関等

銀行　本店・支店
金庫・組合　出張所
農協・漁協　本所・支所

預金　口座番号

ゆうちょ銀行の貯金記号番号　　-

郵便局名等

（個人の方）公金受取口座の利用

※税務署整理欄

税理士署名
（電話番号　　-　　-　　）

税理士法第30条の書面提出有
税理士法第33条の2の書面提出有

㉖=（⑨+⑪+⑫）-（⑧+⑫+㉓）-修正申告の場合⑨=⑭+㉕
⑨が還付税額となる場合はマイナス「-」を付してください。

※　2割特例による申告の場合、⑨欄に①欄の数字を記載し、
⑨欄へ㉒・㉓から算出された金額を⑨欄に記載してください。

GK0602

課税標準額等の内訳書

納　税　地	大阪市中央区大手前○丁目○番○号 （電話番号　○○ － ○○○○ － ○○○○　）
（フリガナ）	コク　ゼイ　ショウ　テン
法　人　名	国　税　商　店
（フリガナ）	コクゼイ　　　イチロウ
代表者氏名	国税　一郎

整理番号	

改正法附則による税額の特例計算

軽減売上割合（10営業日）	○	附則38①	51
小売等軽減仕入割合	○	附則38②	52

第二表

令和四年四月一日以後終了課税期間分

自 令和 05 年 01 月 01 日
至 令和 05 年 12 月 31 日

**課税期間分の消費税及び地方
消費税の（　確定　）申告書**

中間申告 自 令和 □□ 年 □□ 月 □□ 日
の場合の
対象期間 至 令和 □□ 年 □□ 月 □□ 日

課　税　標　準　額 ※申告書（第一表）の①欄へ	①	十兆千百十億千百十万千百十一円　　3 6 5 5 4 0 0 0	01

課税資産の 譲渡等の 対価の額 の合計額	3　％適用分	②		02
	4　％適用分	③		03
	6.3％適用分	④		04
	6.24％適用分	⑤		05
	7.8％適用分	⑥	3 6 5 5 4 5 4 5	06
	（②～⑥の合計）	⑦	3 6 5 5 4 5 4 5	07
特定課税仕入れ に係る支払対価 の額の合計額 （注1）	6.3％適用分	⑧		11
	7.8％適用分	⑨		12
	（⑧・⑨の合計）	⑩		13

消　費　税　額 ※申告書（第一表）の②欄へ	⑪	2 8 5 1 2 1 2	21

⑪の内訳	3　％適用分	⑫		22
	4　％適用分	⑬		23
	6.3％適用分	⑭		24
	6.24％適用分	⑮		25
	7.8％適用分	⑯	2 8 5 1 2 1 2	26

返　還　等　対　価　に　係　る　税　額 ※申告書（第一表）の⑤欄へ	⑰	1 2 7 6 3	31

⑰の内訳	売上げの返還等対価に係る税額	⑱	1 2 7 6 3	32
	特定課税仕入れの返還等対価に係る税額　（注1）	⑲		33

地方消費税の 課税標準となる 消費税額 （注2）	（㉑～㉓の合計）	⑳	5 6 6 2 0 0	41
	4　％適用分	㉑		42
	6.3％適用分	㉒		43
	6.24%及び7.8%適用分	㉓	5 6 6 2 0 0	44

（注1）　⑧～⑩及び⑲欄は、一般課税により申告する場合で、課税売上割合が95％未満、かつ、特定課税仕入れがある事業者のみ記載します。
（注2）　㉑～㉓欄が還付税額となる場合はマイナス「－」を付けてください。

第4-(11)号様式

付表4−3 税率別消費税額計算表 兼 地方消費税の課税標準となる消費税額計算表　［簡　易］

課　税　期　間	5 ・1 ・1 ～ 5 ・12 ・31	氏 名 又 は 名 称	国税　一郎

区　　　　　　分		税 率 6.24 ％ 適 用 分 A	税 率 7.8 ％ 適 用 分 B	合　　　計　　　C (A＋B)
課　税　標　準　額	①	円 000	円 36,554,000	※第二表の①欄へ 円 36,554,000
課 税 資 産 の 譲 渡 等 の　　対　　価　　の　　額	①-1	※第二表の⑤欄へ	※第二表の⑥欄へ 36,554,545	※第二表の⑦欄へ 36,554,545
消　　費　　税　　額	②	※付表5-3の①A欄へ ※第二表の⑮欄へ	※付表5-3の①B欄へ ※第二表の⑯欄へ 2,851,212	※付表5-3の①C欄へ ※第二表の⑪欄へ 2,851,212
貸倒回収に係る消費税額	③	※付表5-3の②A欄へ	※付表5-3の②B欄へ	※付表5-3の②C欄へ ※第一表の③欄へ
控除 控除対象仕入税額	④	(付表5-3の⑤A欄又は㉗A欄の金額)	(付表5-3の⑤B欄又は㉗B欄の金額) 2,270,759	(付表5-3の⑤C欄又は㉗C欄の金額) ※第一表の④欄へ 2,270,759
除 返 還 等 対 価 に 係 る 税 額	⑤	※付表5-3の③A欄へ	※付表5-3の③B欄へ 12,763	※付表5-3の③C欄へ ※第二表の⑰欄へ 12,763
税 貸 倒 れ に 係 る 税 額	⑥		1,418	※第一表の⑥欄へ 1,418
額 控 除 税 額 小 計 (④＋⑤＋⑥)	⑦		2,284,940	※第一表の⑦欄へ 2,284,940
控 除 不 足 還 付 税 額 (⑦−②−③)	⑧			※第一表の⑧欄へ
差　　引　　税　　額 (②＋③−⑦)	⑨			※第一表の⑨欄へ 566,200
地方消費税の課税標準となる消費税額 控 除 不 足 還 付 税 額 (⑧)	⑩			※第一表の⑰欄へ ※マイナス「−」を付して第二表の⑳及び㉓欄へ
差　　引　　税　　額 (⑨)	⑪			※第一表の⑱欄へ ※第二表の⑳及び㉓欄へ 566,200
譲渡割額 還　　付　　額	⑫			(⑩C欄×22/78) ※第一表の⑲欄へ
納　　税　　額	⑬			(⑪C欄×22/78) ※第一表の㉑欄へ 159,600

注意　　金額の計算においては、1円未満の端数を切り捨てる。

(R1.10.1以後終了課税期間用)

付表5-3　控除対象仕入税額等の計算表

| 簡易 |

| 課税期間 | 5·1·1 ～ 5·12·31 | 氏名又は名称 | 国税　一郎 |

I　控除対象仕入税額の計算の基礎となる消費税額

項　　　目	税率6.24%適用分 A	税率7.8%適用分 B	合計 C (A+B)
課税標準額に対する消費税額 ①	(付表4-3の②A欄の金額)　　　　円	(付表4-3の②B欄の金額)　　　　円 2,851,212	(付表4-3の②C欄の金額)　　　　円 2,851,212
貸倒回収に係る消費税額 ②	(付表4-3の③A欄の金額)	(付表4-3の③B欄の金額)	(付表4-3の③C欄の金額)
売上対価の返還等に係る消費税額 ③	(付表4-3の⑤A欄の金額)	(付表4-3の⑤B欄の金額) 12,763	(付表4-3の⑤C欄の金額) 12,763
控除対象仕入税額の計算の基礎となる消費税額 (① + ② - ③) ④		2,838,449	2,838,449

II　1種類の事業の専業者の場合の控除対象仕入税額

項　　　目	税率6.24%適用分 A	税率7.8%適用分 B	合計 C (A+B)
④ × みなし仕入率 (90%·80%·70%·60%·50%·40%) ⑤	※付表4-3の④A欄へ　　　円	※付表4-3の④B欄へ　　　円 2,270,759	※付表4-3の④C欄へ　　　円 2,270,759

III　2種類以上の事業を営む事業者の場合の控除対象仕入税額

(1) 事業区分別の課税売上高(税抜き)の明細

項　　　目	税率6.24%適用分 A	税率7.8%適用分 B	合計 C (A+B)	
事業区分別の合計額 ⑥	円	円	円	売上割合
第一種事業 （卸売業） ⑦			※第一表「事業区分」欄へ	%
第二種事業 （小売業等） ⑧			※　 〃	
第三種事業 （製造業等） ⑨			※　 〃	
第四種事業 （その他） ⑩			※　 〃	
第五種事業 （サービス業等） ⑪			※　 〃	
第六種事業 （不動産業） ⑫			※　 〃	

(2) (1)の事業区分別の課税売上高に係る消費税額の明細

項　　　目	税率6.24%適用分 A	税率7.8%適用分 B	合計 C (A+B)
事業区分別の合計額 ⑬	円	円	円
第一種事業 （卸売業） ⑭			
第二種事業 （小売業等） ⑮			
第三種事業 （製造業等） ⑯			
第四種事業 （その他） ⑰			
第五種事業 （サービス業等） ⑱			
第六種事業 （不動産業） ⑲			

注意　1　金額の計算においては、1円未満の端数を切り捨てる。
　　　2　課税売上げにつき返品を受け又は値引き·割戻しをした金額(売上対価の返還等の金額)があり、売上(収入)金額から減算しない方法で経理して経費に含めている場合には、⑥から⑫欄には売上対価の返還等の金額(税抜き)を控除した後の金額を記載する。

(1／2)
(※2枚目は省略しています。)

(R1.10.1以後終了課税期間用)

設例2　複数事業区分の事業を営む場合
（軽減税率、標準税率がある場合）

1　共通事項

1　納　税　地　神戸市中央区中山手通○丁目○番○号

2　法　人　名　国税食品株式会社（法人番号○○○○○○○○○○○○○）

3　代　表　者　国税　二郎

4　電　話　番　号　○○○－○○○－○○○○

2　簡易課税制度に関する事項

1　「消費税簡易課税制度選択届出書」は、平成17年度中に提出済。

2　基準期間(自令和3年4月1日至令和4年3月31日)における課税売上高……47,250,250円

3　基準期間における課税売上高が5,000万円以下であるため、簡易課税制度を適用します。

3　消費税及び地方消費税の計算に係る事項

課税期間　：　令和5年4月1日から令和6年3月31日まで

業　　種　：　食品小売業（第二種及び第三種事業）と不動産賃貸業（第六種事業）の兼業

その他　：　免税・非課税及び不課税取引はありません。

項　　　目		金額（税込み金額）		
		合計	軽減税率	標準税率
①	課税対象となる売上高の合計額	51,650,000円	39,770,000円	11,880,000円
	うち　第二種事業	1,520,000円	1,520,000円	－円
	うち　第三種事業	38,250,000円	38,250,000円	－円
	うち　第六種事業	11,880,000円	－円	11,880,000円
②	同上に係る対価の返還額	70,000円	70,000円	－円
	うち　第二種事業	－円	70,000円	－円
	うち　第三種事業	－円	－円	－円
	うち　第六種事業	－円	－円	－円
③	貸倒回収額	－円	－円	－円
④	貸倒処理した金額	30,000円	30,000円	－円
⑤	中間申告納付税額（消費税）	461,500円		
	（地方消費税）	130,100円		

○ 設例に基づく具体的な記載手順

1）課税標準・消費税額等の計算・転記

【説明】

集計表から、申告書の作成に必要となる次の事項を抜き出し、付表4−3に計算、転記します。

なお、貸倒れに係る税額の計算は、消費税額の計算の項目で行うのが一般的ですが、本書では、簡便的に本項目に含めています。

【計算過程】

《付表4−3　軽減・標準税率適用分A、B欄》

①欄（課税標準額）
課税標準額を求めます。実際には、先に①−1欄の金額を求め、千円未満を切り捨てます。

①A欄　　36,824,074　→　36,824,000（千円未満切捨て）
①B欄　　10,800,000　→　10,800,000（千円未満切捨て）

①−1欄（課税資産の譲渡等の対価の額）
課税資産の譲渡等（売上げや固定資産の譲渡対価の額など）の対価の額（税込み）を税抜き額に割り戻します。

$$①−1A欄　　39,770,000 \times \frac{100}{108} = 36,824,074（第二表の⑤欄へ転記します。）$$

$$①−1B欄　　11,880,000 \times \frac{100}{110} = 10,800,000（第二表の⑥欄へ転記します。）$$

②欄（消費税額）
①欄の金額に消費税率を乗じることで、課税資産の譲渡等に係る消費税額を計算します。

②A欄　　36,824,000 × 6.24％ = 2,297,817（付表5−3の①A欄と第二表の⑮欄へ転記します。）
②B欄　　10,800,000 × 7.8％ = 842,400（付表5−3の①B欄と第二表の⑯欄へ転記します。）

③欄（貸倒回収に係る消費税額）
売掛金等の貸倒回収額（前期損益修正益など）から、貸倒回収に係る消費税額を計算します。
設例の場合は、記載を要しません。

⑤欄（返還等対価に係る税額）
売上げに係る対価の返還額（売上返品や売上値引、売上割戻など）から、返還等対価に係る消費税額を計算します。

$$⑤A欄　　70,000 \times \frac{6.24}{108} = 4,044（付表5−3の③A欄へ転記します。）$$

⑥欄（貸倒れに係る税額）
売掛金等の貸倒れ額から、貸倒れに係る消費税額を計算します。

$$⑥A欄　　30,000 \times \frac{6.24}{108} = 1,733$$

《付表4－3　合計C欄》

A欄、B欄を合計してC欄に記入します。F欄の金額を第一表、第二表及び付表5－3の各欄へ転記します。
①C欄　　36,824,000 ＋ 10,800,000 ＝ 47,624,000（第二表の①欄へ転記します。） ①－1C欄　　36,824,074 ＋ 10,800,000 ＝ 47,624,074（第二表の⑦欄へ転記します。） ②C欄　　2,297,817 ＋ 842,400 ＝ 3,140,217（付表5－3の①C欄と第二表の⑪欄へ転記します。） ⑤C欄　　4,044 ＋ 0 ＝ 4,044（付表5－3の③C欄と第二表の⑰欄へ転記します。） ⑥C欄　　1,733 ＋ 0 ＝ 1,733（第一表の⑥欄へ転記します。）

2）控除対象仕入税額の計算の基礎となる消費税額の計算

付表5－3　控除対象仕入税額等の計算表 　Ⅰ　控除対象仕入税額の計算の基礎となる消費税額

【説明】

　付表4－3で計算した額を用いて、控除対象仕入税額の計算の基礎となる消費税額を計算します。

【計算過程】

《付表5－3　軽減・標準税率適用分A、B欄》

①欄（課税標準額に対する消費税額） 　付表4－3の②欄の金額を転記します。
①A欄　　（2,297,817） ①B欄　　（842,400）

②欄（貸倒回収に係る消費税額） 　付表4－3の③欄の金額を転記します。
設例の場合は、記載を要しません。

③欄（売上対価の返還等に係る消費税額） 　付表4－3の⑤欄の金額を転記します。
③A欄　　（4,044）

④欄（控除対象仕入税額の計算の基礎となる消費税額） 　控除対象仕入税額の計算の基礎となる消費税額を計算します。
④A欄　　2,297,817 ＋ 0 － 4,044 ＝ 2,293,773 ④B欄　　842,400 ＋ 0 － 0 ＝ 842,400

《付表5－3　合計C欄》

A欄、B欄を合計してC欄に記入します。
①C欄　　（3,140,217） ③C欄　　（4,044） ④C欄　　2,293,773 ＋ 842,400 ＝ 3,136,173

3）1種類の事業の専業者の場合の控除対象仕入税額

> 付表5-3　控除対象仕入税額等の計算表
> Ⅱ　1種類の事業の専業者の場合の控除対象仕入税額

【説明】

　課税売上高に専業の事業区分のみなし仕入率を乗じて控除対象仕入税額を計算します。

　設例は、複数の事業区分の事業を営んでいるため、該当しません。

4）2種類以上の事業を営む事業者の場合の控除対象仕入税額

> 付表5-3　控除対象仕入税額等の計算表
> Ⅲ　2種類以上の事業を営む事業者の場合の控除対象仕入税額
> 　(1)　事業区分別の課税売上高（税抜き）の明細（売上割合の計算）

【説明】

　全ての事業区分別の課税売上高（税抜き）を計算し、続いて事業区分別の売上割合を計算します。

　ここで用いる課税売上高は、売上げに係る対価の返還（返品・値引き・割戻し）を控除した額、つまり課税資産の譲渡等によって、実際に受け取った対価の額を用いることに留意してください。

【計算過程】

《付表5-3　軽減・標準税率適用分A、B欄》

> ⑥欄（事業区分別の合計額）
> 　事業区分別の課税売上高（税抜き）を合計します。実際には、先に⑦欄から⑫欄で事業区分別の課税売上高を求めてから、各欄の金額を合計します。
> -
> 　⑥A欄　　1,342,593 ＋ 35,416,666 ＝ 36,759,259
> 　⑥B欄　　（10,800,000）

> ⑦欄から⑫欄（第一種事業から第六種事業）
> 　事業区分別の課税売上高（税込み）を税抜き額に割り戻します。
> 　C欄の売上割合は、⑥C欄の課税売上高の合計が終わってから計算します。
> -
> 　⑧A欄　　$1,520,000 \times \dfrac{100}{108} - 70,000 \times \dfrac{100}{108} = 1,342,593$
>
> 　⑨A欄　　$38,250,000 \times \dfrac{100}{108} = 35,416,666$
>
> 　⑫C欄　　$11,880,000 \times \dfrac{100}{110} = 10,800,000$

《付表5－3　合計C欄》

A欄、B欄を合計してC欄に記入します。
⑥C欄　　36,759,259 ＋ 10,800,000 ＝ 47,559,259
⑧C欄　　1,342,593 ＋ 0 ＝ 1,342,593
1,342,593 ÷ 47,559,259 ＝ 0.0282　→　2.8％
⑨C欄　　35,416,666 ＋ 0 ＝ 35,416,666
35,416,666 ÷ 47,559,259 ＝ 0.7447　→　74.4％
⑫C欄　　0 ＋ 10,800,000 ＝ 10,800,000
10,800,000 ÷ 47,559,259 ＝ 0.2271　→　22.7％

⑦C欄から⑫C欄の事業区分別の課税売上高（税抜き）と売上割合を第一表の「事業区分」欄へ転記します。

付表5－3　控除対象仕入税額等の計算表
Ⅲ　2種類以上の事業を営む事業者の場合の控除対象仕入税額
(2)　(1)の事業区分別の課税売上高に係る消費税額の明細

【説明】

　事業区分別の課税売上高に係る消費税額を計算します。

【計算過程】

《付表5－3　軽減・標準税率適用分A、B欄》

⑬欄（事業区分別の合計額）
事業区分別の課税売上高に係る消費税額を合計します。実際には、⑭欄から⑲欄を先に求めてから、各欄の金額を合計します。
⑬A欄　　83,778 ＋ 2,210,000 ＝ 2,293,778
⑬B欄　　（842,400）

⑭欄から⑲欄（第一種事業から第六種事業）
⑦欄から⑫欄の事業区分別の課税売上高に消費税率を乗じることで、事業区分別の課税売上高に係る消費税額を計算します。

$$⑮A欄　　1,520,000 \times \frac{6.24}{108} - 70,000 \times \frac{6.24}{108} = 83,778$$

$$⑯A欄　　38,250,000 \times \frac{6.24}{108} = 2,210,000$$

$$⑲B欄　　11,880,000 \times \frac{7.8}{110} = 842,400$$

《付表 5 - 3 合計 C 欄》

A欄、B欄を合計してC欄に記入します。	
⑬ C欄	2,293,778 ＋ 842,400 ＝ 3,136,178
⑮ C欄	83,778 ＋ 0 ＝ 83,778
⑯ C欄	2,210,000 ＋ 0 ＝ 2,210,000
⑲ C欄	0 ＋ 842,400 ＝ 842,400

付表 5 - 3 控除対象仕入税額等の計算表
Ⅲ 2種類以上の事業を営む事業者の場合の控除対象仕入税額
(3) 控除対象仕入税額の計算式区分の明細

【説明】

　2種類以上の事業を営む場合、控除対象仕入税額の計算方法は、原則計算による方法のほか、1種類又は2種類の事業区分の売上割合が75％以上の場合には、特例計算による方法がありますので、それぞれの計算方法の適用を確認し計算をします。

【計算過程】

(原則計算を適用する場合)
《付表 5 - 3 軽減・標準税率適用分A、B欄、合計C欄》

⑳欄 (原則計算を適用する場合)
④欄で求めた控除対象仕入税額の計算の基礎となる消費税額に、事業区分別のみなし仕入率を加重したみなし仕入率を乗じて控除対象仕入税額を計算します。

⑳ A欄　$2,293,773 \times \dfrac{83,778 \times 80\% + 2,210,000 \times 70\%}{2,293,778} = 2,293,773 \times \dfrac{67,022 + 1,547,000}{2,293,778} =$

$2,293,773 \times \dfrac{1,614,022}{2,293,778} = 1,614,018$

⑳ B欄　$842,400 \times \dfrac{842,400 \times 40\%}{842,400} = 842,400 \times \dfrac{336,960}{842,400} = 336,960$

⑳ C欄　$1,614,018 + 336,960 = 1,950,978$

(1種類の事業で75％以上)

㉑欄 (1種類の事業で75％以上)
付表 5 - 3のⅢ(1)のC欄の売上割合において、1種類の事業区分の売上割合が75％以上の場合に、当該事業区分のみなし仕入率を用いて控除対象仕入税額を計算します。
設例の場合、いずれの事業区分も75％未満のため、適用がありません。

（2種類の事業で75％以上）
《付表5－3　軽減・標準税率適用分A、B欄、合計C欄》

㉒欄から㊱欄（2種類の事業で75％以上）
付表5－3のⅢ⑴のC欄の売上割合において、2種類の事業区分の売上割合が合計して75％以上の場合、各欄に記載された計算式を用いて加重したみなし仕入率を用いて控除対象仕入税額を計算します。

○第二種事業と第三種事業

㉗A欄　$2{,}293{,}773 \times \dfrac{83{,}778 \times 80\% + (2{,}293{,}778 - 83{,}778) \times 70\%}{2{,}293{,}778} = 2{,}293{,}773 \times$

$\dfrac{67{,}022 + 1{,}547{,}000}{2{,}293{,}778} = 2{,}293{,}773 \times \dfrac{1{,}614{,}022}{2{,}293{,}778} = 1{,}614{,}018$

㉗B欄　$842{,}400 \times \dfrac{0 \times 80\% + (842{,}400 - 0) \times 70\%}{842{,}400} = 842{,}400 \times \dfrac{0 + 589{,}680}{842{,}400} = 589{,}680$

㉗C欄　$1{,}614{,}018 + 589{,}680 = 2{,}203{,}698$

○第三種事業と第六種事業

㉝A欄　$2{,}293{,}773 \times \dfrac{2{,}210{,}000 \times 70\% + (2{,}293{,}778 - 2{,}210{,}000) \times 40\%}{2{,}293{,}778} = 2{,}293{,}773 \times$

$\dfrac{1{,}547{,}000 + 33{,}511}{2{,}293{,}778} = 2{,}293{,}773 \times \dfrac{1{,}580{,}511}{2{,}293{,}778} = 1{,}580{,}507$

㉝B欄　$842{,}400 \times \dfrac{842{,}400 \times 40\%}{842{,}400} = 842{,}400 \times \dfrac{336{,}960}{842{,}400} = 336{,}960$

㉝C欄　$1{,}580{,}507 + 336{,}960 = 1{,}917{,}467$

（選択した控除対象仕入税額）
《付表5－3　軽減・標準税率適用分A、B欄》

㊲欄（上記の計算式区分から選択した控除対象仕入税額）
⑳欄から㊱欄で計算した金額から、控除対象仕入税額を選択して記載します。 税率が異なるごとに異なる計算方法による控除対象仕入税額を選択することはできません。
設例の場合、第二種事業及び第三種事業の2種類の事業で75％以上による方法（㉗欄）を選択します。

㊲A欄　1,614,018（付表4－3の④A欄へ転記します。）
㊲B欄　589,680（付表4－3の④B欄へ転記します。）
㊲C欄　1,614,018 + 589,680 = 2,203,698（付表4－3の④C欄へ転記します。）

5）消費税額の計算

付表4－3　税率別消費税額計算表兼地方消費税の課税標準となる消費税額計算表

【説明】

付表5－3で、控除対象仕入税額の計算が終わったので、付表4－3に戻り、消費税額と地方消費税額を計算します。

【計算過程】

（消費税額の計算）
《付表4－3　軽減・標準税率適用分A、B欄》

④欄（控除対象仕入税額）
付表5－3の⑤欄又は㊲欄の金額を転記します。
④A欄　　（1,614,018）
④B欄　　（589,680）
④C欄　　（2,203,698）（第一表の④欄へ転記します。）

⑦欄（控除税額小計）
控除税額の④欄から⑥欄までの金額を合計します。
⑦A欄　　1,614,018 ＋ 4,044 ＋ 1,733 ＝ 1,619,795
⑦B欄　　589,680 ＋ 0 ＋ 0 ＝ 589,680

《付表4－3　合計C欄》

A欄、B欄を合計してC欄に記入します。
⑦C欄　　1,619,795 ＋ 589,680 ＝ 2,209,475（第一表の⑦欄へ転記します。）
⑧欄（控除不足還付税額）又は⑨欄（差引税額）
課税標準額に係る消費税額、貸倒回収に係る消費税額、控除税額を加減算することで、控除不足還付税額又は差引税額を求めます。
⑨C欄　　3,140,217 ＋ 0 － 2,209,475 ＝ 930,742 → 930,700（百円未満切捨て）（第一表の⑨欄へ転記します。）

（地方消費税額の計算）

⑩欄（控除不足還付税額）又は⑪欄（差引税額）
地方消費税の課税標準となる消費税額として、軽減税率と標準税率の⑧欄又は⑨欄の金額を転記します。
⑪C欄　　（930,700）（第一表の⑱欄へ転記します。さらに、第二表の⑳及び㉓へ転記します。）
⑫欄（還付額）又は⑬欄（納税額）
⑩欄と⑪欄に地方消費税の税率を乗じて還付額又は納税額を計算します。
⑬B欄　　$930,700 \times \dfrac{22}{78} = 262,505$ → 262,500（百円未満切捨て）（第一表の⑳欄へ転記します。）

6）申告書等の作成

申告書第一表、第二表（課税標準額等の内訳書）

【説明】

　申告書第一表と第二表を用いて、消費税及び地方消費税の納付税額又は還付税額を計算します。

【計算過程】

《申告書第二表》

　　第二表は、特定課税仕入れに関する部分以外が、付表4−3から転記され完成しています。特定課税仕入れに関する事項があれば追加します。

　　申告書第二表から第一表に転記するものと、⑱欄は次のとおりです。
　①欄　　（47,624,000）（第一表の①欄へ転記します。）
　⑪欄　　（3,140,217）（第一表の②欄へ転記します。）
　⑰欄　　（4,044）（第一表の⑤欄へ転記します。）
　⑱欄　　（4,044）

《申告書第一表》

　　第一表は、中間納付税額までの部分（①欄から⑨欄、⑰欄から⑳欄）は第二表、付表4−3から転記され完成していますので、中間納付税額以降を完成させます。

　　第一表のうち、①欄から⑨欄、⑰欄から⑳欄は、第二表、付表4−3から転記され完成しています。その他の欄は次のとおりです。
　⑩欄　　（461,500）
　⑪欄　　930,700 − 461,500 ＝ 469,200
　⑮欄　　$\left(39,770,000 \times \dfrac{100}{108} - 70,000 \times \dfrac{100}{108} \right) + 11,880,000 \times \dfrac{100}{110} = 47,559,260$
　⑯欄　　（47,250,250）
　㉑欄　　（130,100）
　㉒欄　　262,500 − 130,100 ＝ 132,400
　㉖欄　　469,200 ＋ 132,400 ＝ 601,600

《付記事項・参考事項》

特別な売上計上基準の適用の有無、課税標準額に対する消費税額の計算の特例の適用の有無、特例計算の適用の有無を記載します。
（特別な売上計上基準の適用の有無） 　いずれも適用がありませんので、無に〇を付します。
（課税標準額に対する消費税額の計算の特例の適用の有無） 　適用がありませんので、無に〇を付します。
（事業区分の課税売上高と売上割合） 　付表5－3の⑦C欄から⑫C欄の事業区分別の課税売上高（税抜き）と売上割合を転記します。 （特例計算の適用の有無） 　控除対象仕入税額の計算において、特例計算を適用していますので、有に〇を付します。

第3－(3)号様式

GK0407 (簡)

令和　年　月　日

税務署長殿

納税地	神戸市中央区中山手通○丁目○番○号 (電話番号 ○○○ － ○○○○ － ○○○○)	
(フリガナ) 法人名	コクゼイショクヒン　カブシキガイシャ 国税食品　株式会社	
法人番号	○○○○○○○○○○○○○	
(フリガナ) 代表者氏名	コクゼイ　ジロウ 国税　二郎	

○ (個人の方) 振替継続希望

※税務署処理欄

申告年月日	令和　年　月　日
申告区分	指導等　庁指定　局指定
通信日付印　確認	
指導　年　月　日	相談　区分1 区分2 区分3
令和	

第一表

自 平成・令和 05年04月01日
至 令和 06年03月31日

課税期間分の消費税及び地方消費税の(　確定　)申告書

中間申告の場合の対象期間
自 平成・令和　年　月　日
至 令和　年　月　日

令和五年十月一日以後終了課税期間分(簡易課税用)

この申告書による消費税の税額の計算

		十兆千百十億千百十万千百十一円	
課税標準額	①	476240000	03
消費税額	②	3140217	06
貸倒回収に係る消費税額	③		07
控除税額	控除対象仕入税額	④	2203698	08
	返還等対価に係る税額	⑤	4044	09
	貸倒れに係る税額	⑥	1733	10
	控除税額小計(④+⑤+⑥)	⑦	2209475	
控除不足還付税額(⑦-②-③)	⑧		13
差引税額(②+③-⑦)	⑨	930700	15
中間納付税額	⑩	461500	16
納付税額(⑨-⑩)	⑪	469200	17
中間納付還付税額(⑩-⑨)	⑫	00	18
この申告書が修正申告である場合 既確定税額	⑬		19
差引納付税額	⑭	00	20
この課税期間の課税売上高	⑮	47559260	21
基準期間の課税売上高	⑯	47250250	

この申告書による地方消費税の税額の計算

地方消費税の課税標準となる消費税額	控除不足還付税額	⑰		51
	差引税額	⑱	930700	52
譲渡割額	還付額	⑲		53
	納税額	⑳	262500	54
中間納付譲渡割額	㉑	130100	55
納付譲渡割額(⑳-㉑)	㉒	132400	56
中間納付還付譲渡割額(㉑-⑳)	㉓	00	57
この申告書が修正申告である場合	既確定譲渡割額	㉔		58
	差引納付譲渡割額	㉕	00	59
消費税及び地方消費税の合計(納付又は還付)税額	㉖	601600	60

付記事項

割賦基準の適用	○ 有　○ 無	31
延払基準等の適用	○ 有　○ 無	32
工事進行基準の適用	○ 有　○ 無	33
現金主義会計の適用	○ 有　○ 無	34

参考事項

課税標準額に対する消費税額の計算の特例の適用	○ 有　○ 無	35

事業区分

区分	課税売上高(免税売上高を除く) 千円	売上割合 %
第1種		.	36
第2種	1,342	2.8	37
第3種	35,416	74.4	38
第4種		.	39
第5種		.	42
第6種	10,800	22.7	43

特例計算適用(令57③) ○ 有　○ 無 40

○ 税額控除に係る経過措置の適用(2割特例) 44

還付を受けようとする金融機関等

銀行　本店・支店
金庫・組合　出張所
農協・漁協　本所・支所
預金　口座番号
ゆうちょ銀行の貯金記号番号 －
郵便局名等

○ (個人の方) 公金受取口座の利用

※税務署整理欄

税理士署名	(電話番号　－　－　)

○ 税理士法第30条の書面提出有
○ 税理士法第33条の2の書面提出有

課税標準額等の内訳書

GK0602

整理番号

納税地	神戸市中央区中山手通○丁目○番○号
	（電話番号　○○○ - ○○○ - ○○○○　）
（フリガナ）	コクゼイショクヒン　カブシキガイシャ
法人名	国税食品　株式会社
（フリガナ）	コクゼイ　　ジロウ
代表者氏名	国税　二郎

改正法附則による税額の特例計算

軽減売上割合（10営業日）	○	附則38①	51
小売等軽減仕入割合	○	附則38②	52

第二表

令和四年四月一日以後終了課税期間分

自 令和 **05** 年 **04** 月 **01** 日
至 令和 **06** 年 **03** 月 **31** 日

課税期間分の消費税及び地方
消費税の（　確定　）申告書

中間申告 自 令和 □□ 年 □□ 月 □□ 日
の場合の
対象期間 至 令和 □□ 年 □□ 月 □□ 日

課　税　標　準　額 ※申告書（第一表）の①欄へ	①	十兆千百十億千百十万千百十一円		4 7 6 2 4 0 0 0	01

課税資産の譲渡等の対価の額の合計額	3 ％ 適用分	②		02
	4 ％ 適用分	③		03
	6.3 ％ 適用分	④		04
	6.24％ 適用分	⑤	3 6 8 2 4 0 7 4	05
	7.8 ％ 適用分	⑥	1 0 8 0 0 0 0 0	06
	（②～⑥の合計）	⑦	4 7 6 2 4 0 7 4	07
特定課税仕入れに係る支払対価の額の合計額 （注1）	6.3 ％ 適用分	⑧		11
	7.8 ％ 適用分	⑨		12
	（⑧・⑨の合計）	⑩		13

消　費　税　額 ※申告書（第一表）の②欄へ	⑪	3 1 4 0 2 1 7	21

⑪ の 内 訳	3 ％ 適用分	⑫		22
	4 ％ 適用分	⑬		23
	6.3 ％ 適用分	⑭		24
	6.24％ 適用分	⑮	2 2 9 7 8 1 7	25
	7.8 ％ 適用分	⑯	8 4 2 4 0 0	26

返還等対価に係る税額 ※申告書（第一表）の⑤欄へ	⑰	4 0 4 4	31
⑰の内訳　売上げの返還等対価に係る税額	⑱	4 0 4 4	32
特定課税仕入れの返還等対価に係る税額 （注1）	⑲		33

地方消費税の課税標準となる消費税額	（㉑～㉓の合計）	⑳	9 3 0 7 0 0	41
	4 ％ 適用分	㉑		42
	6.3 ％ 適用分	㉒		43
	6.24％及び7.8％ 適用分	㉓	9 3 0 7 0 0	44

（注1）　⑧～⑩及び⑲欄は、一般課税により申告する場合で、課税売上割合が95％未満、かつ、特定課税仕入れがある事業者のみ記載します。
（注2）　⑳～㉓欄が還付税額となる場合はマイナス「-」を付してください。

OCR入力用（この用紙は機械で読み取ります。折ったり汚したりしないでください。）

第4-(11)号様式

付表4-3　税率別消費税額計算表　兼　地方消費税の課税標準となる消費税額計算表　　　　簡　易

課 税 期 間	5 ・4 ・1 ～ 6 ・3 ・31	氏 名 又 は 名 称	国税食品（株）

区　　　分		税率 6.24 ％ 適 用 分 A	税率 7.8 ％ 適 用 分 B	合　　計　　C (A+B)
課 税 標 準 額	①	36,824,000 円	10,800,000 円	※第二表の①欄へ 47,624,000 円
課 税 資 産 の 譲 渡 等 の 対 価 の 額	①-1	※第二表の⑤欄へ 36,824,074	※第二表の⑥欄へ 10,800,000	※第二表の⑦欄へ 47,624,074
消 費 税 額	②	※付表5-3の①A欄へ ※第二表の⑮欄へ 2,297,817	※付表5-3の①B欄へ ※第二表の⑯欄へ 842,400	※付表5-3の①C欄へ ※第二表の⑪欄へ 3,140,217
貸 倒 回 収 に 係 る 消 費 税 額	③	※付表5-3の②A欄へ	※付表5-3の②B欄へ	※付表5-3の②C欄へ ※第一表の③欄へ
控 除 税 額	控 除 対 象 仕 入 税 額	④	(付表5-3の⑤A欄又は㉗A欄の金額) 1,614,018	(付表5-3の⑤B欄又は㉗B欄の金額) 589,680	(付表5-3の⑤C欄又は㉗C欄の金額) ※第一表の④欄へ 2,203,698
	返 還 等 対 価 に 係 る 税 額	⑤	※付表5-3の③A欄へ 4,044	※付表5-3の③B欄へ	※付表5-3の③C欄へ ※第二表の⑰欄へ 4,044
	貸 倒 れ に 係 る 税 額	⑥	1,733		※第一表の⑥欄へ 1,733
	控 除 税 額 小 計 (④+⑤+⑥)	⑦	1,619,795	589,680	※第一表の⑦欄へ 2,209,475
控 除 不 足 還 付 税 額 (⑦-②-③)	⑧			※第一表の⑧欄へ
差 引 税 額 (②+③-⑦)	⑨			※第一表の⑨欄へ 930,700
地方消費税の課税標準となる消費税額	控 除 不 足 還 付 税 額 (⑧)	⑩			※第一表の⑰欄へ ※マイナス「-」を付して第二表の㉓及び㉕欄へ
	差 引 税 額 (⑨)	⑪			※第一表の⑱欄へ ※第二表の㉓及び㉕欄へ 930,700
譲 渡 割 額	還 付 額	⑫			(⑩C欄×22/78) ※第一表の⑲欄へ
	納 税 額	⑬			(⑪C欄×22/78) ※第一表の⑳欄へ 262,500

注意　　金額の計算においては、1円未満の端数を切り捨てる。

(R1.10.1以後終了課税期間用)

177

第4-(12)号様式

付表5-3　　控除対象仕入税額等の計算表

簡　易

課　税　期　間	5・4・1 ～ 6・3・31	氏名又は名称	国税食品（株）

I　控除対象仕入税額の計算の基礎となる消費税額

項　　　目		税率6.24%適用分 A	税率7.8%適用分 B	合計 C (A+B)
課税標準額に対する消費税額	①	(付表4-3の②A欄の金額)　円 2,297,817	(付表4-3の②B欄の金額)　円 842,400	(付表4-3の②C欄の金額)　円 3,140,217
貸倒回収に係る消費税額	②	(付表4-3の③A欄の金額)　円	(付表4-3の③B欄の金額)　円	(付表4-3の③C欄の金額)　円
売上対価の返還等に係る消費税額	③	(付表4-3の⑤A欄の金額)　円 4,044	(付表4-3の⑤B欄の金額)　円	(付表4-3の⑤C欄の金額)　円 4,044
控除対象仕入税額の計算の基礎となる消費税額 (①+②-③)	④	2,293,773	842,400	3,136,173

II　1種類の事業の専業者の場合の控除対象仕入税額

項　　　目		税率6.24%適用分 A	税率7.8%適用分 B	合計 C (A+B)
④ × みなし仕入率 (90%・80%・70%・60%・50%・40%)	⑤	※付表4-3の④A欄へ　円	※付表4-3の④B欄へ　円	※付表4-3の④C欄へ　円

III　2種類以上の事業を営む事業者の場合の控除対象仕入税額

(1)　事業区分別の課税売上高(税抜き)の明細

項　　　目		税率6.24%適用分 A	税率7.8%適用分 B	合計 C (A+B)	売上割合
事業区分別の合計額	⑥	円 36,759,259	円 10,800,000	円 47,559,259	%
第一種事業 （卸売業）	⑦			※第一表「事業区分」欄へ	%
第二種事業 （小売業等）	⑧	1,342,593		※　〃 1,342,593	2.8
第三種事業 （製造業等）	⑨	35,416,666		※　〃 35,416,666	74.4
第四種事業 （その他）	⑩			※　〃	
第五種事業 （サービス業等）	⑪			※　〃	
第六種事業 （不動産業）	⑫		10,800,000	※　〃 10,800,000	22.7

(2)　(1)の事業区分別の課税売上高に係る消費税額の明細

項　　　目		税率6.24%適用分 A	税率7.8%適用分 B	合計 C (A+B)
事業区分別の合計額	⑬	円 2,293,778	円 842,400	円 3,136,178
第一種事業 （卸売業）	⑭			
第二種事業 （小売業等）	⑮	83,778		83,778
第三種事業 （製造業等）	⑯	2,210,000		2,210,000
第四種事業 （その他）	⑰			
第五種事業 （サービス業等）	⑱			
第六種事業 （不動産業）	⑲		842,400	842,400

注意　1　金額の計算においては、1円未満の端数を切り捨てる。
　　　2　課税売上げにつき返品を受け又は値引き・割戻しをした金額（売上対価の返還等の金額）があり、売上（収入）金額から減算しない方法で経理して経費に含めている場合には、⑥から⑫欄には売上対価の返還等の金額（税抜き）を控除した後の金額を記載する。

(1／2)

(R1.10.1以後終了課税期間用)

178

(3) 控除対象仕入税額の計算式区分の明細

イ　原則計算を適用する場合

控　除　対　象　仕　入　税　額　の　計　算　式　区　分		税率6.24%適用分 A	税率7.8%適用分 B	合計 C (A＋B)
④ × みなし仕入率 $\dfrac{⑭×90\%＋⑮×80\%＋⑯×70\%＋⑰×60\%＋⑱×50\%＋⑲×40\%}{⑬}$	⑳	円 1,614,018	円 336,960	円 1,950,978

ロ　特例計算を適用する場合

(イ) 1種類の事業で75%以上

控　除　対　象　仕　入　税　額　の　計　算　式　区　分		税率6.24%適用分 A	税率7.8%適用分 B	合計 C (A＋B)
(⑦C／⑥C・⑧C／⑥C・⑨C／⑥C・⑩C／⑥C・⑪C／⑥C・⑫C／⑥C) ≧ 75% ④×みなし仕入率（90％・80％・70％・60％・50％・40％）	㉑	円	円	円

(ロ) 2種類の事業で75%以上

控　除　対　象　仕　入　税　額　の　計　算　式　区　分			税率6.24%適用分 A	税率7.8%適用分 B	合計 C (A＋B)
第一種事業及び第二種事業 (⑦C＋⑧C)／⑥C ≧ 75%	④×	$\dfrac{⑭×90\%＋(⑬－⑭)×80\%}{⑬}$	㉒	円	円	円
第一種事業及び第三種事業 (⑦C＋⑨C)／⑥C ≧ 75%	④×	$\dfrac{⑭×90\%＋(⑬－⑭)×70\%}{⑬}$	㉓			
第一種事業及び第四種事業 (⑦C＋⑩C)／⑥C ≧ 75%	④×	$\dfrac{⑭×90\%＋(⑬－⑭)×60\%}{⑬}$	㉔			
第一種事業及び第五種事業 (⑦C＋⑪C)／⑥C ≧ 75%	④×	$\dfrac{⑭×90\%＋(⑬－⑭)×50\%}{⑬}$	㉕			
第一種事業及び第六種事業 (⑦C＋⑫C)／⑥C ≧ 75%	④×	$\dfrac{⑭×90\%＋(⑬－⑭)×40\%}{⑬}$	㉖			
第二種事業及び第三種事業 (⑧C＋⑨C)／⑥C ≧ 75%	④×	$\dfrac{⑮×80\%＋(⑬－⑮)×70\%}{⑬}$	㉗	1,614,018	589,680	2,203,698
第二種事業及び第四種事業 (⑧C＋⑩C)／⑥C ≧ 75%	④×	$\dfrac{⑮×80\%＋(⑬－⑮)×60\%}{⑬}$	㉘			
第二種事業及び第五種事業 (⑧C＋⑪C)／⑥C ≧ 75%	④×	$\dfrac{⑮×80\%＋(⑬－⑮)×50\%}{⑬}$	㉙			
第二種事業及び第六種事業 (⑧C＋⑫C)／⑥C ≧ 75%	④×	$\dfrac{⑮×80\%＋(⑬－⑮)×40\%}{⑬}$	㉚			
第三種事業及び第四種事業 (⑨C＋⑩C)／⑥C ≧ 75%	④×	$\dfrac{⑯×70\%＋(⑬－⑯)×60\%}{⑬}$	㉛			
第三種事業及び第五種事業 (⑨C＋⑪C)／⑥C ≧ 75%	④×	$\dfrac{⑯×70\%＋(⑬－⑯)×50\%}{⑬}$	㉜			
第三種事業及び第六種事業 (⑨C＋⑫C)／⑥C ≧ 75%	④×	$\dfrac{⑯×70\%＋(⑬－⑯)×40\%}{⑬}$	㉝	1,580,507	336,960	1,917,467
第四種事業及び第五種事業 (⑩C＋⑪C)／⑥C ≧ 75%	④×	$\dfrac{⑰×60\%＋(⑬－⑰)×50\%}{⑬}$	㉞			
第四種事業及び第六種事業 (⑩C＋⑫C)／⑥C ≧ 75%	④×	$\dfrac{⑰×60\%＋(⑬－⑰)×40\%}{⑬}$	㉟			
第五種事業及び第六種事業 (⑪C＋⑫C)／⑥C ≧ 75%	④×	$\dfrac{⑱×50\%＋(⑬－⑱)×40\%}{⑬}$	㊱			

ハ　上記の計算式区分から選択した控除対象仕入税額

項　　　　　目		税率6.24%適用分 A	税率7.8%適用分 B	合計 C (A＋B)
選 択 可 能 な 計 算 式 区 分（⑳ ～ ㊱）の 内 か ら 選 択 し た 金 額	㊲	※付表4-3の④A欄へ 円 1,614,018	※付表4-3の④B欄へ 円 589,680	※付表4-3の④C欄へ 円 2,203,698

注意　金額の計算においては、1円未満の端数を切り捨てる。

(2／2)

(R1.10.1以後終了課税期間用)

設例３　１種類の事業を営む場合（旧税率取引がある場合）

1 共通事項

1　納　税　地　大阪市中央区大手前○丁目○番○号

2　屋　　　号　国税商店

3　氏　　　名　国税　一郎（個人番号○○○○○○○○○○○○）

4　電話番号　○○－○○○○－○○○○

2 簡易課税制度に関する事項

1　「消費税簡易課税制度選択届出書」は、平成 16 年中に提出済。

2　基準期間（自平成 29 年 1 月 1 日至平成 29 年 12 月 31 日）の課税売上高…36,335,340 円

3　基準期間の課税売上高が 5,000 万円以下であるため、簡易課税制度を適用します。

3 消費税及び地方消費税の計算に関する事項

課税期間　：　平成 31 年 1 月 1 日から令和元年 12 月 31 日まで

業　　種　：　文具用品小売業（第二種事業）

その他　：　免税・非課税及び不課税取引はありません。

項　　目		金額（税込み金額）		
		合計	旧税率（8%）	標準税率
①	課税対象となる売上高の合計額	39,100,000 円	30,530,000 円	8,570,000 円
②	同上に係る対価の返還額	800,000 円	500,000 円	300,000 円
③	貸倒回収額	－	－	－
④	貸倒処理した金額	130,000 円	130,000 円	－
⑤	中間申告納付税額（消費税）	234,600 円		
	（地方消費税）	63,300 円		

○ 設例に基づく具体的な記載手順

1）課税標準・消費税額等の計算・転記

【説明】

集計表から、申告書の作成に必要となる次の事項を抜き出し、付表4－1、4－2に計算、転記します。

なお、貸倒れに係る税額の計算は、消費税額の計算の項目で行うのが一般的ですが、本書では、簡便的に本項目に含めています。

【計算過程】

《付表4－2 旧税率適用分A～C欄》

①欄（課税標準額）
課税標準額を求めます。実際には、先に①－1欄の金額を求め、千円未満を切り捨てます。

①C欄　（28,268,518）　→　28,268,000（千円未満切捨て）

①－1欄（課税資産の譲渡等の対価の額）
課税資産の譲渡等（売上げや固定資産の譲渡対価の額など）の対価の額（税込み）を税抜き額に割り戻します。

①－1C欄　$30,530,000 \times \frac{100}{108} = 28,268,518$（第二表の④欄へ転記します。）

②欄（消費税額）
①欄の金額に消費税率を乗じることで、課税資産の譲渡等に係る消費税額を計算します。

②C欄　$28,268,000 \times 6.3\% = 1,780,884$（付表5－2の①C欄と第二表の⑭欄へ転記します。）

③欄（貸倒回収に係る消費税額）
売掛金等の貸倒回収額（前期損益修正益など）から、貸倒回収に係る消費税額を計算します。

設例の場合は、記載を要しません。

⑤欄（返還等対価に係る税額）
売上げに係る対価の返還額（売上返品や売上値引、売上割戻など）から、返還等対価に係る消費税額を計算します。

⑤C欄　$500,000 \times \frac{6.3}{108} = 29,166$（付表5－2の③C欄へ転記します。）

⑥欄（貸倒れに係る税額）
売掛金等の貸倒れ額から、貸倒れに係る消費税額を計算します。

⑥C欄　$130,000 \times \frac{6.3}{108} = 7,583$

《付表4－2 旧税率小計X欄》

旧税率分を小計しX欄へ記入します。さらに、付表4－1のX欄に転記します。

C欄と同額のため省略します（①、①－1、②、⑤、⑥）。

《付表4-1 軽減・標準税率適用分D～E欄》

①欄（課税標準額）
　課税標準額を求めます。実際には、先に①-1欄の金額を求め、千円未満を切り捨てます。

　　①E欄　　（7,790,909）　→　7,790,000（千円未満切捨て）

①-1欄（課税資産の譲渡等の対価の額）
　課税資産の譲渡等（売上げや固定資産の譲渡対価の額など）の対価の額（税込み）を税抜き額に割り戻します。

　　①-1E欄　　$8,570,000 \times \dfrac{100}{110} = 7,790,909$（第二表の⑥欄へ転記します。）

②欄（消費税額）
　①欄の金額に消費税率を乗じることで、課税資産の譲渡等に係る消費税額を計算します。

　　②E欄　　$7,790,000 \times 7.8\% = 607,620$（付表5-1の①E欄と第二表の⑯欄へ転記します。）

③欄（貸倒回収に係る消費税額）
　売掛金等の貸倒回収額（前期損益修正益など）から、貸倒回収に係る消費税額を計算します。

　　設例の場合は、記載を要しません。

⑤欄（返還等対価に係る税額）
　売上げに係る対価の返還額（売上返品や売上値引、売上割戻など）から、返還等対価に係る消費税額を計算します。

　　⑤E欄　　$300,000 \times \dfrac{7.8}{110} = 21,272$（付表5-1の③E欄へ転記します。）

⑥欄（貸倒れに係る税額）
　売掛金等の貸倒れ額から、貸倒れに係る消費税額を計算します。

　　設例の場合は、記載を要しません。

《付表4-1 合計F欄》

　X欄、D欄、E欄を合計してF欄に記入します。F欄の金額を第一表、第二表及び付表5-1の各欄へ転記します。

　　①F欄　　$28,268,000 + 0 + 7,790,000 = 36,058,000$（第二表の①欄へ転記します。）
　　①-1F欄　　$28,268,518 + 0 + 7,790,909 = 36,059,427$（第二表の⑦欄へ転記します。）
　　②F欄　　$1,780,884 + 0 + 607,620 = 2,388,504$（付表5-1の①F欄と第二表の⑪欄へ転記します。）
　　⑤F欄　　$29,166 + 0 + 21,272 = 50,438$（付表5-1の③F欄と第二表の⑰欄へ転記します。）
　　⑥F欄　　$7,583 + 0 + 0 = 7,583$（第一表の⑥欄へ転記します。）

2）控除対象仕入税額の計算の基礎となる消費税額の計算

付表5-1、5-2　控除対象仕入税額等の計算表
　Ⅰ　控除対象仕入税額の計算の基礎となる消費税額

【説明】

　付表4-1、4-2で計算した額を用いて、控除対象仕入税額の計算の基礎となる消費税額を計算します。

【計算過程】

《付表5－2　旧税率適用分A～C欄》

①欄（課税標準額に対する消費税額） 　付表4－2の②欄の金額を転記します。
①C欄　　（1,780,884）

②欄（貸倒回収に係る消費税額） 　付表4－2の③欄の金額を転記します。
設例の場合は、記載を要しません。

③欄（売上対価の返還等に係る消費税額） 　付表4－2の⑤欄の金額を転記します。
③C欄　　（29,166）

④欄（控除対象仕入税額の計算の基礎となる消費税額） 　控除対象仕入税額の計算の基礎となる消費税額を計算します。
④C欄　　1,780,884 ＋ 0 － 29,166 ＝ 1,751,718

《付表5－2　旧税率小計X欄》

旧税率分を小計しX欄へ記入します。さらに、付表5－1のX欄に転記します。
C欄と同額のため省略します（①、③、④）。

《付表5－1　軽減・標準税率適用分D～E欄》

①欄（課税標準額に対する消費税額） 　付表4－1の②欄の金額を転記します。
①E欄　　（607,620）

②欄（貸倒回収に係る消費税額） 　付表4－1の③欄の金額を転記します。
設例の場合は、記載を要しません。

③欄（売上対価の返還等に係る消費税額） 　付表4－1の⑤欄の金額を転記します。
③E欄　　（21,272）

④欄（控除対象仕入税額の計算の基礎となる消費税額） 　控除対象仕入税額の計算の基礎となる消費税額を計算します。
④E欄　　607,620 ＋ 0 － 21,272 ＝ 586,348

《付表5－1　合計F欄》

X欄、D欄、E欄を合計してF欄に記入します。 ①F欄は、付表4－1の②F欄の金額を転記します。 ③F欄は、付表4－1の⑤F欄の金額を転記します。
①F欄　　（2,388,504） 　③F欄　　（50,438） 　④F欄　　1,751,718 ＋ 0 ＋ 586,348 ＝ 2,338,066

3) 1種類の事業の専業者の場合の控除対象仕入税額

> 付表5−1、5−2　控除対象仕入税額等の計算表
> Ⅱ　1種類の事業の専業者の場合の控除対象仕入税額

【説明】

　課税売上高に専業の事業区分のみなし仕入率を乗じて控除対象仕入税額を計算します。

【計算過程】

《付表5−2　旧税率適用分A〜C欄、旧税率分小計X欄》

> ⑤欄（控除対象仕入税額）
> 専業の事業区分のみなし仕入率を用いて控除対象仕入税額を計算します。
> -
> 設例の事業は、小売業であり第二種事業のため、みなし仕入率は80%です。
> -
> ⑤C欄　　1,751,718 × 80% = 1,401,374（付表4−2の④C欄へ転記します。）
> 旧税率分を小計し⑤X欄へ記入します。さらに、付表5−1の⑤X欄に転記します。

《付表5−1　軽減・標準税率適用分D〜F欄》

> ⑤欄（控除対象仕入税額）
> 専業の事業区分のみなし仕入率を用いて控除対象仕入税額を計算します。
> -
> ⑤E欄　　586,348 × 80% = 469,078（付表4−1の④E欄へ転記します。）

《付表5−1　合計F欄》

> X欄、D欄、E欄を合計してF欄に記入します。
> -
> ⑤F欄　　1,401,374 + 0 + 469,078 = 1,870,452（付表4−1の④F欄へ転記します。）

4) 2種類以上の事業を営む事業者の場合の控除対象仕入税額

> 付表5−1、5−2　控除対象仕入税額等の計算表
> Ⅲ　2種類以上の事業を営む事業者の場合の控除対象仕入税額
> 　(1)　事業区分別の課税売上高（税抜き）の明細（売上割合の計算）

【説明】

　全ての事業区分別の課税売上高（税抜き）を計算し、続いて事業区分別の売上割合を計算します。

　ここで用いる課税売上高は、売上げに係る対価の返還（返品・値引き・割戻し）を控除した額、つまり課税資産の譲渡等によって、実際に受け取った対価の額を用いることに留意してください。

　専業なので、⑥欄以降の計算は不要です。

5）消費税額の計算

付表4－1、4－2　税率別消費税額計算表兼地方消費税の課税標準となる消費税額計算表

【説明】

付表5－1、5－2で、控除対象仕入税額の計算が終わったので、付表4－1、4－2に戻り、消費税額と地方消費税額を計算します。

【計算過程】

《付表4－2　旧税率適用分A～C欄》
（消費税額の計算）

④欄（控除対象仕入税額）
付表5－2の⑤欄又は㊲欄の金額を転記します。

④C欄　（1,401,374）

⑦欄（控除税額小計）
控除税額の④欄から⑥欄までの金額を合計します。

⑦C欄　1,401,374 ＋ 29,166 ＋ 7,583 ＝ 1,438,123

⑧欄（控除不足還付税額）又は⑨欄（差引税額）
課税標準額に係る消費税額、貸倒回収に係る消費税額、控除税額を加減算することで、控除不足還付税額又は差引税額を求めます。

⑨C欄　1,780,884 ＋ 0 － 1,438,123 ＝ 342,761（⑫C欄へ転記します。）

（地方消費税額の計算）

⑪欄（控除不足還付税額）又は⑫欄（差引税額）
地方消費税の課税標準となる消費税額として、⑧欄又は⑨欄の金額を転記します。

⑫C欄　（342,761）

⑬欄（合計差引地方消費税の課税標準となる消費税額）
⑪欄と⑫欄を差し引きし、地方消費税の課税標準となる消費税額を求めます。

⑬C欄　342,761 － 0 ＝ 342,761（第二表の㉒欄へ転記します。）

⑭欄（還付額）又は⑮欄（納税額）
⑪欄と⑫欄に地方消費税の税率を乗じて還付額又は納税額を計算します。

⑮C欄　$342{,}761 \times \frac{17}{63} = 92{,}491$

《付表4－2　旧税率小計X欄》

旧税率分を小計しX欄へ記入します。さらに、付表4－1のX欄に転記します。

C欄と同額のため省略します（④、⑦、⑨、⑫、⑬、⑮）。

《付表4－1 軽減・標準税率適用分D～E欄》
（消費税額の計算）

---

④欄（控除対象仕入税額）
　付表5－1、5－2の⑤欄又は㊲欄の金額を転記します。

④E欄　（469,078）

---

⑦欄（控除税額小計）
　控除税額の④欄から⑥欄までの金額を合計します。

⑦E欄　469,078 ＋ 21,272 ＋ 0 ＝ 490,350

---

⑧欄（控除不足還付税額）又は⑨欄（差引税額）
　課税標準額に係る消費税額、貸倒回収に係る消費税額、控除税額を加減算することで、控除不足還付税額又は差引税額を求めます。

⑨E欄　607,620 ＋ 0 － 490,350 ＝ 117,270（⑨D欄と合計して⑫E欄に記入します。）

（地方消費税額の計算）

---

⑪欄（控除不足還付税額）又は⑫欄（差引税額）
　地方消費税の課税標準となる消費税額として、軽減税率と標準税率の⑧欄又は⑨欄の金額を合計して転記します。

⑫E欄　0 ＋ 117,270 ＝ 117,270

---

⑬欄（合計差引地方消費税の課税標準となる消費税額）
　⑪欄と⑫欄を差し引きし、地方消費税の課税標準となる消費税額を求めます。

⑬E欄　117,270 － 0 ＝ 117,270（第二表の㉓欄へ転記します。）

---

⑭欄（還付額）又は⑮欄（納税額）
　⑪欄と⑫欄に地方消費税の税率を乗じて還付額又は納税額を計算します。

⑮E欄　$117,270 \times \dfrac{22}{78} = 33,076$

《付表4－1 合計F欄》

X欄、D欄、E欄を合計してF欄に記入します。F欄の金額を第一表へ転記します。
　④F欄は、付表5－1の⑤F欄又は㊲F欄の金額を転記します。
　⑩欄（合計差引税額）は、税率の異なるごとに計算した⑧欄と⑨欄を差し引きし、合計差引税額（消費税額）を求めます。
　⑯欄（合計差引譲渡割額）は、税率の異なるごとに計算した⑭欄と⑮欄を差し引きし、合計差引譲渡割額（地方消費税額）を求めます。

④F欄　（1,870,452）（第一表の④欄へ転記します。）
⑦F欄　1,438,123 ＋ 0 ＋ 490,350 ＝ 1,928,473（第一表の⑦欄へ転記します。）
⑨F欄　342,761 ＋ 0 ＋ 117,270 ＝ 460,031
⑩F欄　460,031 － 0 ＝ 460,031（マイナスの場合は第一表の⑧欄へ、プラスの場合は第一表の⑨欄へ転記します。）
⑫F欄　342,761 ＋ 117,270 ＝ 460,031
⑬F欄　342,761 ＋ 117,270 ＝ 460,031（マイナスの場合は第一表の⑰欄へ、プラスの場合は第一表の⑱欄へ転記します。さらに、第二表の⑳欄へ転記します。）
⑮F欄　92,491 ＋ 33,076 ＝ 125,567
⑯F欄　125,567 － 0 ＝ 125,567（マイナスの場合は第一表の⑲欄へ、プラスの場合は第一表の⑳欄へ転記します。）

6）申告書等の作成

申告書第一表、第二表（課税標準額等の内訳書）

【説明】

　申告書第一表と第二表を用いて、消費税及び地方消費税の納付税額又は還付税額を計算します。

【計算過程】

《申告書第二表》

　第二表は、特定課税仕入れに関する部分以外が、付表4−1、4−2から転記され完成しています。特定課税仕入れに関する事項があれば追加します。

　申告書第二表から第一表に転記するものと、⑱欄は次のとおりです。

①欄　　　（36,058,000）（第一表の①欄へ転記します。）

⑪欄　　　（2,388,504）（第一表の②欄へ転記します。）

⑰欄　　　（50,438）（第一表の⑤欄へ転記します。）

⑱欄　　　（50,438）

《申告書第一表》

　第一表は、中間納付税額までの部分（①欄から⑨欄、⑰欄から⑳欄）は第二表、付表4−1から転記され完成していますので、中間納付税額以降を完成させます。

⑩欄　　　（234,600）

⑪欄　　　460,000 − 234,600 = 225,400

⑮欄　　　$(30,530,000 \times \dfrac{100}{108} - 500,000 \times \dfrac{100}{108}) + (8,570,000 \times \dfrac{100}{110} - 300,000 \times \dfrac{100}{110})$

　　　　　$= 35,323,738$

⑯欄　　　（36,335,340）

㉑欄　　　（63,300）

㉒欄　　　125,500 − 63,300 = 62,200

㉖欄　　　225,400 + 62,200 = 287,600

《付記事項・参考事項》

　特別な売上計上基準の適用の有無、課税標準額に対する消費税額の計算の特例の適用の有無、特例計算の適用の有無を記載します。

（特別な売上計上基準の適用の有無）

　いずれも適用がありませんので、無に〇を付します。

（課税標準額に対する消費税額の計算の特例の適用の有無）

　適用がありませんので、無に〇を付します。

（事業区分の課税売上高と売上割合）

　課税売上高は、申告書第一表の⑮欄から第2種欄に転記します。

　売上割合は、専業のため、第2種欄に100.0％を記入します。

（特例計算の適用の有無）

　控除対象仕入税額の計算において、1種類の事業を営んでおり、原則計算を適用していますので、無に〇を付します。

GK0405

第3-(3)号様式

㊙

第一表

OCR入力用（この用紙は機械で読み取ります。折ったり汚したりしないでください。）

令和　年　月　日

収受印

税務署長殿

納　税　地	大阪市中央区大手前○丁目○番○号
	（電話番号　○○ － ○○○○ － ○○○○）
（フリガナ）	コク　ゼイ　ショウ　テン
名　称又は屋号	国　税　商　店
個人番号又は法人番号	↓個人番号の記載に当たっては、左端を空欄とし、ここから記載してください。
（フリガナ）	コクゼイ　イチロウ
代表者氏名又は氏名	国税　一郎

自 平成／令和 **31**年**01**月**01**日
至 令和 **01**年**12**月**31**日

課税期間分の消費税及び地方消費税の（　確定　）申告書

中間申告の場合の対象期間　自 平成／令和　　年　　月　　日　至 令和　　年　　月　　日

令和元年十月一日以後終了課税期間分（簡易課税用）

※税務署処理欄

一　連　番　号		翌年以降送付不要 ○
所管 要否 整理番号		
申告年月日 令和　　年　　月　　日		
申告区分	指導等	庁指定 局指定
通信日付印 確認印	確認書類	個人番号カード／通知カード・運転免許証／その他（　）	身元確認
年　月　日	指導年月日 令和	相談 区分1 区分2 区分3

この申告書による消費税の税額の計算

		十 兆 千 百 十 億 千 百 十 万 千 百 十 一 円	
課税標準額	①	3 6 0 5 8 0 0 0	03
消費税額	②	2 3 8 8 5 0 4	06
貸倒回収に係る消費税額	③		07
控除税額	控除対象仕入税額 ④	1 8 7 0 4 5 2	08
	返還等対価に係る税額 ⑤	5 0 4 3 8	09
	貸倒れに係る税額 ⑥	7 5 8 3	10
	控除税額小計（④+⑤+⑥）⑦	1 9 2 8 4 7 3	11
控除不足還付税額（⑦-②-③）⑧			13
差引税額（②+③-⑦）⑨		4 6 0 0 0 0	15
中間納付税額 ⑩		2 3 4 6 0 0	16
納付税額（⑨-⑩）⑪		2 2 5 4 0 0	17
中間納付還付税額（⑩-⑨）⑫		0 0	18
この申告書が修正申告である場合 既確定税額 ⑬			19
	差引納付税額 ⑭	0 0	20
この課税期間の課税売上高 ⑮		3 5 3 2 3 7 3 8	21
基準期間の課税売上高 ⑯		3 6 3 3 5 3 4 0	

この申告書による地方消費税の税額の計算

		十 兆 千 百 十 億 千 百 十 万 千 百 十 一 円	
地方消費税の課税標準となる消費税額	控除不足還付税額 ⑰		51
	差引税額 ⑱	4 6 0 0 0 0	52
譲渡割額	還付額 ⑲		53
	納税額 ⑳	1 2 5 5 0 0	54
中間納付譲渡割額 ㉑		6 3 3 0 0	55
納付譲渡割額（⑳-㉑）㉒		6 2 2 0 0	56
中間納付還付譲渡割額（㉑-⑳）㉓		0 0	57
この申告書が修正申告である場合 既確定譲渡割額 ㉔			58
	差引納付譲渡割額 ㉕	0 0	59
消費税及び地方消費税の合計（納付又は還付）税額 ㉖		2 8 7 6 0 0	60

㉖=（⑪+㉒）-（⑧+⑫+⑲+㉓）・修正申告の場合㉖=⑭+㉕
㉖が還付税額となる場合はマイナス「-」を付してください。

付記事項・参考事項

割賦基準の適用	○有 ○無	31
延払基準等の適用	○有 ○無	32
工事進行基準の適用	○有 ○無	33
現金主義会計の適用	○有 ○無	34
課税標準額に対する消費税額の計算の特例の適用	○有 ○無	35

事業区分	区分	課税売上高（免税売上高を除く）	売上割合 %	
		千円		
	第1種		.	36
	第2種	35,323	1 0 0 . 0	37
	第3種		.	38
	第4種		.	39
	第5種		.	42
	第6種		.	43

特例計算適用（令57③）	○有 ○無	40

還付を受けようとする金融機関等

	銀行 本店・支店
	金庫・組合 出張所
	農協・漁協 本所・支所
預金 口座番号	
ゆうちょ銀行の貯金記号番号	－
郵便局名等	

※税務署整理欄

税理士署名	
（電話番号　－　－　）	

○ 税理士法第30条の書面提出有
○ 税理士法第33条の2の書面提出有

188

第3－（2）号様式

課税標準額等の内訳書

整理番号　□□□□□□□□

納税地	大阪市中央区大手前○丁目○番○号
	（電話番号　○○ － ○○○○ － ○○○○　）
（フリガナ）	コク　ゼイ　　ショウ　テン
名称又は屋号	国 税 商 店
（フリガナ）	コクゼイ　　　イチロウ
代表者氏名又は氏名	国税　一郎

改正法附則による税額の特例計算

軽減売上割合（10営業日）	○	附則38①	51
小売等軽減仕入割合	○	附則38②	52
小売等軽減売上割合	○	附則39①	53

自 平成㋭令和 **31**年**01**月**01**日
至 令和 **01**年**12**月**31**日

課税期間分の消費税及び地方消費税の（　確定　）申告書

中間申告の場合の
自 平成令和 □□年□□月□□日
対象期間 至 令和 □□年□□月□□日

			十兆千百十億千百十万千百十一円	
課　税　標　準　額　※申告書（第一表）の①欄へ		①	3 6 0 5 8 0 0 0	01

課税資産の譲渡等の対価の額の合計額	3 ％ 適 用 分	②		02
	4 ％ 適 用 分	③		03
	6.3 ％ 適 用 分	④	2 8 2 6 8 5 1 8	04
	6.24％ 適 用 分	⑤		05
	7.8 ％ 適 用 分	⑥	7 7 9 0 9 0 9	06
		⑦	3 6 0 5 9 4 2 7	07
特定課税仕入れに係る支払対価の額の合計額（注1）	6.3 ％ 適 用 分	⑧		11
	7.8 ％ 適 用 分	⑨		12
		⑩		13

消　費　税　額　※申告書（第一表）の②欄へ		⑪	2 3 8 8 5 0 4	21
⑪ の 内 訳	3 ％ 適 用 分	⑫		22
	4 ％ 適 用 分	⑬		23
	6.3 ％ 適 用 分	⑭	1 7 8 0 8 8 4	24
	6.24％ 適 用 分	⑮		25
	7.8 ％ 適 用 分	⑯	6 0 7 6 2 0	26

返　還　等　対　価　に　係　る　税　額　※申告書（第一表）の⑤欄へ		⑰	5 0 4 3 8	31
⑰の内訳	売上げの返還等対価に係る税額	⑱	5 0 4 3 8	32
	特定課税仕入れの返還等対価に係る税額（注1）	⑲		33

地方消費税の課税標準となる消費税額		⑳	4 6 0 0 3 1	41
	4 ％ 適 用 分	㉑		42
	6.3 ％ 適 用 分	㉒	3 4 2 7 6 1	43
（注2）	6.24％及び7.8％適用分	㉓	1 1 7 2 7 0	44

（注1）　⑧～⑩及び⑲欄は、一般課税により申告する場合で、課税売上割合が95％未満、かつ、特定課税仕入れがある事業者のみ記載します。
（注2）　⑳～㉓欄が還付税額となる場合はマイナス「－」を付してください。

付表4－1　税率別消費税額計算表　兼　地方消費税の課税標準となる消費税額計算表　　　　|簡易|

課税期間	31・1・1 ～ 1・12・31	氏名又は名称	**国税　一郎**

区　分		旧税率分小計 X	税率6.24％適用分 D	税率7.8％適用分 E	合　計　F (X+D+E)
課税標準額	①	(付表4-2の①X欄の金額)　円 **28,268,**000	円 000	円 **7,790,**000	※第二表の①欄へ　円 **36,058,**000
課税資産の譲渡等の対価の額	①-1	(付表4-2の①-1X欄の金額) **28,268,518**	※第二表の⑤欄へ	※第二表の⑥欄へ **7,790,909**	※第二表の⑦欄へ **36,059,427**
消費税額	②	(付表4-2の②X欄の金額) **1,780,884**	※付表5-1の①D欄へ ※第二表の⑮欄へ	※付表5-1の①E欄へ ※第二表の⑯欄へ **607,620**	※付表5-1の①F欄へ ※第二表の⑪欄へ **2,388,504**
貸倒回収に係る消費税額	③	(付表4-2の③X欄の金額)	※付表5-1の②D欄へ	※付表5-1の②E欄へ	※付表5-1の②F欄へ ※第一表の③欄へ
控除税額　控除対象仕入税額	④	(付表4-2の④X欄の金額) **1,401,374**	(付表5-1の⑤D欄又は⑦D欄の金額)	(付表5-1の⑤E欄又は⑦E欄の金額) **469,078**	(付表5-1の⑤F欄又は⑦F欄の金額) ※第一表の④欄へ **1,870,452**
返還等対価に係る税額	⑤	(付表4-2の⑤X欄の金額) **29,166**	※付表5-1の③D欄へ	※付表5-1の③E欄へ **21,272**	※付表5-1の③F欄へ ※第二表の⑰欄へ **50,438**
貸倒れに係る税額	⑥	(付表4-2の⑥X欄の金額) **7,583**			※第一表の⑥欄へ **7,583**
控除税額小計 (④+⑤+⑥)	⑦	(付表4-2の⑦X欄の金額) **1,438,123**		**490,350**	※第一表の⑦欄へ **1,928,473**
控除不足還付税額 (⑦-②-③)	⑧	(付表4-2の⑧X欄の金額)	※⑪E欄へ	※⑪E欄へ	
差引税額 (②+③-⑦)	⑨	(付表4-2の⑨X欄の金額) **342,761**	※⑫E欄へ	※⑫E欄へ **117,270**	**460,031**
合計差引税額 (⑨-⑧)	⑩				※マイナスの場合は第一表の⑧欄へ ※プラスの場合は第一表の⑨欄へ **460,031**
地方消費税の課税標準となる消費税額　控除不足還付税額	⑪	(付表4-2の⑪X欄の金額)		(⑧D欄と⑧E欄の合計金額)	
差引税額	⑫	(付表4-2の⑫X欄の金額) **342,761**		(⑨D欄と⑨E欄の合計金額) **117,270**	**460,031**
合計差引地方消費税の課税標準となる消費税額 (⑫-⑪)	⑬	(付表4-2の⑬X欄の金額) **342,761**		※第二表の㉑欄へ・(注3) **117,270**	※マイナスの場合は第一表の⑰欄へ ※プラスの場合は第一表の⑱欄へ ※第二表の㉑欄へ **460,031**
譲渡割額　還付額	⑭	(付表4-2の⑭X欄の金額)		(⑪E欄×22/78)(注3)	
納税額	⑮	(付表4-2の⑮X欄の金額) **92,491**		(⑫E欄×22/78)(注3) **33,076**	**125,567**
合計差引譲渡割額 (⑮-⑭)	⑯				※マイナスの場合は第一表の⑲欄へ ※プラスの場合は第一表の㉑欄へ **125,567**

注意　1　金額の計算においては、1円未満の端数を切り捨てる。
　　　2　旧税率が適用された取引がある場合は、付表4-2を作成してから当該付表を作成する。
　　　3　旧税率が適用された取引がない場合（X欄に記載すべき金額がない場合）には、⑬～⑮E欄の各欄の記載は次のとおりとなる。
　　　(1)　「⑫E欄-⑪E欄」がマイナスの場合
　　　　　⑬E欄に1円未満の端数を切り捨てた金額を記載し、⑭E欄に「(⑪E欄-⑫E欄)×22/78」により計算した金額を記載する（⑮E欄の記載は不要）。
　　　(2)　「⑫E欄-⑪E欄」がプラスの場合
　　　　　⑬E欄に100円未満の端数を切り捨てた金額を記載し、⑮E欄に「⑬E欄×22/78」により計算した金額を記載する（⑭E欄の記載は不要）。

(R1.10.1以後終了課税期間用)

第4-(7)号様式

付表4-2　税率別消費税額計算表　兼　地方消費税の課税標準となる消費税額計算表
〔経過措置対象課税資産の譲渡等を含む課税期間用〕

簡　易

課　税　期　間		31・1・1 〜 1・12・31	氏 名 又 は 名 称	国税　一郎	

区　　　　　分		税率3%適用分 A	税率4%適用分 B	税率6.3%適用分 C	旧税率分小計 X (A+B+C)
課 税 標 準 額	①	円 000	円 000	円 28,268,000	※付表4-1の①X欄へ　円 28,268,000
課税資産の譲渡等 の 対 価 の 額	① -1	※第二表の②欄へ	※第二表の③欄へ	※第二表の④欄へ 28,268,518	※付表4-1の①-1X欄へ 28,268,518
消 費 税 額	②	※付表5-2の①A欄へ ※第二表の⑫欄へ	※付表5-2の①B欄へ ※第二表の⑬欄へ	※付表5-2の①C欄へ ※第二表の⑭欄へ 1,780,884	※付表4-1の②X欄へ 1,780,884
貸倒回収に係る消費税額	③	※付表5-2の②A欄へ	※付表5-2の②B欄へ	※付表5-2の②C欄へ	※付表4-1の③X欄へ
控 除 税 額	控除対象仕入税額	④	(付表5-2の⑤A欄又は㊲A欄の金額)	(付表5-2の⑤B欄又は㊲B欄の金額)	(付表5-2の⑤C欄又は㊲C欄の金額) 1,401,374	※付表4-1の④X欄へ 1,401,374
	返 還 等 対 価 に 係 る 税 額	⑤	※付表5-2の③A欄へ	※付表5-2の③B欄へ	※付表5-2の③C欄へ 29,166	※付表4-1の⑤X欄へ 29,166
	貸倒れに係る税額	⑥			7,583	※付表4-1の⑥X欄へ 7,583
	控 除 税 額 小 計 (④+⑤+⑥)	⑦			1,438,123	※付表4-1の⑦X欄へ 1,438,123
控 除 不 足 還 付 税 額 (⑦-②-③)	⑧		※⑪B欄へ	※⑪C欄へ	※付表4-1の⑧X欄へ
差 引 税 額 (②+③-⑦)	⑨		※⑫B欄へ	※⑫C欄へ 342,761	※付表4-1の⑨X欄へ 342,761
合 計 差 引 税 額 (⑨-⑧)	⑩				
地方消費税の課税標準となる消費税額	控除不足還付税額	⑪		(⑧B欄の金額)	(⑧C欄の金額)	※付表4-1の⑪X欄へ
	差 引 税 額	⑫		(⑨B欄の金額)	(⑨C欄の金額) 342,761	※付表4-1の⑫X欄へ 342,761
合計差引地方消費税の 課税標準となる消費税額 (⑫-⑪)	⑬		※第二表の㉑欄へ	※第二表の㉒欄へ 342,761	※付表4-1の⑬X欄へ 342,761
譲 渡 割 額	還 付 額	⑭		(⑪B欄×25/100)	(⑪C欄×17/63)	※付表4-1の⑭X欄へ
	納 税 額	⑮		(⑫B欄×25/100)	(⑫C欄×17/63) 92,491	※付表4-1の⑮X欄へ 92,491
合 計 差 引 譲 渡 割 額 (⑮-⑭)	⑯				

注意　1　金額の計算においては、1円未満の端数を切り捨てる。
　　　2　旧税率が適用された取引がある場合は、当該付表を作成してから付表4-1を作成する。

(R1.10.1以後終了課税期間用)

191

第4-(4)号様式

付表5-1　控除対象仕入税額等の計算表

| | 簡易 |

| 課税期間 | 31・1・1 ～ 1・12・31 | 氏名又は名称 | 国税　一郎 |

Ⅰ 控除対象仕入税額の計算の基礎となる消費税額

項　目	旧税率分小計 X	税率6.24%適用分 D	税率7.8%適用分 E	合計 F (X+D+E)
課税標準額に対する消費税額 ①	(付表5-2の①X欄の金額) 円 1,780,884	(付表4-1の②D欄の金額) 円	(付表4-1の②E欄の金額) 円 607,620	(付表4-1の②F欄の金額) 円 2,388,504
貸倒回収に係る消費税額 ②	(付表5-2の②X欄の金額)	(付表4-1の③D欄の金額)	(付表4-1の③E欄の金額)	(付表4-1の③F欄の金額)
売上対価の返還等に係る消費税額 ③	(付表5-2の③X欄の金額) 29,166	(付表4-1の⑤D欄の金額)	(付表4-1の⑤E欄の金額) 21,272	(付表4-1の⑤F欄の金額) 50,438
控除対象仕入税額の計算の基礎となる消費税額 (①+②-③) ④	(付表5-2の④X欄の金額) 1,751,718		586,348	2,338,066

Ⅱ 1種類の事業の専業者の場合の控除対象仕入税額

項　目	旧税率分小計 X	税率6.24%適用分 D	税率7.8%適用分 E	合計 F (X+D+E)
④ × みなし仕入率 (90%・80%・70%・60%・50%・40%) ⑤	(付表5-2の⑤X欄の金額) 円 1,401,374	※付表4-1の④D欄へ 円	※付表4-1の④E欄へ 円 469,078	※付表4-1の④F欄へ 円 1,870,452

Ⅲ 2種類以上の事業を営む事業者の場合の控除対象仕入税額

(1) 事業区分別の課税売上高(税抜き)の明細

項　目	旧税率分小計 X	税率6.24%適用分 D	税率7.8%適用分 E	合計 F (X+D+E)	
事業区分別の合計額 ⑥	(付表5-2の⑥X欄の金額) 円	円	円	円	売上割合
第一種事業 (卸売業) ⑦	(付表5-2の⑦X欄の金額)			※第一表「事業区分」欄へ	%
第二種事業 (小売業等) ⑧	(付表5-2の⑧X欄の金額)			※　〃	
第三種事業 (製造業等) ⑨	(付表5-2の⑨X欄の金額)			※　〃	
第四種事業 (その他) ⑩	(付表5-2の⑩X欄の金額)			※　〃	
第五種事業 (サービス業等) ⑪	(付表5-2の⑪X欄の金額)			※　〃	
第六種事業 (不動産業) ⑫	(付表5-2の⑫X欄の金額)			※　〃	

(2) (1)の事業区分別の課税売上高に係る消費税額の明細

項　目	旧税率分小計 X	税率6.24%適用分 D	税率7.8%適用分 E	合計 F (X+D+E)
事業区分別の合計額 ⑬	(付表5-2の⑬X欄の金額) 円	円	円	円
第一種事業 (卸売業) ⑭	(付表5-2の⑭X欄の金額)			
第二種事業 (小売業等) ⑮	(付表5-2の⑮X欄の金額)			
第三種事業 (製造業等) ⑯	(付表5-2の⑯X欄の金額)			
第四種事業 (その他) ⑰	(付表5-2の⑰X欄の金額)			
第五種事業 (サービス業等) ⑱	(付表5-2の⑱X欄の金額)			
第六種事業 (不動産業) ⑲	(付表5-2の⑲X欄の金額)			

注意 1　金額の計算においては、1円未満の端数を切り捨てる。
　　 2　旧税率が適用された取引がある場合は、付表5-2を作成してから当該付表を作成する。
　　 3　課税売上げにつき返品を受け又は値引き・割戻しをした金額(売上対価の返還等の金額)があり、売上(収入)金額から減算しない方法で経理して経費に含めている場合には、⑥から⑫欄には売上対価の返還等の金額(税抜き)を控除した後の金額を記載する。

(1／2)

(※2枚目は省略しています。)

192

第4-(8)号様式

付表5-2　控除対象仕入税額等の計算表 〔経過措置対象課税資産の譲渡等を含む課税期間用〕

簡易

| 課税期間 | 31・1・1 ～ 1・12・31 | 氏名又は名称 | 国税　一郎 |

I　控除対象仕入税額の計算の基礎となる消費税額

項　　目		税率3%適用分 A	税率4%適用分 B	税率6.3%適用分 C	旧税率分小計 X (A+B+C)
課税標準額に対する消費税額	①	(付表4-2の②A欄の金額)　円	(付表4-2の②B欄の金額)　円	(付表4-2の②C欄の金額)　円 1,780,884	※付表5-1の①X欄へ　円 1,780,884
貸倒回収に係る消費税額	②	(付表4-2の③A欄の金額)	(付表4-2の③B欄の金額)	(付表4-2の④C欄の金額)	※付表5-1の②X欄へ
売上対価の返還等に係る消費税額	③	(付表4-2の⑤A欄の金額)	(付表4-2の⑤B欄の金額)	(付表4-2の⑤C欄の金額) 29,166	※付表5-1の③X欄へ 29,166
控除対象仕入税額の計算の基礎となる消費税額（①＋②－③）	④			1,751,718	※付表5-1の④X欄へ 1,751,718

II　1種類の事業の専業者の場合の控除対象仕入税額

項　　目		税率3%適用分 A	税率4%適用分 B	税率6.3%適用分 C	旧税率分小計 X (A+B+C)
④ × みなし仕入率 (90%・80%・70%・60%・50%・40%)	⑤	※付表4-2の④A欄へ　円	※付表4-2の④B欄へ　円	※付表4-2の④C欄へ　円 1,401,374	※付表5-1の⑤X欄へ　円 1,401,374

III　2種類以上の事業を営む事業者の場合の控除対象仕入税額

(1) 事業区分別の課税売上高(税抜き)の明細

項　　目		税率3%適用分 A	税率4%適用分 B	税率6.3%適用分 C	旧税率分小計 X (A+B+C)
事業区分別の合計額	⑥	円	円	円	※付表5-1の⑥X欄へ　円
第一種事業 （卸売業）	⑦				※付表5-1の⑦X欄へ
第二種事業 （小売業等）	⑧				※付表5-1の⑧X欄へ
第三種事業 （製造業等）	⑨				※付表5-1の⑨X欄へ
第四種事業 （その他）	⑩				※付表5-1の⑩X欄へ
第五種事業 （サービス業等）	⑪				※付表5-1の⑪X欄へ
第六種事業 （不動産業）	⑫				※付表5-1の⑫X欄へ

(2) (1)の事業区分別の課税売上高に係る消費税額の明細

項　　目		税率3%適用分 A	税率4%適用分 B	税率6.3%適用分 C	旧税率分小計 X (A+B+C)
事業区分別の合計額	⑬	円	円	円	※付表5-1の⑬X欄へ　円
第一種事業 （卸売業）	⑭				※付表5-1の⑭X欄へ
第二種事業 （小売業等）	⑮				※付表5-1の⑮X欄へ
第三種事業 （製造業等）	⑯				※付表5-1の⑯X欄へ
第四種事業 （その他）	⑰				※付表5-1の⑰X欄へ
第五種事業 （サービス業等）	⑱				※付表5-1の⑱X欄へ
第六種事業 （不動産業）	⑲				※付表5-1の⑲X欄へ

注意　1　金額の計算においては、1円未満の端数を切り捨てる。
　　　2　旧税率が適用された取引がある場合は、当該付表を作成してから付表5-1を作成する。
　　　3　課税売上げにつき返品を受け又は値引き・割戻しをした金額（売上対価の返還等の金額）があり、売上(収入)金額から減算しない方法で経理して経費に含めている場合には、⑥から⑫欄には売上対価の返還等の金額（税抜き）を控除した後の金額を記載する。

(1／2)

(R1.10.1以後終了課税期間用)

(※2枚目は省略しています。)

設例 4　複数事業区分の事業を営む場合
（旧税率取引がある場合）

1 共通事項

1　納　税　地　神戸市中央区中山手通○丁目○番○号

2　法　人　名　国税食品株式会社（法人番号○○○○○○○○○○○○○）

3　代　表　者　国税　二郎

4　電　話　番　号　○○○－○○○－○○○○

2 簡易課税制度に関する事項

1　「消費税簡易課税制度選択届出書」は、平成16年中に提出済。

2　基準期間(自平成29年4月1日至平成30年3月31日)における課税売上高……47,253,250円

3　基準期間における課税売上高が5,000万円以下であるため、簡易課税制度を適用します。

3 消費税及び地方消費税の計算に関する事項

課税期間　：　平成31年4月1日から令和2年3月31日まで

業　　種　：　食品小売業（第二種及び第三種事業）と不動産賃貸業（第六種事業）の兼業

その他　：　免税・非課税及び不課税取引はありません。

項　　　　目		金額（税込み金額）			
		合計	旧税率（8%）	軽減税率	標準税率
①	課税対象となる売上高の合計額	52,555,000 円	26,725,000 円	19,890,000 円	5,940,000 円
	うち　第二種事業	1,572,000 円	860,000 円	712,000 円	－ 円
	うち　第三種事業	39,211,000 円	20,033,000 円	19,178,000 円	－ 円
	うち　第六種事業	11,772,000 円	5,832,000 円	－ 円	5,940,000 円
②	同上に係る対価の返還額	280,000 円	30,000 円	250,000 円	－ 円
	うち　第二種事業	30,000 円	30,000 円	－ 円	－ 円
	うち　第三種事業	250,000 円	－ 円	250,000 円	－ 円
	うち　第六種事業	－ 円	－ 円	－ 円	－ 円
③	貸倒回収額	30,000 円	30,000 円	－ 円	－ 円
④	貸倒処理した金額	－ 円	－	－ 円	－ 円
⑤	中間申告納付税額　（消費税）	450,900 円			
	（地方消費税）	121,600 円			

○　設例に基づく具体的な記載手順

1）課税標準・消費税額等の計算・転記

【説明】

　集計表から、申告書の作成に必要となる次の事項を抜き出し、付表4-1、4-2に計算、転記します。

　なお、貸倒れに係る税額の計算は、消費税額の計算の項目で行うのが一般的ですが、本書では、簡便的に本項目に含めています。

【計算過程】

《付表4-2　旧税率適用分A～C欄》

①欄（課税標準額）
課税標準額を求めます。実際には、先に①-1欄の金額を求め、千円未満を切り捨てます。
①C欄　　24,745,370　→　24,745,000（千円未満切捨て）

①-1欄（課税資産の譲渡等の対価の額）
課税資産の譲渡等（売上げや固定資産の譲渡対価の額など）の対価の額（税込み）を税抜き額に割り戻します。
①-1C欄　　$26,725,000 \times \dfrac{100}{108} = 24,745,370$（第二表の④欄へ転記します。）

②欄（消費税額）
①欄の金額に消費税率を乗じることで、課税資産の譲渡等に係る消費税額を計算します。
②C欄　　$24,745,000 \times 6.3\% = 1,558,935$（付表5-2の①C欄と第二表の⑭欄へ転記します。）

③欄（貸倒回収に係る消費税額）
売掛金等の貸倒回収額（前期損益修正益など）から、貸倒回収に係る消費税額を計算します。
設例の場合は、記載を要しません。

⑤欄（返還等対価に係る税額）
売上げに係る対価の返還額（売上返品や売上値引、売上割戻など）から、返還等対価に係る消費税額を計算します。
⑤C欄　　$30,000 \times \dfrac{6.3}{108} = 1,750$（付表5-2の③C欄へ転記します。）

⑥欄（貸倒れに係る税額）
売掛金等の貸倒れ額から、貸倒れに係る消費税額を計算します。
⑥C欄　　$30,000 \times \dfrac{6.3}{108} = 1,750$

《付表4-2　旧税率小計X欄》

旧税率分を小計しX欄へ記入します。さらに、付表4-1のX欄に転記します。
C欄と同額のため省略します（①、①-1、②、⑤、⑥）。

《付表4-1　軽減・標準税率適用分D～E欄》

---

①欄（課税標準額）
　課税標準額を求めます。実際には、先に①-1欄の金額を求め、千円未満を切り捨てます。

- -

　①D欄　　18,416,666　→　18,416,000（千円未満切捨て）
　①E欄　　5,400,000　→　5,400,000（千円未満切捨て）

---

①-1欄（課税資産の譲渡等の対価の額）
　課税資産の譲渡等（売上げや固定資産の譲渡対価の額など）の対価の額（税込み）を税抜き額に割り戻します。

- -

　①-1D欄　　$19,890,000 \times \dfrac{100}{108} = 18,416,666$（第二表の⑤欄へ転記します。）

　①-1E欄　　$5,940,000 \times \dfrac{100}{110} = 5,400,000$（第二表の⑥欄へ転記します。）

---

②欄（消費税額）
　①欄の金額に消費税率を乗じることで、課税資産の譲渡等に係る消費税額を計算します。

- -

　②D欄　　18,416,000 × 6.24% = 1,149,158（付表5-1の①D欄と第二表の⑮欄へ転記します。）
　②E欄　　5,400,000 × 7.8% = 421,200（付表5-1の①E欄と第二表の⑯欄へ転記します。）

---

③欄（貸倒回収に係る消費税額）
　売掛金等の貸倒回収額（前期損益修正益など）から、貸倒回収に係る消費税額を計算します。

- -

　設例の場合は、記載を要しません。

---

⑤欄（返還等対価に係る税額）
　売上げに係る対価の返還額（売上返品や売上値引、売上割戻など）から、返還等対価に係る消費税額を計算します。

- -

　⑤D欄　　$250,000 \times \dfrac{6.24}{108} = 14,444$（付表5-1の③D欄へ転記します。）

---

⑥欄（貸倒れに係る税額）
　売掛金等の貸倒れ額から、貸倒れに係る消費税額を計算します。

- -

　設例の場合は、記載を要しません。

《付表4-1　合計F欄》

　X欄、D欄、E欄を合計してF欄に記入します。F欄の金額を第一表、第二表及び付表5-1の各欄へ転記します。

- -

　①F欄　　24,745,000 + 18,416,000 + 5,400,000 = 48,561,000（第二表の①欄へ転記します。）
　①-1F欄　　24,745,370 + 18,416,666 + 5,400,000 = 48,562,036（第二表の⑦欄へ転記します。）
　②F欄　　1,558,935 + 1,149,158 + 421,200 = 3,129,293（付表5-1の①F欄と第二表の⑪欄へ転記します。）
　⑤F欄　　1,750 + 14,444 + 0 = 16,194（付表5-1の③F欄と第二表の⑰欄へ転記します。）
　⑥F欄　　1,750 + 0 + 0 = 1,750（第一表の⑥欄へ転記します。）

2）控除対象仕入税額の計算の基礎となる消費税額の計算

付表5-1、5-2　控除対象仕入税額等の計算表
　Ⅰ　控除対象仕入税額の計算の基礎となる消費税額

【説明】

　付表4−1、4−2で計算した額を用いて、控除対象仕入税額の計算の基礎となる消費税額を計算します。

【計算過程】

《付表5−2　旧税率適用分A〜C欄》

①欄（課税標準額に対する消費税額）
　付表4−2の②欄の金額を転記します。
- -
　①C欄　　　（1,558,935）

②欄（貸倒回収に係る消費税額）
　付表4−2の③欄の金額を転記します。
- -
　設例の場合は、記載を要しません。

③欄（売上対価の返還等に係る消費税額）
　付表4−2の⑤欄の金額を転記します。
- -
　③C欄　　　（1,750）

④欄（控除対象仕入税額の計算の基礎となる消費税額）
　控除対象仕入税額の計算の基礎となる消費税額を計算します。
- -
　④C欄　　　1,558,935 ＋ 0 − 1,750 ＝ 1,557,185

《付表5−2　旧税率小計X欄》

旧税率分を小計しX欄へ記入します。さらに、付表5−1のX欄に転記します。
- -
　C欄と同額のため省略します（①、③、④）。

《付表5−1　軽減・標準税率適用分D〜E欄》

①欄（課税標準額に対する消費税額）
　付表4−1の②欄の金額を転記します。
- -
　①D欄　　　（1,149,158）
　①E欄　　　（421,200）

②欄（貸倒回収に係る消費税額）
　付表4−1の③欄の金額を転記します。
- -
　設例の場合は、記載を要しません。

③欄（売上対価の返還等に係る消費税額）
　付表4−1の⑤欄の金額を転記します。
- -
　③D欄　　　（14,444）

④欄（控除対象仕入税額の計算の基礎となる消費税額）
　控除対象仕入税額の計算の基礎となる消費税額を計算します。
- -
　④D欄　　　1,149,158 ＋ 0 − 14,444 ＝ 1,134,714
　④E欄　　　421,200 ＋ 0 − 0 ＝ 421,200

《付表5-1 合計F欄》

X欄、D欄、E欄を合計してF欄に記入します。
①F欄　1,558,935 ＋ 1,149,158 ＋ 421,200 ＝ 3,129,293
③F欄　1,750 ＋ 14,444 ＋ 0 ＝ 16,194
④F欄　1,557,185 ＋ 1,134,714 ＋ 421,200 ＝ 3,113,099

3) 1種類の事業の専業者の場合の控除対象仕入税額

付表5-1、5-2　控除対象仕入税額等の計算表
Ⅱ　1種類の事業の専業者の場合の控除対象仕入税額

【説明】

　課税売上高に専業の事業区分のみなし仕入率を乗じて控除対象仕入税額を計算します。

　設例は、複数の事業区分の事業を営んでいるため、該当しません。

4) 2種類以上の事業を営む事業者の場合の控除対象仕入税額

付表5-1、5-2　控除対象仕入税額等の計算表
Ⅲ　2種類以上の事業を営む事業者の場合の控除対象仕入税額
⑴　事業区分別の課税売上高（税抜き）の明細（売上割合の計算）

【説明】

　全ての事業区分別の課税売上高（税抜き）を計算し、続いて事業区分別の売上割合を計算します。

　ここで用いる課税売上高は、売上げに係る対価の返還（返品・値引き・割戻し）を控除した額、つまり課税資産の譲渡等によって、実際に受け取った対価の額を用いることに留意してください。

【計算過程】

《付表5-2　旧税率適用分A～C欄》

⑥欄（事業区分別の合計額）
事業区分別の課税売上高（税抜き）を合計します。実際には、先に⑦欄から⑫欄で事業区分別の課税売上高を求めてから、各欄の金額を合計します。
⑥C欄　768,519 ＋ 18,549,074 ＋ 5,400,000 ＝ 24,717,593

⑦欄から⑫欄（第一種事業から第六種事業）
事業区分別の課税売上高（税込み）を税抜き額に割り戻します。
⑧C欄　$860,000 \times \dfrac{100}{108} - 30,000 \times \dfrac{100}{108} = 768,519$
⑨C欄　$20,033,000 \times \dfrac{100}{108} = 18,549,074$
⑫C欄　$5,832,000 \times \dfrac{100}{108} = 5,400,000$

《付表5-2　旧税率小計X欄》

旧税率分を小計しX欄へ記入します。さらに、付表5-1のX欄に転記します。
- -
　C欄と同額のため省略します（⑥、⑧、⑨、⑫）。

《付表5-1　軽減・標準税率適用分D～E欄》

⑥欄（事業区分別の合計額）
　事業区分別の課税売上高（税抜き）を合計します。実際には、先に⑦欄から⑫欄で事業区分別の課税売上高を求めてから、各欄の金額を合計します。
- -
　⑥D欄　　659,259 ＋ 17,525,926 ＝ 18,185,185
　⑥E欄　　5,400,000 ＝ 5,400,000

⑦欄から⑫欄（第一種事業から第六種事業）
　事業区分別の課税売上高（税込み）を税抜き額に割り戻します。
　F欄の売上割合は、⑥F欄の課税売上高の合計が終わってから計算します。
- -
　⑧D欄　　$712,000 \times \frac{100}{108} = 659,259$

　⑨D欄　　$19,178,000 \times \frac{100}{108} - 250,000 \times \frac{100}{108} = 17,525,926$

　⑫E欄　　$5,940,000 \times \frac{100}{110} = 5,400,000$

《付表5-1　合計F欄》

X欄、D欄、E欄を合計してF欄に記入します。
- -
　⑥F欄　　24,717,593 ＋ 18,185,185 ＋ 5,400,000 ＝ 48,302,778
　⑧F欄　　768,519 ＋ 659,259 ＝ 1,427,778
　　　　　　1,427,778 ÷ 48,302,778 ＝ 0.0295　→　2.9%
　⑨F欄　　18,549,074 ＋ 17,525,926 ＝ 36,075,000
　　　　　　36,075,000 ÷ 48,302,778 ＝ 0.7468　→　74.6%
　⑫F欄　　5,400,000 ＋ 5,400,000 ＝ 10,800,000
　　　　　　10,800,000 ÷ 48,302,778 ＝ 0.2235　→　22.3%
　⑦F欄から⑫F欄の事業区分別の課税売上高（税抜き）と売上割合を第一表の「事業区分」欄へ転記します。

付表5-1、5-2　控除対象仕入税額等の計算表
　Ⅲ　2種類以上の事業を営む事業者の場合の控除対象仕入税額
　　(2)　(1)の事業区分別の課税売上高に係る消費税額の明細

【説明】

　事業区分別の課税売上高に係る消費税額を計算します。

【計算過程】

《付表5-2　旧税率適用分A～C欄》

⑬欄（事業区分別の合計額）
　事業区分別の課税売上高に係る消費税額を合計します。実際には、先に⑭欄から⑲欄を求めてから、各欄の金額を合計します。
- -
　⑬C欄　　48,416 ＋ 1,168,591 ＋ 340,200 ＝ 1,557,207

⑭欄から⑲欄（第一種事業から第六種事業）
　⑦欄から⑫欄の事業区分別の課税売上高に消費税率を乗じることで、事業区分別の課税売上高に係る消費税額を計算します。

⑮C欄　　$860,000 \times \dfrac{6.3}{108} - 30,000 \times \dfrac{6.3}{108} = 48,416$

⑯C欄　　$20,033,000 \times \dfrac{6.3}{108} = 1,168,591$

⑲C欄　　$5,832,000 \times \dfrac{6.3}{108} = 340,200$

《付表5－2　旧税率小計X欄》

旧税率分を小計しX欄へ記入します。さらに、付表5－1のX欄に転記します。
　C欄と同額のため省略します（⑬、⑮、⑯、⑲）。

《付表5－1　軽減・標準税率適用分D～E欄》

⑬欄（事業区分別の合計額）
　事業区分別の課税売上高に係る消費税額を合計します。実際には、先に⑭欄から⑲欄を求めてから、各欄の金額を合計します。

⑬D欄　　$41,137 + 1,093,618 = 1,134,755$
⑬E欄　　$421,200 = 421,200$

⑭欄から⑲欄（第一種事業から第六種事業）
　⑦欄から⑫欄の事業区分別の課税売上高に消費税率を乗じることで、事業区分別の課税売上高に係る消費税額を計算します。

⑮D欄　　$712,000 \times \dfrac{6.24}{108} = 41,137$

⑯D欄　　$19,178,000 \times \dfrac{6.24}{108} - 250,000 \times \dfrac{6.24}{108} = 1,093,618$

⑲E欄　　$5,940,000 \times \dfrac{7.8}{110} = 421,200$

《付表5－1　合計F欄》

X欄、D欄、E欄を合計してF欄に記入します。
⑬F欄　　$1,557,207 + 1,134,755 + 421,200 = 3,113,162$
⑮F欄　　$48,416 + 41,137 + 0 = 89,553$
⑯F欄　　$1,168,591 + 1,093,618 + 0 = 2,262,209$
⑲F欄　　$340,200 + 0 + 421,200 = 761,400$

付表5－1、5－2　控除対象仕入税額等の計算表
　Ⅲ　2種類以上の事業を営む事業者の場合の控除対象仕入税額
　　（3）　控除対象仕入税額の計算式区分の明細

【説明】
　2種類以上の事業を営む場合、控除対象仕入税額の計算方法は、原則計算による方法のほか、1種類又は2種類の事業区分の売上割合が75％以上の場合には、特例計算による方法がありますので、それぞれの計算方法の適用を確認し計算をします。

【計算過程】

《付表5－2　旧税率適用分A～C欄》
（原則計算を適用する場合）

⑳欄（原則計算を適用する場合）
　④欄で求めた控除対象仕入税額の計算の基礎となる消費税額に、事業区分別のみなし仕入率を加重したみなし仕入率を乗じて控除対象仕入税額を計算します。

$$⑳C欄\quad 1,557,185 \times \frac{48,416 \times 80\% + 1,168,591 \times 70\% + 340,200 \times 40\%}{1,557,207} = 1,557,185$$

$$\times \frac{38,732 + 818,013 + 136,080}{1,557,207} = 1,557,185 \times \frac{992,825}{1,557,207} = 992,810$$

（1種類の事業で75%以上）

㉑欄（1種類の事業で75%以上）
　付表5－1のⅢ⑴のF欄の売上割合において、1種類の事業区分の売上割合が75%以上の場合に、当該事業区分のみなし仕入率を用いて控除対象仕入税額を計算します。

　設例の場合、いずれの事業区分も75%未満のため、適用がありません。

（2種類の事業で75%以上）

㉒欄から㊱欄（2種類の事業で75%以上）
　付表5－1のⅢ⑴のF欄の売上割合において、2種類の事業区分の売上割合が合計して75%以上の場合、各欄に記載された計算式を用いて加重したみなし仕入率を用いて控除対象仕入税額を計算します。

　設例の場合、第二種事業と第三種事業の組み合わせと第三種事業と第六種事業の組み合わせの売上割合の合計が75%以上のため、適用があります。税率ごとにみなし仕入率を計算します。

○第二種事業と第三種事業

$$㉗C欄\quad 1,557,185 \times \frac{48,416 \times 80\% + (1,557,207 - 48,416) \times 70\%}{1,557,207} = 1,557,185 \times$$

$$\frac{38,732 + 1,056,153}{1,557,207} = 1,557,185 \times \frac{1,094,885}{1,557,207} = 1,094,869$$

○第三種事業と第六種事業

$$㉝C欄\quad 1,557,185 \times \frac{1,168,591 \times 70\% + (1,557,207 - 1,168,591) \times 40\%}{1,557,207} = 1,557,185 \times$$

$$\frac{818,013 + 155,446}{1,557,207} = 1,557,185 \times \frac{973,459}{1,557,207} = 973,445$$

《付表5－2　旧税率小計X欄》

旧税率分を小計しX欄へ記入します。さらに、付表5－1のX欄に転記します。
　C欄（⑳、㉗、㉝）と同額のため省略します。

《付表5－1　軽減・標準税率適用分D～E欄》
（原則計算を適用する場合）

⑳欄（原則計算を適用する場合）
　④欄で求めた控除対象仕入税額の計算の基礎となる消費税額に、事業区分別のみなし仕入率を加重したみなし仕入率を乗じて控除対象仕入税額を計算します。

㉑D欄　　　$1,134,714 \times \dfrac{41,137 \times 80\% + 1,093,618 \times 70\%}{1,134,755} = 1,134,714 \times \dfrac{32,909 + 765,532}{1,134,755} =$ $\qquad 1,134,714 \times \dfrac{798,441}{1,134,755} = 798,412$ ㉑E欄　　　$421,200 \times \dfrac{421,200 \times 40\%}{421,200} = 421,200 \times \dfrac{168,480}{421,200} = 168,480$

（1種類の事業で75％以上）

㉑欄（1種類の事業で75％以上）
付表5－1のⅢ(1)のF欄の売上割合において、1種類の事業区分の売上割合が75％以上の場合に、当該事業区分のみなし仕入率を用いて控除対象仕入税額を計算します。
設例の場合、いずれの事業区分も75％未満のため、適用がありません。

（2種類の事業で75％以上）

㉒欄から㊱欄（2種類の事業で75％以上）
付表5－1のⅢ(1)のF欄の売上割合において、2種類の事業区分の売上割合が合計して75％以上の場合、各欄に記載された計算式を用いて加重したみなし仕入率を用いて控除対象仕入税額を計算します。
設例の場合、第二種事業と第三種事業の組み合わせと第三種事業と第六種事業の組み合わせの売上割合の合計が75％以上のため、適用があります。税率ごとにみなし仕入率を計算します。
○第二種事業と第三種事業
㉗D欄　　　$1,134,714 \times \dfrac{41,137 \times 80\% + (1,134,755 - 41,137) \times 70\%}{1,134,755} = 1,134,714 \times$ $\qquad \dfrac{32,909 + 765,532}{1,134,755} = 1,134,714 \times \dfrac{798,441}{1,134,755} = 798,412$ ㉗E欄　　　$421,200 \times \dfrac{0 \times 80\% + (421,200 - 0) \times 70\%}{421,200} = 421,200 \times \dfrac{0 + 294,840}{421,200} = 294,840$
○第三種事業と第六種事業
㉝D欄　　　$1,134,714 \times \dfrac{1,093,618 \times 70\% + (1,134,755 - 1,093,618) \times 40\%}{1,134,755} = 1,134,714 \times$ $\qquad \dfrac{765,532 + 16,454}{1,134,755} = 1,134,714 \times \dfrac{781,986}{1,134,755} = 781,957$ ㉝E欄　　　$421,200 \times \dfrac{421,200 \times 40\%}{421,200} = 421,200 \times \dfrac{168,480}{421,200} = 168,480$

《付表5－1　合計欄》

X欄、D欄、E欄を合計してF欄に記入します。
㉑F欄　　　$992,810 + 798,412 + 168,480 = 1,959,702$ ㉗F欄　　　$1,094,869 + 798,412 + 294,840 = 2,188,121$ ㉝F欄　　　$973,445 + 781,957 + 168,480 = 1,923,882$

（選択した控除対象仕入税額）
《付表5－2　旧税率適用分A～C欄》

㊲欄（上記の計算式区分から選択した控除対象仕入税額）
㉑欄から㊱欄で計算した金額から、控除対象仕入税額を選択して記載します。   税率が異なるごとに異なる計算方法による控除対象仕入税額を選択することはできません。

設例の場合、第二種事業及び第三種事業の組み合わせによる方法（㉗欄）を選択します。

㊲Ｃ欄　　1,094,869（付表４－２の④Ｃ欄へ転記します。）

《付表５－２》

旧税率分を小計しＸ欄へ記入します。さらに、付表５－１のＸ欄に転記します。

Ｃ欄と同額のため省略します（㊲）。

《付表５－１　軽減・標準税率適用分Ｄ～Ｅ欄》

㊲欄（上記の計算式区分から選択した控除対象仕入税額）

㉒欄から㊱欄で計算した金額から、控除対象仕入税額を選択して記載します。

税率が異なるごとに異なる計算方法による控除対象仕入税額を選択することはできません。

設例の場合、第二種事業及び第三種事業の２種類の事業で75％以上による方法（㉗欄）を選択します。

㊲Ｄ欄　　798,412（付表４－１の④Ｄ欄へ転記します。）
㊲Ｅ欄　　294,840（付表４－１の④Ｅ欄へ転記します。）

《付表５－１　合計欄》

Ｘ欄、Ｄ欄、Ｅ欄を合計してＦ欄に記入します。

㊲Ｆ欄　　1,094,869 ＋ 798,412 ＋ 294,840 ＝ 2,188,121（付表４－１の④Ｆ欄へ転記します。）

5）消費税額の計算

付表４－１、４－２　税率別消費税額計算表兼地方消費税の課税標準となる消費税額計算表

【説明】

付表５－１、５－２で、控除対象仕入税額の計算が終わったので、付表４－１、４－２に戻り、消費税額と地方消費税額を計算します。

【計算過程】

《付表４－２　旧税率適用分Ａ～Ｃ欄》
（消費税額の計算）

④欄（控除対象仕入税額）

付表５－２の⑤欄又は㊲欄の金額を転記します。

④Ｃ欄　　（1,094,869）

⑦欄（控除税額小計）

控除税額の④欄から⑥欄までの金額を合計します。

⑦Ｃ欄　　1,094,869 ＋ 1,750 ＋ 1,750 ＝ 1,098,369

⑧欄（控除不足還付税額）又は⑨欄（差引税額）

課税標準額に係る消費税額、貸倒回収に係る消費税額、控除税額を加減算することで、控除不足還付税額又は差引税額を求めます。

⑨Ｃ欄　　1,558,935 ＋ 0 － 1,098,369 ＝ 460,566（⑫Ｃ欄へ転記します。）

（地方消費税額の計算）

⑪欄（控除不足還付税額）又は⑫欄（差引税額）
　地方消費税の課税標準となる消費税額として、⑧欄又は⑨欄の金額を転記します。
- -
　⑫Ｃ欄　　（460,566）

⑬欄（合計差引地方消費税の課税標準となる消費税額）
　⑪欄と⑫欄を差し引きし、地方消費税の課税標準となる消費税額を求めます。
- -
　⑬Ｃ欄　　460,566 − 0 = 460,566（第二表の㉒欄へ転記します。）

⑭欄（還付額）又は⑮欄（納税額）
　⑪欄と⑫欄に地方消費税の税率を乗じて還付額又は納税額を計算します。
- -
　⑮Ｃ欄　　$460,566 \times \dfrac{17}{63} = 124,279$

《付表4−2　旧税率小計Ｘ欄》

旧税率分を小計しＸ欄へ記入します。さらに、付表4−1のＸ欄に転記します。
- -
　Ｃ欄と同額のため省略します（④、⑦、⑨、⑫、⑬、⑮）。

《付表4−1　軽減・標準税率適用分Ｄ～Ｅ欄》
（消費税額の計算）

④欄（控除対象仕入税額）
　付表5−1の⑤又は㊲欄の金額を転記します。
- -
　④Ｄ欄　　（798,412）
　④Ｅ欄　　（294,840）

⑦欄（控除税額小計）
　控除税額の④欄から⑥欄までの金額を合計します。
- -
　⑦Ｄ欄　　798,412 + 14,444 + 0 = 812,856
　⑦Ｅ欄　　294,840 + 0 + 0 = 294,840

⑧欄（控除不足還付税額）又は⑨欄（差引税額）
　課税標準額に係る消費税額、貸倒回収に係る消費税額、控除税額を加減算することで、控除不足還付税額又は差引税額を求めます。
- -
　⑨Ｄ欄　　1,149,158 + 0 − 812,856 = 336,302
　⑨Ｅ欄　　421,200 + 0 − 294,840 = 126,360

（地方消費税額の計算）

⑪欄（控除不足還付税額）又は⑫欄（差引税額）
　地方消費税の課税標準となる消費税額として、軽減税率と標準税率の⑧欄又は⑨欄の金額を合計して転記します。
- -
　⑫Ｅ欄　　336,302 + 126,360 = 462,662

⑬欄（合計差引地方消費税の課税標準となる消費税額）
　⑪欄と⑫欄を差し引きし、地方消費税の課税標準となる消費税額を求めます。
- -
　⑬Ｅ欄　　462,662 − 0 = 462,662（第二表の㉓欄へ転記します。）

⑭欄（還付額）又は⑮欄（納税額）
　⑪欄と⑫欄に地方消費税の税率を乗じて還付額又は納税額を計算します。

- -

　⑮Ｅ欄　　　$462,662 \times \dfrac{22}{78} = 130,494$

《付表4－1　合計Ｆ欄》

Ｘ欄、Ｄ欄、Ｅ欄を合計してＦ欄に記入します。さらに、Ｆ欄の金額を第一表へ転記します。
　④Ｆ欄は付表5－1のＦ欄又は㊲Ｆ欄の金額を転記します。
　⑩欄（合計差引税額）は、税率の異なるごとに計算した⑧欄と⑨欄を差し引きし、合計差引税額（消費税額）を求めます。
　⑯欄（合計差引譲渡割額）は、税率の異なるごとに計算した⑭欄と⑮欄を差し引きし、合計差引譲渡割額（地方消費税額）を求めます。

- -

　④Ｆ欄　　　（2,188,121）（第一表の④欄へ転記します。）
　⑦Ｆ欄　　　1,098,369 ＋ 812,856 ＋ 294,840 ＝ 2,206,065（第一表の⑦欄へ転記します。）
　⑨Ｆ欄　　　460,566 ＋ 336,302 ＋ 126,360 ＝ 923,228
　⑩Ｆ欄　　　923,228 － 0 ＝ 923,228（マイナスの場合は第一表の⑧欄へ、プラスの場合は第一表の⑨
　　　　　　　欄へ転記します。）
　⑫Ｆ欄　　　460,566 ＋ 462,662 ＝ 923,228
　⑬Ｆ欄　　　460,566 ＋ 462,662 ＝ 923,228（マイナスの場合は第一表の⑰欄へ、プラスの場合は第一
　　　　　　　表の⑱欄へ転記します。第二表の⑳欄へ転記します。）
　⑮Ｆ欄　　　124,279 ＋ 130,494 ＝ 254,773
　⑯Ｆ欄　　　254,773 － 0 ＝ 254,773（マイナスの場合は第一表の⑲欄へ、プラスの場合は第一表の⑳
　　　　　　　欄へ転記します。）

6）申告書等の作成

申告書第一表、第二表（課税標準額等の内訳書）

【説明】

　申告書第一表と第二表を用いて、消費税及び地方消費税の納付税額又は還付税額を計算します。

【計算過程】

《申告書第二表》

　第二表は、特定課税仕入れに関する部分以外が、付表4－1、4－2から転記され完成しています。特定課税仕入れに関する事項があれば追加します。

- -

　申告書第二表から第一表に転記するものと、⑱欄は次のとおりです。
　①欄　　　（48,561,000）（第一表の①欄へ転記します。）
　⑪欄　　　（3,129,293）（第一表の②欄へ転記します。）
　⑰欄　　　（16,194）（第一表の⑤欄へ転記します。）
　⑱欄　　　（16,194）

205

《申告書第一表》

第一表は、中間納付税額までの部分（①欄から⑨欄、⑰欄から⑳欄）は第二表、付表4－1から転記され完成していますので、中間納付税額以降を完成させます。

第一表のうち、①欄から⑨欄、⑰欄から⑳欄は、第二表、付表4－1から転記され完成しています。その他の欄は次のとおりです。

⑩欄　　（450,900）

⑪欄　　923,200 － 450,900 ＝ 472,300

⑮欄　　$\left(26{,}725{,}000 \times \dfrac{100}{108} - 30{,}000 \times \dfrac{100}{108}\right) + \left(19{,}890{,}000 \times \dfrac{100}{108} - 250{,}000 \times \dfrac{100}{108}\right) +$

　　　　$5{,}940{,}000 \times \dfrac{100}{110} = 48{,}302{,}778$

⑯欄　　（47,253,250）

㉑欄　　（121,600）

㉒欄　　254,700 － 121,600 ＝ 133,100

㉖欄　　472,300 ＋ 133,100 ＝ 605,400

《付記事項・参考事項》

特別な売上計上基準の適用の有無、課税標準額に対する消費税額の計算の特例の適用の有無、特例計算の適用の有無を記載します。

（特別な売上計上基準の適用の有無）
いずれも適用がありませんので、無に〇を付します。

（課税標準額に対する消費税額の計算の特例の適用の有無）
適用がありませんので、無に〇を付します。

（事業区分の課税売上高と売上割合）
付表5－1の⑦Ｆ欄から⑫Ｆ欄の事業区分別の課税売上高（税抜き）と売上割合を転記します。
（特例計算の適用の有無）
控除対象仕入税額の計算において、特例計算を適用していますので、有に〇を付します。

この用紙はとじこまないでください。

GK0405　㊙

第3-(3)号様式

令和　年　月　日　　　　　　　　税務署長殿

納税地　神戸市中央区中山手通○丁目○番○号
（電話番号　○○○－○○○○－○○○○）

（フリガナ）コクゼイショクヒン　カブシキガイシャ
名称又は屋号　**国税食品　株式会社**

個人番号又は法人番号

（フリガナ）コクゼイ　ジロウ
代表者氏名又は氏名　**国税　二郎**

自 平成・令和 31年04月01日
至 令和 02年03月31日

課税期間分の消費税及び地方消費税の（　確定　）申告書

※税務署処理欄	
一連番号	翌年以降送付不要 ○
申告年月日 令和　年　月　日	
申告区分　指導等　庁指定　局指定	

第一表

令和元年十月一日以後終了課税期間分（簡易課税用）

この申告書による消費税の税額の計算

		十兆千百十億千百十万千百十一円	
課税標準額	①	48561000	03
消費税額	②	3129293	06
貸倒回収に係る消費税額	③		07
控除税額 控除対象仕入税額	④	2188121	08
返還等対価に係る税額	⑤	16194	09
貸倒れに係る税額	⑥	1750	10
控除税額小計(④+⑤+⑥)	⑦	2206065	11
控除不足還付税額(⑦-②-③)	⑧		13
差引税額(②+③-⑦)	⑨	923200	15
中間納付税額	⑩	450900	16
納付税額(⑨-⑩)	⑪	472300	17
中間納付還付税額(⑩-⑨)	⑫	00	18
この申告書が修正申告である場合 既確定税額	⑬		19
差引納付税額	⑭	00	20
この課税期間の課税売上高	⑮	48302778	21
基準期間の課税売上高	⑯	47253250	

この申告書による地方消費税の税額の計算

地方消費税の課税標準となる消費税額 控除不足還付税額	⑰		51
差引税額	⑱	923200	52
譲渡割額 還付額	⑲		53
納税額	⑳	254700	54
中間納付譲渡割額	㉑	121600	55
納付譲渡割額(⑳-㉑)	㉒	133100	56
中間納付還付譲渡割額(㉑-⑳)	㉓	00	57
この申告書が修正申告である場合 既確定譲渡割額	㉔		58
差引納付譲渡割額	㉕	00	59
消費税及び地方消費税の合計(納付又は還付)税額	㉖	605400	60

㉖=(⑪+㉒)-(⑧+⑫+⑲+㉓)・修正申告の場合㉖=⑭+㉕
㉖が還付税額となる場合はマイナス「-」を付してください。

付記事項		○有 ○無	
割賦基準の適用		有 無	31
延払基準等の適用		有 無	32
工事進行基準の適用		有 無	33
現金主義会計の適用		有 無	34
課税標準額に対する消費税額の計算の特例の適用		有 無	35

参考事項 事業区分	課税売上高(免税売上高を除く) 千円	売上割合%	
第1種		.	36
第2種	1,427	2.9	37
第3種	36,075	74.6	38
第4種		.	39
第5種		.	42
第6種	10,800	22.3	43
特例計算適用(令57③)	○有 ○無		40

還付を受けようとする金融機関等
銀行・金庫・組合・農協・漁協　本店・支店・出張所・本所・支所
預金 口座番号
ゆうちょ銀行の貯金記号番号
郵便局名等
※税務署整理欄

税理士署名
（電話番号　－　－　）

○ 税理士法第30条の書面提出有
○ 税理士法第33条の2の書面提出有

第3−（2）号様式

課税標準額等の内訳書

納税地	神戸市中央区中山手通○丁目○番○号
	（電話番号　○○○ − ○○○ − ○○○○　）
（フリガナ）	コクゼイショクヒン　　カブシキガイシャ
名　称 又は屋号	国税食品　株式会社
（フリガナ）	コクゼイ　　　ジロウ
代表者氏名 又は氏名	国税　二郎

改正法附則による税額の特例計算

軽減売上割合（10営業日）	◯	附則38①	51
小売等軽減仕入割合	◯	附則38②	52
小売等軽減売上割合	◯	附則39①	53

第二表

OCR入力用（この用紙は機械で読み取ります。折ったり汚したりしないでください。）

令和元年十月一日以後終了課税期間分

自 平成・令和 **31**年**04**月**01**日
至 令和 **02**年**03**月**31**日

課税期間分の消費税及び地方消費税の（　確定　）申告書

中間申告の場合の対象期間　自 平成・令和 ☐☐年☐☐月☐☐日　至 令和 ☐☐年☐☐月☐☐日

課　税　標　準　額 ※申告書（第一表）の①欄へ	①	十兆千百十億千百十万千百十一円　　　　　　4 8 5 6 1 0 0 0	01

課税資産の 譲渡等の 対価の額 の合計額	3　％適用分 ②		02
	4　％適用分 ③		03
	6.3　％適用分 ④	2 4 7 4 5 3 7 0	04
	6.24　％適用分 ⑤	1 8 4 1 6 6 6 6	05
	7.8　％適用分 ⑥	5 4 0 0 0 0 0	06
	⑦	4 8 5 6 2 0 3 6	07
特定課税仕入れ に係る支払対価 の額の合計額 （注1）	6.3　％適用分 ⑧		11
	7.8　％適用分 ⑨		12
	⑩		13

消　費　税　額 ※申告書（第一表）の②欄へ	⑪	3 1 2 9 2 9 3	21
⑪　の　内　訳	3　％適用分 ⑫		22
	4　％適用分 ⑬		23
	6.3　％適用分 ⑭	1 5 5 8 9 3 5	24
	6.24　％適用分 ⑮	1 1 4 9 1 5 8	25
	7.8　％適用分 ⑯	4 2 1 2 0 0	26

返　還　等　対　価　に　係　る　税　額 ※申告書（第一表）の⑤欄へ	⑰	1 6 1 9 4	31
⑰の内訳	売上げの返還等対価に係る税額 ⑱	1 6 1 9 4	32
	特定課税仕入れの返還等対価に係る税額 （注1） ⑲		33

地方消費税の 課税標準となる 消費税額 （注2）		⑳	9 2 3 2 2 8	41
	4　％適用分	㉑		42
	6.3　％適用分	㉒	4 6 0 5 6 6	43
	6.24%及び7.8％適用分	㉓	4 6 2 6 6 2	44

（注1）⑧〜⑩及び⑲欄は、一般課税により申告する場合で、課税売上割合が95％未満、かつ、特定課税仕入れがある事業者のみ記載します。
（注2）⑳〜㉓欄が還付税額となる場合はマイナス「−」を付してください。

第4-(3)号様式

付表4－1　税率別消費税額計算表　兼　地方消費税の課税標準となる消費税額計算表　　　　簡 易

課税期間	31 ·4 ·1 ～ 2 ·3 ·31	氏名又は名称	国税食品（株）

区　分		旧税率分小計 X	税率6.24％適用分 D	税率7.8％適用分 E	合　計　F (X＋D＋E)
課税標準額	①	(付表4-2の①X欄の金額) 円 24,745,000	円 18,416,000	円 5,400,000	※第二表の①欄へ 円 48,561,000
課税資産の譲渡等の対価の額	①-1	(付表4-2の①-1X欄の金額) 24,745,370	※第二表の⑤欄へ 18,416,666	※第二表の⑥欄へ 5,400,000	※第二表の⑦欄へ 48,562,036
消費税額	②	(付表4-2の②X欄の金額) 1,558,935	※付表5-1の①D欄へ ※第二表の⑮欄へ 1,149,158	※付表5-1の①E欄へ ※第二表の⑯欄へ 421,200	※付表5-1の①F欄へ ※第二表の⑪欄へ 3,129,293
貸倒回収に係る消費税額	③	(付表4-2の③X欄の金額)	※付表5-1の②D欄へ	※付表5-1の②E欄へ	※付表5-1の②F欄へ ※第一表の③欄へ
控除税額	控除対象仕入税額 ④	(付表4-2の④X欄の金額) 1,094,869	(付表5-1の⑤D欄又は㉑D欄の金額) 798,412	(付表5-1の⑤E欄又は㉑E欄の金額) 294,840	(付表5-1の⑤F欄又は㉑F欄の金額) ※第一表の④欄へ 2,188,121
	返還等対価に係る税額 ⑤	(付表4-2の⑤X欄の金額) 1,750	※付表5-1の③D欄へ 14,444	※付表5-1の③E欄へ	※付表5-1の③F欄へ ※第二表の⑰欄へ 16,194
	貸倒れに係る税額 ⑥	(付表4-2の⑥X欄の金額) 1,750			※第一表の⑥欄へ 1,750
	控除税額小計 (④＋⑤＋⑥) ⑦	(付表4-2の⑦X欄の金額) 1,098,369	812,856	294,840	※第一表の⑦欄へ 2,206,065
控除不足還付税額 (⑦－②－③)	⑧	(付表4-2の⑧X欄の金額)	※⑪E欄へ	※⑪E欄へ	
差引税額 (②＋③－⑦)	⑨	(付表4-2の⑨X欄の金額) 460,566	※⑫E欄へ 336,302	※⑫E欄へ 126,360	923,228
合計差引税額 (⑨－⑧)	⑩				※マイナスの場合は第一表の⑧欄へ ※プラスの場合は第一表の⑨欄へ 923,228
地方消費税の課税標準となる消費税額	控除不足還付税額 ⑪	(付表4-2の⑪X欄の金額)		(⑧D欄と⑧E欄の合計金額)	
	差引税額 ⑫	(付表4-2の⑫X欄の金額) 460,566		(⑨D欄と⑨E欄の合計金額) 462,662	923,228
合計差引地方消費税の課税標準となる消費税額 (⑫－⑪)	⑬	(付表4-2の⑬X欄の金額) 460,566		※第二表の㉓欄へ (注3) 462,662	※マイナスの場合は第一表の⑫欄へ ※プラスの場合は第一表の⑱欄へ ※第二表の㉑欄へ 923,228
譲渡割額	還付額 ⑭	(付表4-2の⑭X欄の金額)		(⑪E欄×22/78) (注3)	
	納税額 ⑮	(付表4-2の⑮X欄の金額) 124,279		(⑫E欄×22/78) (注3) 130,494	254,773
合計差引譲渡割額 (⑮－⑭)	⑯				※マイナスの場合は第一表の⑲欄へ ※プラスの場合は第一表の⑳欄へ 254,773

注意 1　金額の計算においては、1円未満の端数を切り捨てる。
　　 2　旧税率が適用された取引がある場合は、付表4-2を作成してから当該付表を作成する。
　　 3　旧税率が適用された取引がない場合(X欄に記載すべき金額がない場合)には、⑬～⑮E欄の各欄の記載は次のとおりとなる。
　　　(1)「⑫E欄-⑪E欄」がマイナスの場合
　　　　⑬E欄に1円未満の端数を切り捨てた金額を記載し、⑭E欄に「(⑪E欄-⑫E欄)×22/78」により計算した金額を記載する(⑮E欄の記載は不要)。
　　　(2)「⑫E欄-⑪E欄」がプラスの場合
　　　　⑬E欄に100円未満の端数を切り捨てた金額を記載し、⑮E欄に「⑬E欄×22/78」により計算した金額を記載する(⑭E欄の記載は不要)。

(R1.10.1以後終了課税期間用)

209

付表4－2　税率別消費税額計算表　兼　地方消費税の課税標準となる消費税額計算表
〔経過措置対象課税資産の譲渡等を含む課税期間用〕

簡　易

課　税　期　間	31・4・1 ～ 2・3・31	氏名又は名称	国税食品（株）

区　　　　分		税率3％適用分 A	税率4％適用分 B	税率6.3％適用分 C	旧税率分小計 X (A+B+C)
課　税　標　準　額	①	000	000	24,745,000	24,745,000
課税資産の譲渡等の対価の額	①-1	※第二表の②欄へ	※第二表の③欄へ	※第二表の④欄へ 24,745,370	※付表4-1の①-1X欄へ 24,745,370
消　費　税　額	②	※付表5-2の①A欄へ ※第二表の⑫欄へ	※付表5-2の①B欄へ ※第二表の⑬欄へ	※付表5-2の①C欄へ ※第二表の⑭欄へ 1,558,935	※付表4-1の②X欄へ 1,558,935
貸倒回収に係る消費税額	③	※付表5-2の②A欄へ	※付表5-2の②B欄へ	※付表5-2の②C欄へ	※付表4-1の③X欄へ
控除 控除対象仕入税額	④	(付表5-2の⑤A欄又は㉗A欄の金額)	(付表5-2の⑤B欄又は㉗B欄の金額)	(付表5-2の⑤C欄又は㉗C欄の金額) 1,094,869	※付表4-1の④X欄へ 1,094,869
税 返還等対価に係る税額	⑤	※付表5-2の③A欄へ	※付表5-2の③B欄へ	※付表5-2の③C欄へ 1,750	※付表4-1の⑤X欄へ 1,750
額 貸倒れに係る税額	⑥			1,750	※付表4-1の⑥X欄へ 1,750
控除税額小計(④+⑤+⑥)	⑦			1,098,369	※付表4-1の⑦X欄へ 1,098,369
控除不足還付税額(⑦-②-③)	⑧		※⑪B欄へ	※⑪C欄へ	※付表4-1の⑧X欄へ
差　引　税　額(②+③-⑦)	⑨		※⑫B欄へ	※⑫C欄へ 460,566	※付表4-1の⑨X欄へ 460,566
合　計　差　引　税　額(⑨-⑧)	⑩				
控除不足還付税額	⑪		(⑧B欄の金額)	(⑧C欄の金額)	※付表4-1の⑪X欄へ
差　引　税　額	⑫		(⑨B欄の金額)	(⑨C欄の金額) 460,566	※付表4-1の⑫X欄へ 460,566
合計差引地方消費税の課税標準となる消費税額(⑫-⑪)	⑬		※第二表の㉑欄へ	※第二表の㉒欄へ 460,566	※付表4-1の⑬X欄へ 460,566
譲渡割額 還付額	⑭		(⑪B欄×25/100)	(⑪C欄×17/63)	※付表4-1の⑭X欄へ
納税額	⑮		(⑫B欄×25/100)	(⑫C欄×17/63) 124,279	※付表4-1の⑮X欄へ 124,279
合計差引譲渡割額(⑮-⑭)	⑯				

注意　1　金額の計算においては、1円未満の端数を切り捨てる。
　　　2　旧税率が適用された取引がある場合は、当該付表を作成してから付表4-1を作成する。

(R1.10.1以後終了課税期間用)

第4-(4)号様式

付表5-1　控除対象仕入税額等の計算表

簡易

| 課税期間 | 31・4・1～2・3・31 | 氏名又は名称 | 国税食品（株） |

Ⅰ　控除対象仕入税額の計算の基礎となる消費税額

項　目		旧税率分小計 X	税率6.24%適用分 D	税率7.8%適用分 E	合計 F (X+D+E)
課税標準額に対する消費税額	①	1,558,935	1,149,158	421,200	3,129,293
貸倒回収に係る消費税額	②				
売上対価の返還等に係る消費税額	③	1,750	14,444		16,194
控除対象仕入税額の計算の基礎となる消費税額（①+②-③）	④	1,557,185	1,134,714	421,200	3,113,099

Ⅱ　1種類の事業の専業者の場合の控除対象仕入税額

項　目		旧税率分小計 X	税率6.24%適用分 D	税率7.8%適用分 E	合計 F (X+D+E)
④ × みなし仕入率 (90%・80%・70%・60%・50%・40%)	⑤				

Ⅲ　2種類以上の事業を営む事業者の場合の控除対象仕入税額

(1) 事業区分別の課税売上高（税抜き）の明細

項　目		旧税率分小計 X	税率6.24%適用分 D	税率7.8%適用分 E	合計 F (X+D+E)	売上割合
事業区分別の合計額	⑥	24,717,593	18,185,185	5,400,000	48,302,778	%
第一種事業（卸売業）	⑦					
第二種事業（小売業等）	⑧	768,519	659,259		1,427,778	2.9
第三種事業（製造業等）	⑨	18,549,074	17,525,926		36,075,000	74.6
第四種事業（その他）	⑩					
第五種事業（サービス業等）	⑪					
第六種事業（不動産業）	⑫	5,400,000		5,400,000	10,800,000	22.3

(2) (1)の事業区分別の課税売上高に係る消費税額の明細

項　目		旧税率分小計 X	税率6.24%適用分 D	税率7.8%適用分 E	合計 F (X+D+E)
事業区分別の合計額	⑬	1,557,207	1,134,755	421,200	3,113,162
第一種事業（卸売業）	⑭				
第二種事業（小売業等）	⑮	48,416	41,137		89,553
第三種事業（製造業等）	⑯	1,168,591	1,093,618		2,262,209
第四種事業（その他）	⑰				
第五種事業（サービス業等）	⑱				
第六種事業（不動産業）	⑲	340,200		421,200	761,400

注意　1　金額の計算においては、1円未満の端数を切り捨てる。
　　　2　旧税率が適用された取引がある場合は、付表5-2を作成してから当該付表を作成する。
　　　3　課税売上につき返品を受け又は値引き・割戻しをした金額（売上対価の返還等の金額）があり、売上（収入）金額から減算しない方法で経理して経費に含めている場合には、⑥から⑫欄には売上対価の返還等の金額（税抜き）を控除した後の金額を記載する。

(1／2)

(R1.10.1以後終了課税期間用)

211

(3) 控除対象仕入税額の計算式区分の明細

イ 原則計算を適用する場合

控 除 対 象 仕 入 税 額 の 計 算 式 区 分		旧税率分小計 X	税率6.24%適用分 D	税率7.8%適用分 E	合計 F (X＋D＋E)
④ × みなし仕入率 $\dfrac{⑭×90\%+⑮×80\%+⑯×70\%+⑰×60\%+⑱×50\%+⑲×40\%}{⑬}$	⑳	(付表5-2の⑳X欄の金額) 円 **992,810**	円 **798,412**	円 **168,480**	円 **1,959,702**

ロ 特例計算を適用する場合

(イ) 1種類の事業で75%以上

控 除 対 象 仕 入 税 額 の 計 算 式 区 分		旧税率分小計 X	税率6.24%適用分 D	税率7.8%適用分 E	合計 F (X＋D＋E)
(⑦F／⑥F・⑧F／⑥F・⑨F／⑥F・⑩F／⑥F・⑪F／⑥F・⑫F／⑥F)≧75% ④×みなし仕入率(90%・80%・70%・60%・50%・40%)	㉑	(付表5-2の㉑X欄の金額) 円	円	円	円

(ロ) 2種類の事業で75%以上

控 除 対 象 仕 入 税 額 の 計 算 式 区 分			旧税率分小計 X	税率6.24%適用分 D	税率7.8%適用分 E	合計 F (X＋D＋E)
第一種事業及び第二種事業 (⑦F＋⑧F)／⑥F≧75%	④×$\dfrac{⑭×90\%+(⑬-⑭)×80\%}{⑬}$	㉒	(付表5-2の㉒X欄の金額) 円	円	円	円
第一種事業及び第三種事業 (⑦F＋⑨F)／⑥F≧75%	④×$\dfrac{⑭×90\%+(⑬-⑭)×70\%}{⑬}$	㉓	(付表5-2の㉓X欄の金額)			
第一種事業及び第四種事業 (⑦F＋⑩F)／⑥F≧75%	④×$\dfrac{⑭×90\%+(⑬-⑭)×60\%}{⑬}$	㉔	(付表5-2の㉔X欄の金額)			
第一種事業及び第五種事業 (⑦F＋⑪F)／⑥F≧75%	④×$\dfrac{⑭×90\%+(⑬-⑭)×50\%}{⑬}$	㉕	(付表5-2の㉕X欄の金額)			
第一種事業及び第六種事業 (⑦F＋⑫F)／⑥F≧75%	④×$\dfrac{⑭×90\%+(⑬-⑭)×40\%}{⑬}$	㉖	(付表5-2の㉖X欄の金額)			
第二種事業及び第三種事業 (⑧F＋⑨F)／⑥F≧75%	④×$\dfrac{⑮×80\%+(⑬-⑮)×70\%}{⑬}$	㉗	(付表5-2の㉗X欄の金額) **1,094,869**	**798,412**	**294,840**	**2,188,121**
第二種事業及び第四種事業 (⑧F＋⑩F)／⑥F≧75%	④×$\dfrac{⑮×80\%+(⑬-⑮)×60\%}{⑬}$	㉘	(付表5-2の㉘X欄の金額)			
第二種事業及び第五種事業 (⑧F＋⑪F)／⑥F≧75%	④×$\dfrac{⑮×80\%+(⑬-⑮)×50\%}{⑬}$	㉙	(付表5-2の㉙X欄の金額)			
第二種事業及び第六種事業 (⑧F＋⑫F)／⑥F≧75%	④×$\dfrac{⑮×80\%+(⑬-⑮)×40\%}{⑬}$	㉚	(付表5-2の㉚X欄の金額)			
第三種事業及び第四種事業 (⑨F＋⑩F)／⑥F≧75%	④×$\dfrac{⑯×70\%+(⑬-⑯)×60\%}{⑬}$	㉛	(付表5-2の㉛X欄の金額)			
第三種事業及び第五種事業 (⑨F＋⑪F)／⑥F≧75%	④×$\dfrac{⑯×70\%+(⑬-⑯)×50\%}{⑬}$	㉜	(付表5-2の㉜X欄の金額)			
第三種事業及び第六種事業 (⑨F＋⑫F)／⑥F≧75%	④×$\dfrac{⑯×70\%+(⑬-⑯)×40\%}{⑬}$	㉝	(付表5-2の㉝X欄の金額) **973,445**	**781,957**	**168,480**	**1,923,882**
第四種事業及び第五種事業 (⑩F＋⑪F)／⑥F≧75%	④×$\dfrac{⑰×60\%+(⑬-⑰)×50\%}{⑬}$	㉞	(付表5-2の㉞X欄の金額)			
第四種事業及び第六種事業 (⑩F＋⑫F)／⑥F≧75%	④×$\dfrac{⑰×60\%+(⑬-⑰)×40\%}{⑬}$	㉟	(付表5-2の㉟X欄の金額)			
第五種事業及び第六種事業 (⑪F＋⑫F)／⑥F≧75%	④×$\dfrac{⑱×50\%+(⑬-⑱)×40\%}{⑬}$	㊱	(付表5-2の㊱X欄の金額)			

ハ 上記の計算式区分から選択した控除対象仕入税額

項 目		旧税率分小計 X	税率6.24%適用分 D	税率7.8%適用分 E	合計 F (X＋D＋E)
選択可能な計算式区分(⑳〜㊱)の内から選択した金額	㊲	(付表5-2の㊲X欄の金額) 円 **1,094,869**	※付表4-1の④D欄へ 円 **798,412**	※付表4-1の④E欄へ 円 **294,840**	※付表4-1の④F欄へ 円 **2,188,121**

注意　1　金額の計算においては、1円未満の端数を切り捨てる。
　　　2　旧税率が適用された取引がある場合は、付表5-2を作成してから当該付表を作成する。

(2／2)

(R1.10.1以後終了課税期間用)

第4-(8)号様式

付表5-2　控除対象仕入税額等の計算表
〔経過措置対象課税資産の譲渡等を含む課税期間用〕

簡　易

| 課税期間 | 31・4・1 ～ 2・3・31 | 氏名又は名称 | 国税食品（株） |

I　控除対象仕入税額の計算の基礎となる消費税額

項　　目	税率3%適用分 A	税率4%適用分 B	税率6.3%適用分 C	旧税率分小計 X (A+B+C)
課税標準額に対する消費税額 ①	(付表4-2の②A欄の金額) 円	(付表4-2の②B欄の金額) 円	(付表4-2の②C欄の金額) 円 1,558,935	※付表5-1の①X欄へ 円 1,558,935
貸倒回収に係る消費税額 ②	(付表4-2の③A欄の金額)	(付表4-2の③B欄の金額)	(付表4-2の③C欄の金額)	※付表5-1の②X欄へ
売上対価の返還等に係る消費税額 ③	(付表4-2の⑤A欄の金額)	(付表4-2の⑤B欄の金額)	(付表4-2の⑤C欄の金額) 1,750	※付表5-1の③X欄へ 1,750
控除対象仕入税額の計算の基礎となる消費税額（①＋②－③） ④			1,557,185	※付表5-1の④X欄へ 1,557,185

II　1種類の事業の専業者の場合の控除対象仕入税額

項　　目	税率3%適用分 A	税率4%適用分 B	税率6.3%適用分 C	旧税率分小計 X (A+B+C)
④ × みなし仕入率（90%・80%・70%・60%・50%・40%） ⑤	※付表4-2の④A欄へ 円	※付表4-2の④B欄へ 円	※付表4-2の④C欄へ 円	※付表5-1の⑤X欄へ 円

III　2種類以上の事業を営む事業者の場合の控除対象仕入税額

(1) 事業区分別の課税売上高（税抜き）の明細

項　　目	税率3%適用分 A	税率4%適用分 B	税率6.3%適用分 C	旧税率分小計 X (A+B+C)
事業区分別の合計額 ⑥	円	円	24,717,593 円	※付表5-1の⑥X欄へ 円 24,717,593
第一種事業（卸売業） ⑦				※付表5-1の⑦X欄へ
第二種事業（小売業等） ⑧			768,519	※付表5-1の⑧X欄へ 768,519
第三種事業（製造業等） ⑨			18,549,074	※付表5-1の⑨X欄へ 18,549,074
第四種事業（その他） ⑩				※付表5-1の⑩X欄へ
第五種事業（サービス業等） ⑪				※付表5-1の⑪X欄へ
第六種事業（不動産業） ⑫			5,400,000	※付表5-1の⑫X欄へ 5,400,000

(2) (1)の事業区分別の課税売上高に係る消費税額の明細

項　　目	税率3%適用分 A	税率4%適用分 B	税率6.3%適用分 C	旧税率分小計 X (A+B+C)
事業区分別の合計額 ⑬	円	円	1,557,207 円	※付表5-1の⑬X欄へ 円 1,557,207
第一種事業（卸売業） ⑭				※付表5-1の⑭X欄へ
第二種事業（小売業等） ⑮			48,416	※付表5-1の⑮X欄へ 48,416
第三種事業（製造業等） ⑯			1,168,591	※付表5-1の⑯X欄へ 1,168,591
第四種事業（その他） ⑰				※付表5-1の⑰X欄へ
第五種事業（サービス業等） ⑱				※付表5-1の⑱X欄へ
第六種事業（不動産業） ⑲			340,200	※付表5-1の⑲X欄へ 340,200

注意　1　金額の計算においては、1円未満の端数を切り捨てる。
　　　2　旧税率が適用された取引がある場合は、当該付表を作成してから付表5-1を作成する。
　　　3　課税売上げにつき返品を受け又は値引き・割戻しをした金額（売上対価の返還等の金額）があり、売上（収入）金額から減算しない方法で経理して経費に含めている場合には、⑥から⑫欄には売上対価の返還等の金額（税抜き）を控除した後の金額を記載する。

(1／2)

(R1.10.1以後終了課税期間用)

(3) 控除対象仕入税額の計算式区分の明細

イ 原則計算を適用する場合

控 除 対 象 仕 入 税 額 の 計 算 式 区 分		税率3%適用分 A	税率4%適用分 B	税率6.3%適用分 C	旧税率分小計 X (A＋B＋C)
⑭×90%＋⑮×80%＋⑯×70%＋⑰×60%＋⑱×50%＋⑲×40% ───────────────────────────── ⑬ ［ ④ × みなし仕入率 ］	⑳	円	円	円 992,810	※付表5-1の⑳欄へ 円 992,810

ロ 特例計算を適用する場合

(イ) 1種類の事業で75%以上

控 除 対 象 仕 入 税 額 の 計 算 式 区 分 (各項のF欄については付表5-1のF欄を参照のこと)		税率3%適用分 A	税率4%適用分 B	税率6.3%適用分 C	旧税率分小計 X (A＋B＋C)
(⑥F／⑥F・⑧F／⑥F・⑨F／⑥F・⑩F／⑥F・⑪F／⑥F・⑫F／⑥F)≧75% ④×みなし仕入率(90%・80%・70%・60%・50%・40%)	㉑	円	円	円	※付表5-1の㉑欄へ 円

(ロ) 2種類の事業で75%以上

控 除 対 象 仕 入 税 額 の 計 算 式 区 分 (各項のF欄については付表5-1のF欄を参照のこと)			税率3%適用分 A	税率4%適用分 B	税率6.3%適用分 C	旧税率分小計 X (A＋B＋C)
第一種事業及び第二種事業 (⑦F＋⑧F)／⑥F≧75%	④×	⑭×90%＋(⑬－⑭)×80% ─────────────── ⑬	㉒	円	円	円	※付表5-1の㉒欄へ 円
第一種事業及び第三種事業 (⑦F＋⑨F)／⑥F≧75%	④×	⑭×90%＋(⑬－⑭)×70% ─────────────── ⑬	㉓				※付表5-1の㉓欄へ
第一種事業及び第四種事業 (⑦F＋⑩F)／⑥F≧75%	④×	⑭×90%＋(⑬－⑭)×60% ─────────────── ⑬	㉔				※付表5-1の㉔欄へ
第一種事業及び第五種事業 (⑦F＋⑪F)／⑥F≧75%	④×	⑭×90%＋(⑬－⑭)×50% ─────────────── ⑬	㉕				※付表5-1の㉕欄へ
第一種事業及び第六種事業 (⑦F＋⑫F)／⑥F≧75%	④×	⑭×90%＋(⑬－⑭)×40% ─────────────── ⑬	㉖				※付表5-1の㉖欄へ
第二種事業及び第三種事業 (⑧F＋⑨F)／⑥F≧75%	④×	⑮×80%＋(⑬－⑮)×70% ─────────────── ⑬	㉗			1,094,869	※付表5-1の㉗欄へ 1,094,869
第二種事業及び第四種事業 (⑧F＋⑩F)／⑥F≧75%	④×	⑮×80%＋(⑬－⑮)×60% ─────────────── ⑬	㉘				※付表5-1の㉘欄へ
第二種事業及び第五種事業 (⑧F＋⑪F)／⑥F≧75%	④×	⑮×80%＋(⑬－⑮)×50% ─────────────── ⑬	㉙				※付表5-1の㉙欄へ
第二種事業及び第六種事業 (⑧F＋⑫F)／⑥F≧75%	④×	⑮×80%＋(⑬－⑮)×40% ─────────────── ⑬	㉚				※付表5-1の㉚欄へ
第三種事業及び第四種事業 (⑨F＋⑩F)／⑥F≧75%	④×	⑯×70%＋(⑬－⑯)×60% ─────────────── ⑬	㉛				※付表5-1の㉛欄へ
第三種事業及び第五種事業 (⑨F＋⑪F)／⑥F≧75%	④×	⑯×70%＋(⑬－⑯)×50% ─────────────── ⑬	㉜				※付表5-1の㉜欄へ
第三種事業及び第六種事業 (⑨F＋⑫F)／⑥F≧75%	④×	⑯×70%＋(⑬－⑯)×40% ─────────────── ⑬	㉝			973,445	※付表5-1の㉝欄へ 973,445
第四種事業及び第五種事業 (⑩F＋⑪F)／⑥F≧75%	④×	⑰×60%＋(⑬－⑰)×50% ─────────────── ⑬	㉞				※付表5-1の㉞欄へ
第四種事業及び第六種事業 (⑩F＋⑫F)／⑥F≧75%	④×	⑰×60%＋(⑬－⑰)×40% ─────────────── ⑬	㉟				※付表5-1の㉟欄へ
第五種事業及び第六種事業 (⑪F＋⑫F)／⑥F≧75%	④×	⑱×50%＋(⑬－⑱)×40% ─────────────── ⑬	㊱				※付表5-1の㊱欄へ

ハ 上記の計算式区分から選択した控除対象仕入税額

項 目		税率3%適用分 A	税率4%適用分 B	税率6.3%適用分 C	旧税率分小計 X (A＋B＋C)
選 択 可 能 な 計 算 式 区 分 (⑳ ～ ㊱) の 内 か ら 選 択 し た 金 額	㊲	※付表4-2の④A欄へ 円	※付表4-2の④B欄へ 円	※付表4-2の④C欄へ 円 1,094,869	※付表5-1の㊲欄へ 円 1,094,869

注意　1　金額の計算においては、1円未満の端数を切り捨てる。
　　　2　旧税率が適用された取引がある場合は、当該付表を作成してから付表5-1を作成する。

(2／2)

(R1.10.1以後終了課税期間用)

214

第2章

届出書の記載例

　この届出書は、簡易課税制度の適用を受けている事業者が、その適用を受けることをやめようとする場合又は事業を廃止した場合に提出します。

　なお、簡易課税制度を選択した場合は、事業を廃止した場合等を除き、2年間継続した後でなければ簡易課税制度の適用をやめることはできません。

　この申請書は、災害その他やむを得ない理由が生じたことにより被害を受け、当該被害を受けたことにより、当該災害その他やむを得ない理由の生じた日の属する課税期間等について、簡易課税制度の適用を受けることが必要となった又は受けることの必要がなくなった場合に、消費税法第37条の2第1項又は第6項に規定する届出書の提出日の特例の承認を受けようとする事業者が提出するものです。

216

第二章　各種申告書・届出書の作成要領と記載例

二　各種申告書・届出書の作成要領と記載例

第１号様式

消 費 税 課 税 事 業 者 選 択 届 出 書

収受印		

令和 **6** 年 **3** 月 ◯ 日	届 出 者	（フリガナ）　オオサカシ チュウオウク オオテマエ
		納　税　地　（〒 540 － 0008 ） 大阪市中央区大手前◯丁目◯番◯号 （電話番号　　◯◯－◯◯◯◯－◯◯◯◯　）
		（フリガナ）
		住所又は居所 （法人の場合） 本 店 又 は 主 た る 事 務 所 の 所 在 地　（〒　－　） 同　上 （電話番号　　－　　－　　）
		（フリガナ）　カブシキガイシャ コクゼイサンギョウ
		名称（屋号）　**株式会社　国税産業**
		個人番号 又　は 法人番号　↓ 個人番号の記載に当たっては、左端を空欄とし、ここから記載してください。 ◯◯◯◯◯◯◯◯◯◯◯◯◯
		（フリガナ）　コクゼイ ジロウ
		氏　名 （法人の場合） 代 表 者 氏 名　**国税　二郎**
東 税務署長殿		（フリガナ）　オオサカシ キタク ミナミオウギマチ
		（法人の場合） 代表者住所　**大阪市北区南扇町◯－◯** （電話番号　　◯◯－◯◯◯◯－◯◯◯◯　）

下記のとおり、納税義務の免除の規定の適用を受けないことについて、消費税法第９条第４項の規定により届出します。

適用開始課税期間	自 平成・令和 **6** 年 **4** 月 **1** 日		至 平成・令和 **7** 年 **3** 月 **31** 日	
上記期間の 基 準 期 間	自 平成・令和 **4** 年 **4** 月 **1** 日	左記期間の 総 売 上 高	**3,489,634**	円
	至 平成・令和 **5** 年 **3** 月 **31** 日	左記期間の 課税売上高	**3,472,185**	円
事業内容等	生年月日（個人）又は設立年月日（法人） 1明治・2大正・3昭和・④平成・5令和 **9** 年 **6** 月 **3** 日	法人のみ記載	事 業 年 度　自 **4** 月 **1** 日 至 **3** 月 **31** 日	
			資 本 金　**15,000,000** 円	
	事 業 内 容　**自動車部品製造**	届出区分	事業開始・設立・相続・合併・分割・特別会計・⦅その他⦆	
参考事項		税理士 署 名	（電話番号　　－　　－　　）	

※税務署処理欄	整理番号			部門番号				
	届出年月日	年 月 日	入力処理	年 月 日		台帳整理	年 月 日	
	通 信 日 付 印 年 月 日	確認	番号確認	身元確認	□ 済 □ 未済	確認書類	個人番号カード／通知カード・運転免許証 その他（　　　）	

注意　1．裏面の記載要領等に留意の上、記載してください。
　　　2．税務署処理欄は、記載しないでください。

消費税課税事業者選択不適用届出書

収受印			
令和 **6** 年 **4** 月 ○ 日	届 出 者	（フリガナ）	オオサカシ　ニシク　カワグチ
		納　税　地	（〒 550 － 0021 ） 大阪市西区川口○丁目○番○号 （電話番号　○○ － ○○○○ －○○○○ ）
		（フリガナ）	カブシキガイシャ　コクゼイショウテン　コクゼイサブロウ
		氏 名 又 は 名 称 及 び 代 表 者 氏 名	株式会社　国税商店　国税三郎
＿＿＿西＿＿税務署長殿		個 人 番 号 又 は 法 人 番 号	↓ 個人番号の記載に当たっては、左端を空欄とし、ここから記載してください。 ○○○○○○○○○○○○○

　下記のとおり、課税事業者を選択することをやめたいので、消費税法第9条第5項の規定により届出します。

①	この届出の適用 開始課税期間	自 ~~平成~~ 令和 **6** 年 **5** 月 **1** 日　　至 ~~平成~~ 令和 **7** 年 **4** 月 **30** 日
②	①の基準期間	自 ~~平成~~ 令和 **4** 年 **5** 月 **1** 日　　至 ~~平成~~ 令和 **5** 年 **4** 月 **30** 日
③	②の課税売上高	5,832,435　　　　　　　　円

※　この届出書を提出した場合であっても、特定期間（原則として、①の課税期間の前年の1月1日（法人の場合は前事業年度開始の日）から6か月間）の課税売上高が1千万円を超える場合には、①の課税期間の納税義務は免除されないこととなります。詳しくは、裏面をご覧ください。

課 税 事 業 者 と な っ た 日	~~平成~~ 令和 **9** 年 **5** 月 **1** 日
事 業 を 廃 止 し た 場 合 の 廃 止 し た 日	平成 令和 　　 年 　　 月 　　 日
提 出 要 件 の 確 認	課税事業者となった日から2年を経過する日までの間に開始した各課税期間中に調整対象固定資産の課税仕入れ等を行っていない。　　　　はい ☑ ※　この届出書を提出した課税期間が、課税事業者となった日から2年を経過する日までに開始した各課税期間である場合、この届出書提出後、届出を行った課税期間中に調整対象固定資産の課税仕入れ等を行うと、原則としてこの届出書の提出はなかったものとみなされます。詳しくは、裏面をご確認ください。
参 　考 　事 　項	
税 理 士 署 名	（電話番号　　　－　　　－　　　）

※ 税務署処理欄	整理番号		部門番号			
	届出年月日	年 月 日	入力処理	年 月 日	台帳整理	年 月 日
	通信日付印 年 月 日	確認	番号 確認	身元 □ 済 確認 □ 未済	確認 書類	個人番号カード／通知カード・運転免許証 その他（　　　　　）

注意　1．裏面の記載要領等に留意の上、記載してください。
　　　2．税務署処理欄は、記載しないでください。

第二章　各種申告書・届出書の作成要領と記載例

第3−(1)号様式

基準期間用

消費税課税事業者届出書

収受印			
令和 **6** 年 **5** 月 ○ 日	届出者	（フリガナ）	オオツシ キョウマチ
		納税地	（〒 520 － 0044 ） **大津市京町○丁目○番○号** （電話番号　○○○−○○○−○○○○）
		（フリガナ）	
		住所又は居所 （法人の場合） 本店又は 主たる事務所 の所在地	（〒　　　−　　　　） **同　上** （電話番号　　　−　　−　　　）
		（フリガナ）	カブシキガイシャ コクゼイコウギョウ
		名称（屋号）	**株式会社　国税工業**
		個人番号 又は 法人番号	↓ 個人番号の記載に当たっては、左端を空欄とし、ここから記載してください。 ○○○○○○○○○○○○○
		（フリガナ）	コクゼイ シロウ
		氏名 （法人の場合） 代表者氏名	**国税　四郎**
大津 税務署長殿		（フリガナ）	オオツシ キョウマチ
		（法人の場合） 代表者住所	**大津市京町○丁目○番○号** （電話番号　○○○−○○○−○○○○）

下記のとおり、基準期間における課税売上高が1,000万円を超えることとなったので、消費税法第57条第1項第1号の規定により届出します。

適用開始課税期間	自　令和 **7** 年 **4** 月 **1** 日　　至　令和 **8** 年 **3** 月 **31** 日		
上記期間の	自 ~~平成~~ ⦅令和⦆ **5** 年 **4** 月 **1** 日	左記期間の 総売上高	**26,278,246** 円
基準期間	至 ~~平成~~ ⦅令和⦆ **6** 年 **3** 月 **31** 日	左記期間の 課税売上高	**26,003,124** 円

事業内容等	生年月日（個人）又は設立年月日（法人）	1明治・2大正・3昭和・④平成・5令和 **9** 年 **4** 月 **1** 日	法人のみ記載	事業年度	自 **4** 月 **1** 日 至 **3** 月 **31** 日
				資本金	**20,000,000** 円
	事業内容	**プレス加工**	届出区分	相続・合併・分割等・⦅その他⦆	

参考事項		税理士署名	（電話番号　　　−　　−　　　）

※税務署処理欄	整理番号		部門番号				
	届出年月日	年　月　日	入力処理	年　月　日	台帳整理	年　月　日	
	番号確認		身元確認	□ 済 □ 未済	確認書類	個人番号カード／通知カード・運転免許証 その他（　　　　）	

注意　1．裏面の記載要領等に留意の上、記載してください。
　　　2．税務署処理欄は、記載しないでください。

第3-(2)号様式

特定期間用

消費税課税事業者届出書

収受印				
令和 **6** 年 **7** 月 ○ 日	届出者	（フリガナ）	オオサカシ チュウオウク オオテマエ	
		納税地	（〒 540 － 0008） 大阪市中央区大手前○丁目○番○号 （電話番号　○○ －○○○○－○○○○ ）	
		（フリガナ）		
		住所又は居所 （法人の場合） 本 店 又 は 主たる事務所 の 所 在 地	（〒 － ） 同　　上 （電話番号　 － － ）	
		（フリガナ）	カブシキガイシャ コクゼイデンシン	
		名称（屋号）	株式会社　国税電信	
		個 人 番 号 又 は 法 人 番 号	↓　個人番号の記載に当たっては、左端を空欄とし、ここから記載してください。 ○｜○○○○｜○○○○｜○○○○	
		（フリガナ）	コクゼイ　ゴロウ	
		氏 名 （法人の場合） 代表者氏名	国税　五郎	
東　税務署長殿		（フリガナ）	オオサカシ スミヨシク スミヨシ	
		（法人の場合） 代表者住所	大阪市住吉区住吉○丁目○番○号 （電話番号　○○ －○○○○－○○○○ ）	

　下記のとおり、特定期間における課税売上高が1,000万円を超えることとなったので、消費税法第57条第1項第1号の規定により届出します。

適用開始課税期間	自　令和　**7** 年 **1** 月 **1** 日　　至　令和　**7** 年 **12** 月 **31** 日		
上 記 期 間 の 特 定 期 間	自　~~平成~~ 　　令和 **6** 年 **1** 月 **1** 日	左記期間の 総売上高	12,500,000　円
	至　~~平成~~ 　　令和 **6** 年 **6** 月 **30** 日	左記期間の 課税売上高	11,550,000　円
		左記期間の 給与等支払額	11,040,000　円

事業内容等	生年月日（個人）又は設立年月日（法人）	1明治・2大正・3昭和・4平成・⑤令和 **4** 年 **1** 月 **21** 日	法人のみ記載	事業年度	自 **1** 月 **1** 日　至 **12** 月 **31** 日
				資 本 金	5,000,000　円
	事 業 内 容				

参考事項		税理士署名	（電話番号　 － － ）

※ 税務署処理欄	整理番号		部門番号				
	届出年月日	年　月　日	入力処理	年　月　日	台帳整理	年　月　日	
	番号確認		身元確認	□ 済 □ 未済	確認書類	個人番号カード／通知カード・運転免許証 その他（ 　　　　　　　　　）	

注意　1．裏面の記載要領等に留意の上、記載してください。
　　　2．税務署処理欄は、記載しないでください。

第二章　各種申告書・届出書の作成要領と記載例

第5号様式

消費税の納税義務者でなくなった旨の届出書

<table>
<tr><td rowspan="7">令和 6 年 5 月 ○ 日

（収受印）

住吉 税務署長殿</td><td rowspan="7">届

出

者</td><td>（フリガナ）</td><td colspan="2">オオサカシ スミヨシク スミヨシ</td></tr>
<tr><td rowspan="2">納 税 地</td><td colspan="2">（〒 558 - 0045 ）</td></tr>
<tr><td colspan="2">大阪市住吉区住吉○丁目○番○号

（電話番号　○○-○○○○-○○○○）</td></tr>
<tr><td>（フリガナ）</td><td colspan="2">カブシキガイシャ コクゼイショウジ コクゼイシチロウ</td></tr>
<tr><td>氏 名 又 は
名 称 及 び
代 表 者 氏 名</td><td colspan="2">株式会社　国税商事　国税七郎</td></tr>
<tr><td>個 人 番 号
又 は
法 人 番 号</td><td colspan="2">↓ 個人番号の記載に当たっては、左端を空欄とし、ここから記載してください。
○ ○ ○ ○ ○ ○ ○ ○ ○ ○ ○ ○ ○</td></tr>
</table>

下記のとおり、納税義務がなくなりましたので、消費税法第57条第1項第2号の規定により届出します。

<table>
<tr><td>①</td><td>この届出の適用
開始課税期間</td><td>自令和 7 年 4 月 1 日　　　至令和 8 年 3 月 31 日</td></tr>
<tr><td>②</td><td>①の基準期間</td><td>自 <del>平成</del>／令和 5 年 4 月 1 日　　　至 <del>平成</del>／令和 6 年 3 月 31 日</td></tr>
<tr><td>③</td><td>②の課税売上高</td><td>8,950,215 円</td></tr>
</table>

※1　この届出書を提出した場合であっても、特定期間（原則として、①の課税期間の前年の1月1日（法人の場合は前事業年度開始の日）から6か月間）の課税売上高が1千万円を超える場合には、①の課税期間の納税義務は免除されないこととなります。
2　高額特定資産の仕入れ等を行った場合に、消費税法第12条の4第1項の適用がある課税期間については、当該課税期間の基準期間の課税売上高が1千万円以下となった場合であっても、その課税期間の納税義務は免除されないこととなります。
（詳しくは、裏面をご覧ください。）

<table>
<tr><td>納 税 義 務 者
と な っ た 日</td><td><del>平成</del>／令和 13 年 4 月 1 日</td></tr>
<tr><td>参 考 事 項</td><td></td></tr>
<tr><td>税 理 士 署 名</td><td>（電話番号　　　-　　-　　　）</td></tr>
</table>

<table>
<tr><td rowspan="3">※
税務署処理欄</td><td>整理番号</td><td></td><td>部門番号</td><td></td><td></td><td></td><td></td></tr>
<tr><td>届出年月日</td><td>年　月　日</td><td>入力処理</td><td>年　月　日</td><td>台帳整理</td><td>年　月　日</td><td></td></tr>
<tr><td>番号確認</td><td></td><td>身元確認</td><td>□ 済
□ 未済</td><td>確認書類</td><td>個人番号カード／通知カード・運転免許証
その他（　　　　　　）</td><td></td></tr>
</table>

注意　1．裏面の記載要領等に留意の上、記載してください。
　　　2．税務署処理欄は、記載しないでください。

第9号様式

消費税簡易課税制度選択届出書

収受印				
令和 **6** 年 **5** 月 ○ 日	届出者	（フリガナ）	ワカヤマシ ニバンチョウ	
		納 税 地	（〒 640 － 8143 ） **和歌山市二番丁○** （電話番号 ○○○ － ○○○ －○○○○）	
		（フリガナ）	ユウゲンガイシャ コクゼイショクヒン コクゼイ カズコ	
		氏 名 又 は 名 称 及 び 代 表 者 氏 名	**有限会社 国税食品　国税和子**	
和歌山 税務署長殿		法 人 番 号	※個人の方は個人番号の記載は不要です。 ○○○○○○○○○○○○○	

下記のとおり、消費税法第37条第1項に規定する簡易課税制度の適用を受けたいので、届出します。

□ 所得税法等の一部を改正する法律（平成28年法律第15号）附則第51条の2第6項の規定又は消費税法施行令等の一部を改正する政令（平成30年政令第135号）附則第18条の規定により消費税法第37条第1項に規定する簡易課税制度の適用を受けたいので、届出します。

①	適用開始課税期間	自 令和 **7** 年 **4** 月 **1** 日　　至 令和 **8** 年 **3** 月 **31** 日
②	①の基準期間	自 令和 **5** 年 **4** 月 **1** 日　　至 令和 **6** 年 **3** 月 **31** 日
③	②の課税売上高	**28，623，455** 円

事 業 内 容 等	（事業の内容）　**食料品販売**	（事業区分） 第一、二種事業

提 出 要 件 の 確 認		次のイ、ロ又はハの場合に該当する （「はい」の場合のみ、イ、ロ又はハの項目を記載してください。）		はい ☑	いいえ □
	イ	消費税法第9条第4項の規定により課税事業者を選択している場合	課税事業者となった日	令和 **2** 年 **4** 月 **1** 日	
			課税事業者となった日から2年を経過する日までの間に開始した各課税期間中に調整対象固定資産の課税仕入れ等を行っていない		はい □
	ロ	消費税法第12条の2第1項に規定する「新設法人」又は同法第12条の3第1項に規定する「特定新規設立法人」に該当し（該当していた）場合	設立年月日	令和 　 年 　 月 　 日	
			基準期間がない事業年度に含まれる各課税期間中に調整対象固定資産の課税仕入れ等を行っていない		はい □
	ハ	消費税法第12条の4第1項に規定する「高額特定資産の仕入れ等」を行っている場合（同条第2項の規定の適用を受ける場合） 仕入れ等を行った資産が高額特定資産に該当する場合はAの欄を、自己建設高額特定資産に該当する場合は、Bの欄をそれぞれ記載してください。	A 仕入れ等を行った課税期間の初日	令和 　 年 　 月 　 日	
			この届出による①の「適用開始課税期間」は、高額特定資産の仕入れ等を行った課税期間の初日から、同日以後3年を経過する日の属する課税期間までの各課税期間に該当しない		はい □
			B 仕入れ等を行った課税期間の初日	平成 令和 　 年 　 月 　 日	
			建設等が完了した課税期間の初日	令和 　 年 　 月 　 日	
			この届出による①の「適用開始課税期間」は、自己建設高額特定資産の建設等に要した仕入れ等に係る支払対価の額の累計額が1千万円以上となった課税期間の初日から、自己建設高額特定資産の建設等が完了した課税期間の初日以後3年を経過する日の属する課税期間までの各課税期間に該当しない		はい □

※ 消費税法第12条の4第2項の規定による場合は、ハの項目を次のとおり記載してください。
1 「自己建設高額特定資産」を「調整対象自己建設高額資産」と読み替える。
2 「仕入れ等を行った」は、「消費税法第36条第1項又は第3項の規定の適用を受けた」と、「自己建設高額特定資産の建設等に要した仕入れ等に係る支払対価の額の累計額が1千万円以上となった」は、「調整対象自己建設高額資産について消費税法第36条第1項又は第3項の規定の適用を受けた」と読み替える。

※ この届出書を提出した課税期間が、上記イ、ロ又はハに記載の各課税期間である場合、この届出書提出後、届出を行った課税期間中に調整対象固定資産の課税仕入れ等又は高額特定資産の仕入れ等を行うと、原則としてこの届出書の提出はなかったものとみなされます。詳しくは、裏面をご確認ください。

参 考 事 項	
税 理 士 署 名	（電話番号 　 － 　 － 　 ）

※ 税 務 署 処 理 欄	整理番号		部門番号					
	届出年月日	年 月 日	入力処理	年 月 日	台帳整理	年 月 日		
	通信日付印 年 月 日	確認		番号確認				

注意　1．裏面の記載要領等に留意の上、記載してください。
　　　2．税務署処理欄は、記載しないでください。

第二章　各種申告書・届出書の作成要領と記載例

第25号様式

消費税簡易課税制度選択不適用届出書

令和 **6** 年 **5** 月 ○ 日	届出者	（フリガナ）	サカイシ サカイク ミナミカワラマチ
		納　税　地	（〒 590 － 0078 ） **堺市堺区南瓦町○番○号** （電話番号 ○○○ － ○○○ －○○○○）
		（フリガナ）	カブシキガイシャ コクゼイショクドウ コクゼイ アツコ
		氏 名 又 は 名 称 及 び 代 表 者 氏 名	**株式会社　国税食堂　国税敦子**
堺 ＿＿＿＿＿税務署長殿		法 人 番 号	※ 個人の方は個人番号の記載は不要です。 ○ ○ ○ ○ ○ ○ ○ ○ ○ ○ ○ ○ ○

下記のとおり、簡易課税制度をやめたいので、消費税法第37条第５項の規定により届出します。

①	この届出の適用 開始課税期間	自 ~~平成~~ （令和） **7** 年 **4** 月 **1** 日　至 ~~平成~~ （令和） **8** 年 **3** 月 **31** 日
②	①の基準期間	自 ~~平成~~ （令和） **5** 年 **4** 月 **1** 日　至 ~~平成~~ （令和） **6** 年 **3** 月 **31** 日
③	②の課税売上高	**33,186,235** 円
	簡 易 課 税 制 度 の 適 用 開 始 日	（平成） ~~令和~~ **19** 年 **1** 月 **1** 日
	事 業 を 廃 止 し た 場 合 の 廃 止 し た 日	令和　　　年　　　月　　　日
		個 人 番 号 ※ 事業を廃止した場合には記載 　してください。	
	参 考 事 項	
	税 理 士 署 名	（電話番号 　　－　　－　　 ）

※ 税務署処理欄	整理番号		部門番号			
	届出年月日	年　月　日	入力処理	年　月　日	台帳整理	年　月　日
	通 信 日 付 印 年　月　日	確認	番号 確認		身元 確認	□ 済 □ 未済	確認 書類	個人番号カード／通知カード・運転免許証 その他（　　　　　　　　　　）

注意　1．裏面の記載要領等に留意の上、記載してください。
　　　2．税務署処理欄は、記載しないでください。

災害等による消費税簡易課税制度選択
（不適用）届出に係る特例承認申請書

災　害

2通提出				

※ 法人番号は、税務署提出用2通の内1通のみに記載して下さい。

収受印

令和○年12月○日	申請者	（フリガナ）	コウベシ ヒョウゴク ミズキドオリ
		納　税　地	（〒 652 － 0802 ） 神戸市兵庫区水木通○丁目○番○号 （電話番号○○○ － ○○○ －○○○○）
		（フリガナ）	カブシキガイシャ コクゼイキンゾクコウギョウ コクゼイ シチロウ
		氏 名 又 は 名 称 及 び 代 表 者 氏 名	株式会社　国税金属工業 　　　　　　　国税　七郎
＿＿兵庫＿＿税務署長殿		法 人 番 号	※ 個人の方は個人番号の記載は不要です。 ○○○○○○○○○○○○○

　　下記のとおり、消費税法第37条の2第1項又は第6項に規定する災害等による届出に係る特例の承認を
　受けたいので申請します。

届出日の特例の承認を受け ようとする届出書の種類	☐ ① 消費税簡易課税制度選択届出書 ☑ ② 消費税簡易課税制度選択不適用届出書
選択被災課税期間又は 不適用被災課税期間	自 平成 　令和 ○ 年 4 月 1 日 至 平成 　　　令和　　年　　月　　日 （②の届出の場合は初日のみ記載します。）
上記課税期間の基準期間 における課税売上高	35,876,190 円
イ 発生した災害その他やむを 　得ない理由	イ 台風第○号（風水害）
ロ 被害の状況	ロ 工場建物の倒壊（○○市△町）
ハ 被害を受けたことにより 　特例規定の適用を受ける 　ことが必要となった事情	ハ 倒壊した工場再建築のため簡易課税制度を取りやめたい。
ニ 災害等の生じた日及び災害 　等のやんだ日	ニ （生じた日）　　　　　　　　　　　（やんだ日） 　令和 ○ 年 10 月 13 日　　　令和 ○ 年 10 月 14 日

事 業 内 容 等	（①の届出の場合の営む事業の種類） 金属製品製造	税 理 士 署 名	
参 考 事 項			（電話番号　　　－　　　－　　　）

※　上記の申請について、消費税法第37条の2第1項又は第6項の規定により、上記の届出書が特例規定の適用
　を受けようとする（受けることをやめようとする）課税期間の初日の前日（ 平成
　　　令和　　年　　月　　日）に
　提出されたものとすることを承認します。

　　　第　　　　　号

令和　　年　　月　　日　　　　　　　　税 務 署 長　　　　　　　印

※ 税務署処理欄	整理番号		部門番号		みなし届出年月日	年　月　日
	申請年月日	年　月　日	入力処理	年　月　日	台帳整理	年　月　日
	通信日付印 年　月　日	確認				

注意　1．この申請書は、2通提出してください。
　　　2．※印欄は、記載しないでください。

この用紙はとじこまないでください。

GK0306

第3-(1)号様式

令和　年　月　日　　　　　　　　　　　税務署長殿

収受印

納税地

（電話番号　　　－　　　－　　　）

（フリガナ）

法人名

法人番号

（フリガナ）

代表者氏名

※税務署処理欄

（個人の方）振替継続希望

所属	要否	整理番号	

申告年月日　令和　　年　　月　　日

申告区分	指導等	庁指定	局指定

通信日付印　確認

年　月　日

指導年月日	相談	区分1	区分2	区分3

令和

第一表

自 平成・令和　　年　　月　　日
至 令和　　年　　月　　日

課税期間分の消費税及び地方
消費税の（　　　　　）申告書

中間申告
の場合の
対象期間

自 平成・令和　　年　　月　　日
至 令和　　年　　月　　日

令和五年十月一日以後終了課税期間分（一般用）

この申告書による消費税の税額の計算

項目			金額	コード
課税標準額	①		0 0 0	03
消費税額	②			06
控除過大調整税額	③			07
控除税額	控除対象仕入税額 ④			08
	返還等対価に係る税額 ⑤			09
	貸倒れに係る税額 ⑥			10
	控除税額小計（④+⑤+⑥）⑦			11
控除不足還付税額（⑦-②-③）⑧				13
差引税額（②+③-⑦）⑨			0 0	15
中間納付税額 ⑩			0 0	16
納付税額（⑨-⑩）⑪			0 0	17
中間納付還付税額（⑩-⑨）⑫			0 0	18
この申告書が修正申告である場合	既確定税額 ⑬			19
	差引納付税額 ⑭		0 0	20
課税売上割合	課税資産の譲渡等の対価の額 ⑮			21
	資産の譲渡等の対価の額 ⑯			22

この申告書による地方消費税の税額の計算

地方消費税の課税標準となる消費税額	控除不足還付税額 ⑰			51
	差引税額 ⑱		0 0	52
譲渡割額	還付額 ⑲			53
	納税額 ⑳		0 0	54
中間納付譲渡割額 ㉑			0 0	55
納付譲渡割額（⑳-㉑）㉒			0 0	56
中間納付還付譲渡割額（㉑-⑳）㉓			0 0	57
この申告書が修正申告である場合	既確定譲渡割額 ㉔			58
	差引納付譲渡割額 ㉕		0 0	59
消費税及び地方消費税の合計（納付又は還付）税額 ㉖				60

※㉖=(⑪+㉒)-(⑫+⑭+㉓)・修正申告の場合㉖=⑭+㉕
※㉖が還付税額となる場合はマイナス「－」を付してください。

付記事項

割賦基準の適用	有	無	31
延払基準等の適用	有	無	32
工事進行基準の適用	有	無	33
現金主義会計の適用	有	無	34

参考事項

課税標準額に対する消費税額の計算の特例の適用	有	無	35

控除税額の計算方法	課税売上高5億円超又は課税売上割合95％未満	個別対応方式	41
		一括比例配分方式	
	上記以外	全額控除	

基準期間の課税売上高　　　　　千円

税額控除に係る経過措置の適用（2割特例）42

還付を受けようとする金融機関等

	銀行	本店・支店
	金庫・組合	出張所
	農協・漁協	本所・支所
預金	口座番号	

ゆうちょ銀行の貯金記号番号　　－

郵便局名等

（個人の方）公金受取口座の利用

※税務署整理欄

税理士署名

（電話番号　　　－　　　－　　　）

税理士法第30条の書面提出有
税理士法第33条の2の書面提出有

※ 2割特例による申告の場合、㊶欄に①欄の数字を記載し、
㊶欄＞22・76から算出された金額を各欄に記載してください。

225

第3−(2)号様式

課税標準額等の内訳書

整理番号								

納 税 地	
	（電話番号　　　−　　　−　　　）
（フリガナ）	
法 人 名	
（フリガナ）	
代表者氏名	

改正法附則による税額の特例計算

軽減売上割合（10営業日）	◯	附則38①	51
小売等軽減仕入割合	◯	附則38②	52

第二表

令和四年四月一日以後終了課税期間分

自 令和 ☐☐年 ☐☐月 ☐☐日

至 令和 ☐☐年 ☐☐月 ☐☐日

課税期間分の消費税及び地方消費税の（　　　　）申告書

（ 中間申告 自 令和 ☐☐年 ☐☐月 ☐☐日　の場合の 対象期間 至 令和 ☐☐年 ☐☐月 ☐☐日 ）

課 税 標 準 額 ※申告書（第一表）の①欄へ	①	十兆千百十億千百十万千百十一円 ☐☐☐☐☐☐☐☐☐☐☐000	01

課税資産の譲渡等の対価の額の合計額	3 ％ 適用分	②		02
	4 ％ 適用分	③		03
	6.3 ％ 適用分	④		04
	6.24 ％ 適用分	⑤		05
	7.8 ％ 適用分	⑥		06
	（ ② ～ ⑥ の 合 計 ）	⑦		07
特定課税仕入れに係る支払対価の額の合計額 （注1）	6.3 ％ 適用分	⑧		11
	7.8 ％ 適用分	⑨		12
	（ ⑧ ・ ⑨ の 合 計 ）	⑩		13

消 費 税 額 ※申告書（第一表）の②欄へ		⑪		21
⑪ の 内 訳	3 ％ 適用分	⑫		22
	4 ％ 適用分	⑬		23
	6.3 ％ 適用分	⑭		24
	6.24 ％ 適用分	⑮		25
	7.8 ％ 適用分	⑯		26

返 還 等 対 価 に 係 る 税 額 ※申告書（第一表）の⑤欄へ		⑰		31
⑰の内訳	売上げの返還等対価に係る税額	⑱		32
	特定課税仕入れの返還等対価に係る税額 （注1）	⑲		33

地方消費税の課税標準となる消費税額 （注2）	（ ㉑ ～ ㉓ の 合 計 ）	⑳		41
	4 ％ 適用分	㉑		42
	6.3 ％ 適用分	㉒		43
	6.24%及び7.8% 適用分	㉓		44

226

第3-(3)号様式

令和　　年　　月　　日　　　　　　　　　　税務署長殿

※ (個人の方) 振替継続希望　　　　　　簡

納税地	
	（電話番号　　　－　　　－　　　　）
（フリガナ）	
法人名	
法人番号	□□□□□□□□□□□□□
（フリガナ）	
代表者氏名	

<table>
<tr><td rowspan="8">※税務署処理欄</td><td>所属</td><td>要否</td><td colspan="2">整理番号</td><td>□□□□□□□□</td></tr>
<tr><td colspan="3">申告年月日</td><td>令和</td><td>□□年□□月□□日</td></tr>
<tr><td colspan="2">申告区分</td><td>指導等</td><td>庁指定</td><td>局指定</td></tr>
<tr><td colspan="2">□□</td><td>□</td><td>□</td><td>□</td></tr>
<tr><td colspan="2">通信日付印</td><td colspan="2">確認</td><td></td></tr>
<tr><td colspan="2">　年　月　日</td><td colspan="2"></td><td></td></tr>
<tr><td>指導</td><td>年　月　日</td><td colspan="2">相談</td><td>区分1 区分2 区分3</td></tr>
<tr><td>令和</td><td>□□□□</td><td colspan="2">□□□</td><td>□ □ □</td></tr>
</table>

第一表

自 平成・令和 □□年□□月□□日
至 令和 □□年□□月□□日

課税期間分の消費税及び地方消費税の（　　　　　）申告書

中間申告 自 平成・令和 □□年□□月□□日
の場合の 対象期間 至 令和 □□年□□月□□日

令和五年十月一日以後終了課税期間分（簡易課税用）

この申告書による消費税の税額の計算

		十兆千百十億千百十万千百十一円	
課税標準額	①	０００	03
消費税額	②		06
貸倒回収に係る消費税額	③		07
控除税額 控除対象仕入税額	④		08
返還等対価に係る税額	⑤		09
貸倒れに係る税額	⑥		10
控除税額小計（④+⑤+⑥）	⑦		11
控除不足還付税額（⑦-②-③）	⑧		13
差引税額（②+③-⑦）	⑨	００	15
中間納付税額	⑩	００	16
納付税額（⑨-⑩）	⑪	００	17
中間納付還付税額（⑩-⑨）	⑫	００	18
この申告書が修正申告である場合 既確定税額	⑬		19
差引納付税額	⑭	００	20
この課税期間の課税売上高	⑮		21
基準期間の課税売上高	⑯		

この申告書による地方消費税の税額の計算

地方消費税の課税標準となる消費税額 控除不足還付税額	⑰		51
差引税額	⑱	００	52
譲渡割額 還付額	⑲		53
納税額	⑳	００	54
中間納付譲渡割額	㉑	００	55
納付譲渡割額（⑳-㉑）	㉒	００	56
中間納付還付譲渡割額（㉑-⑳）	㉓	００	57
この申告書が修正申告である場合 既確定譲渡割額	㉔		58
差引納付譲渡割額	㉕	００	59
消費税及び地方消費税の合計（納付又は還付）税額	㉖		60

付記事項					
割賦基準の適用	○	有	○	無	31
延払基準等の適用	○	有	○	無	32
工事進行基準の適用	○	有	○	無	33
現金主義会計の適用	○	有	○	無	34
課税標準額に対する消費税額の計算の特例の適用	○	有	○	無	35

参考事項

事業区分	区分	課税売上高（免税売上高を除く） 千円	売上割合％	
	第1種		．	36
	第2種		．	37
	第3種		．	38
	第4種		．	39
	第5種		．	42
	第6種		．	43

特例計算適用（令57③）	○	有	○	無	40

○ 税額控除に係る経過措置の適用（2割特例）				44

還付を受けようとする金融機関等

	銀行 金庫・組合 農協・漁協	本店・支店 出張所 本所・支所
預金	口座番号	
ゆうちょ銀行の貯金記号番号	－	
郵便局名等		

○ （個人の方）公金受取口座の利用

※税務署整理欄

税理士署名	
	（電話番号　　　－　　　－　　　　）

○ 税理士法第30条の書面提出有
○ 税理士法第33条の2の書面提出有

227

付表1-1　税率別消費税額計算表　兼　地方消費税の課税標準となる消費税額計算表
〔経過措置対象課税資産の譲渡等を含む課税期間用〕

一　般

課　税　期　間	・　・　～　・　・	氏名又は名称	

区　　　　分		旧税率分小計 X	税率6.24％適用分 D	税率7.8％適用分 E	合　　計　　F (X+D+E)
課　税　標　準　額	①	(付表1-2の①X欄の金額)　円 000	円 000	円 000	※第二表の①欄へ　円 000
①の内訳	課税資産の譲渡等の対価の額 ①-1	(付表1-2の①-1X欄の金額)	※第二表の⑤欄へ	※第二表の⑥欄へ	※第二表の⑦欄へ
	特定課税仕入れに係る支払対価の額 ①-2	(付表1-2の①-2X欄の金額)	※①-2欄は、課税売上割合が95％未満、かつ、特定課税仕入れがある事業者のみ記載する。 ※第二表の⑨欄へ		※第二表の⑩欄へ
消　費　税　額	②	(付表1-2の②X欄の金額)	※第二表の⑮欄へ	※第二表の⑯欄へ	※第二表の⑪欄へ
控除過大調整税額	③	(付表1-2の③X欄の金額)	(付表2-1の㉗・㉘D欄の合計金額)	(付表2-1の㉗・㉘E欄の合計金額)	※第一表の③欄へ
控除税額	控除対象仕入税額 ④	(付表1-2の④X欄の金額)	(付表2-1の㉖D欄の金額)	(付表2-1の㉖E欄の金額)	※第一表の④欄へ
	返還等対価に係る税額 ⑤	(付表1-2の⑤X欄の金額)			※第二表の⑰欄へ
	⑤の内訳　売上げの返還等対価に係る税額 ⑤-1	(付表1-2の⑤-1X欄の金額)			※第二表の⑱欄へ
	特定課税仕入れの返還等対価に係る税額 ⑤-2	(付表1-2の⑤-2X欄の金額)	※⑤-2欄は、課税売上割合が95％未満、かつ、特定課税仕入れがある事業者のみ記載する。		※第二表の⑲欄へ
	貸倒れに係る税額 ⑥	(付表1-2の⑥X欄の金額)			※第一表の⑥欄へ
	控除税額小計 (④+⑤+⑥) ⑦	(付表1-2の⑦X欄の金額)			※第一表の⑦欄へ
控除不足還付税額 (⑦-②-③) ⑧		(付表1-2の⑧X欄の金額)	※⑪E欄へ	※⑪E欄へ	
差　引　税　額 (②+③-⑦) ⑨		(付表1-2の⑨X欄の金額)	※⑫E欄へ	※⑫E欄へ	
合　計　差　引　税　額 (⑨-⑧) ⑩					※マイナスの場合は第一表の⑧欄へ ※プラスの場合は第一表の⑨欄へ
地方消費税の課税標準となる消費税額	控除不足還付税額 ⑪	(付表1-2の⑪X欄の金額)		(⑧D欄と⑧E欄の合計金額)	
	差　引　税　額 ⑫	(付表1-2の⑫X欄の金額)		(⑨D欄と⑨E欄の合計金額)	
合計差引地方消費税の課税標準となる消費税額 (⑫-⑪) ⑬		(付表1-2の⑬X欄の金額)		※第二表の㉓欄へ	※マイナスの場合は第一表の⑰欄へ ※プラスの場合は第一表の⑱欄へ ※第二表の㉑欄へ
譲渡割額	還　付　額 ⑭	(付表1-2の⑭X欄の金額)		(⑪E欄×22/78)	
	納　税　額 ⑮	(付表1-2の⑮X欄の金額)		(⑫E欄×22/78)	
合計差引譲渡割額 (⑮-⑭) ⑯					※マイナスの場合は第一表の⑲欄へ ※プラスの場合は第一表の⑳欄へ

注意　1　金額の計算においては、1円未満の端数を切り捨てる。
　　　2　旧税率が適用された取引がある場合は、付表1-2を作成してから当該付表を作成する。

(R5.10.1以後終了課税期間用)

第4-(2)号様式

付表2−1　課税売上割合・控除対象仕入税額等の計算表　　　　　　　　　　　　　一　般
〔経過措置対象課税資産の譲渡等を含む課税期間用〕

| 課　税　期　間 | ・　・　～　・　・ | 氏 名 又 は 名 称 | |

項　目		旧税率分小計 X	税率6.24％適用分 D	税率7.8％適用分 E	合　　計　F (X+D+E)
課 税 売 上 額 （ 税 抜 き ）	①	(付表2-2の①X欄の金額) 円	円	円	円
免 税 売 上 額	②				
非 課 税 資 産 の 輸 出 等 の 金 額 、海 外 支 店 等 へ 移 送 し た 資 産 の 価 額	③				
課税資産の譲渡等の対価の額（①＋②＋③）	④				※第一表の⑮欄へ ※付表2-2の④X欄へ
課 税 資 産 の 譲 渡 等 の 対 価 の 額 （ ④ の 金 額 ）	⑤				
非 課 税 売 上 額	⑥				
資 産 の 譲 渡 等 の 対 価 の 額 （ ⑤ ＋ ⑥ ）	⑦				※第一表の⑯欄へ ※付表2-2の⑦X欄へ
課 税 売 上 割 合 （ ④ ／ ⑦ ）	⑧				※付表2-2の⑧X欄へ [％] ※端数切捨て
課 税 仕 入 れ に 係 る 支 払 対 価 の 額 （ 税 込 み ）	⑨	(付表2-2の⑨X欄の金額)			
課 税 仕 入 れ に 係 る 消 費 税 額	⑩	(付表2-2の⑩X欄の金額)			
適格請求書発行事業者以外の者から行った課税仕入れに係る経過措置の適用を受ける課税仕入れに係る支払対価の額（税込み）	⑪	(付表2-2の⑪X欄の金額)			
適格請求書発行事業者以外の者から行った課税仕入れに係る経過措置により課税仕入れに係る消費税額とみなされる額	⑫	(付表2-2の⑫X欄の金額)			
特 定 課 税 仕 入 れ に 係 る 支 払 対 価 の 額	⑬	(付表2-2の⑬X欄の金額)	※⑬及び⑭欄は、課税売上割合が95％未満、かつ、特定課税仕入れがある事業者のみ記載する。		
特 定 課 税 仕 入 れ に 係 る 消 費 税 額	⑭	(付表2-2の⑭X欄の金額)		(⑬E欄×7.8/100)	
課 税 貨 物 に 係 る 消 費 税 額	⑮	(付表2-2の⑮X欄の金額)			
納 税 義 務 の 免 除 を 受 け な い （ 受 け る ）こ と と な っ た 場 合 に お け る 消 費 税 額 の 調 整 （ 加 算 又 は 減 算 ） 額	⑯	(付表2-2の⑯X欄の金額)			
課 税 仕 入 れ 等 の 税 額 の 合 計 額 （⑩＋⑫＋⑭＋⑮±⑯）	⑰	(付表2-2の⑰X欄の金額)			
課 税 売 上 高 が 5 億 円 以 下 、 か つ 、課 税 売 上 割 合 が 95 ％ 以 上 の 場 合 （⑰の金額）	⑱	(付表2-2の⑱X欄の金額)			
課5課95　個別対応方式 ⑰のうち、課税売上げにのみ要するもの	⑲	(付表2-2の⑲X欄の金額)			
税億売％ ⑰のうち、課税売上げと非課税売上げに共 通 し て 要 す る も の	⑳	(付表2-2の⑳X欄の金額)			
上未上満 個 別 対 応 方 式 に よ り 控 除 す る円の 課 税 仕 入 れ 等 の 税 額〔⑲＋（⑳×④／⑦）〕	㉑	(付表2-2の㉑X欄の金額)			
超割又合 一括比例配分方式により控除する課税仕入れはが 等の税額　（⑰×④／⑦）	㉒	(付表2-2の㉒X欄の金額)			
の控除税額調整 課税売上割合変動時の調整対象固定資産に係る消 費 税 額 の 調 整 （ 加 算 又 は 減 算 ）額	㉓	(付表2-2の㉓X欄の金額)			
調整対象固定資産を課税業務用（非課税業務用）に 転 用 し た 場 合 の 調 整 （ 加 算 又 は 減 算 ）額	㉔	(付表2-2の㉔X欄の金額)			
居 住 用 賃 貸 建 物 を 課 税 賃 貸 用 に 供 し た （ 譲 渡 し た ） 場 合 の 加 算 額	㉕	(付表2-2の㉕X欄の金額)			
差引 控 除 対 象 仕 入 税 額〔（⑱、㉑又は㉒の金額）±㉓±㉔＋㉕〕がプラスの時	㉖	(付表2-2の㉖X欄の金額)	※付表1-1の④D欄へ	※付表1-1の④E欄へ	
控 除 過 大 調 整 税 額〔（⑱、㉑又は㉒の金額）±㉓±㉔＋㉕〕がマイナスの時	㉗	(付表2-2の㉗X欄の金額)	※付表1-1の③D欄へ	※付表1-1の③E欄へ	
貸 倒 回 収 に 係 る 消 費 税 額	㉘	(付表2-2の㉘X欄の金額)	※付表1-1の③D欄へ	※付表1-1の③E欄へ	

注意　1　金額の計算においては、1円未満の端数を切り捨てる。
　　　2　旧税率が適用された取引がある場合は、付表2−2を作成してから当該付表を作成する。
　　　3　⑨、⑪及び⑬欄には、値引き、割戻し、割引きなど仕入対価の返還等の金額がある場合（仕入対価の返還等の金額を仕入金額から直接減額している場合を除く。）には、その金額を控除した後の金額を記載する。
　　　4　⑪及び⑫欄の経過措置とは、所得税法等の一部を改正する法律（平成28年法律第15号）附則第52条又は第53条の適用がある場合をいう。

(R5.10.1以後終了課税期間用)

229

第4-(3)号様式

付表4−1　税率別消費税額計算表　兼　地方消費税の課税標準となる消費税額計算表
　　　　　〔経過措置対象課税資産の譲渡等を含む課税期間用〕

〔簡易〕

| 課　税　期　間 | ・　・　～　・　・ | 氏　名　又　は　名　称 | |

区　　　　　分	旧税率分小計 X	税率6.24%適用分 D	税率7.8%適用分 E	合　　　計　　F (X＋D＋E)
課　税　標　準　額　①	(付表4-2の①X欄の金額)　円 000	円 000	円 000	※第二表の①欄へ　円 000
課税資産の譲渡等の対価の額　①-1	(付表4-2の①-1X欄の金額)	※第二表の⑤欄へ	※第二表の⑥欄へ	※第二表の⑦欄へ
消　　費　　税　　額　②	(付表4-2の②X欄の金額)	※付表5-1の①D欄へ ※第二表の⑮欄へ	※付表5-1の①E欄へ ※第二表の⑯欄へ	※付表5-1の①F欄へ ※第二表の⑪欄へ
貸倒回収に係る消費税額　③	(付表4-2の③X欄の金額)	※付表5-1の②D欄へ	※付表5-1の②E欄へ	※付表5-1の②F欄へ ※第一表の③欄へ
控除　控除対象仕入税額　④	(付表4-2の④X欄の金額)	(付表5-1の⑤D欄又は㉗D欄の金額)	(付表5-1の⑤E欄又は㉗E欄の金額)	(付表5-1の⑤F欄又は㉗F欄の金額) ※第一表の④欄へ
税　返還等対価に係る税額　⑤	(付表4-2の⑤X欄の金額)	※付表5-1の③D欄へ	※付表5-1の③E欄へ	※付表5-1の③F欄へ ※第二表の⑰欄へ
額　貸倒れに係る税額　⑥	(付表4-2の⑥X欄の金額)			※第一表の⑥欄へ
控除税額小計 (④＋⑤＋⑥)　⑦	(付表4-2の⑦X欄の金額)			※第一表の⑦欄へ
控除不足還付税額 (⑦−②−③)　⑧	(付表4-2の⑧X欄の金額)	※⑪E欄へ	※⑪E欄へ	
差　引　税　額 (②＋③−⑦)　⑨	(付表4-2の⑨X欄の金額)	※⑫E欄へ	※⑫E欄へ	
合　計　差　引　税　額 (⑨−⑧)　⑩				※マイナスの場合は第一表の⑧欄へ ※プラスの場合は第一表の⑨欄へ
地方消費税の課税標準となる消費税額　控除不足還付税額　⑪	(付表4-2の⑪X欄の金額)		(⑧D欄と⑧E欄の合計金額)	
差　引　税　額　⑫	(付表4-2の⑫X欄の金額)		(⑨D欄と⑨E欄の合計金額)	
合計差引地方消費税の課税標準となる消費税額 (⑫−⑪)　⑬	(付表4-2の⑬X欄の金額)		※第二表の㉒欄へ	※マイナスの場合は第一表の⑰欄へ ※プラスの場合は第一表の⑱欄へ ※第二表の㉚欄へ
譲渡割額　還　付　額　⑭	(付表4-2の⑭X欄の金額)		(⑪E欄×22/78)	
納　税　額　⑮	(付表4-2の⑮X欄の金額)		(⑫E欄×22/78)	
合計差引譲渡割額 (⑮−⑭)　⑯				※マイナスの場合は第一表の⑲欄へ ※プラスの場合は第一表の⑳欄へ

注意　1　金額の計算においては、1円未満の端数を切り捨てる。
　　　2　旧税率が適用された取引がある場合は、付表4-2を作成してから当該付表を作成する。

(R1.10.1以後終了課税期間用)

230

第4-(4)号様式

付表5-1　　控除対象仕入税額等の計算表
　　　　　　〔経過措置対象課税資産の譲渡等を含む課税期間用〕

簡易

課税期間	・・～・・	氏名又は名称	

Ⅰ　控除対象仕入税額の計算の基礎となる消費税額

項　　目		旧税率分小計 X	税率6.24%適用分 D	税率7.8%適用分 E	合計 F (X＋D＋E)
課税標準額に対する消費税額	①	(付表5-2の①X欄の金額)　　　円	(付表4-1の②D欄の金額)　　　円	(付表4-1の②E欄の金額)	(付表4-1の②F欄の金額)　　　円
貸倒回収に係る消費税額	②	(付表5-2の②X欄の金額)	(付表4-1の③D欄の金額)	(付表4-1の③E欄の金額)	(付表4-1の③F欄の金額)
売上対価の返還等に係る消費税額	③	(付表5-2の③X欄の金額)	(付表4-1の⑤D欄の金額)	(付表4-1の⑤E欄の金額)	(付表4-1の⑤F欄の金額)
控除対象仕入税額の計算の基礎となる消費税額 (①＋②－③)	④	(付表5-2の④X欄の金額)			

Ⅱ　1種類の事業の専業者の場合の控除対象仕入税額

項　　目		旧税率分小計 X	税率6.24%適用分 D	税率7.8%適用分 E	合計 F (X＋D＋E)
④ × みなし仕入率 (90%・80%・70%・60%・50%・40%)	⑤	(付表5-2の⑤X欄の金額)　　円	※付表4-1の④D欄へ　　　円	※付表4-1の④E欄へ　　　円	※付表4-1の④F欄へ　　　円

Ⅲ　2種類以上の事業を営む事業者の場合の控除対象仕入税額

(1) 事業区分別の課税売上高(税抜き)の明細

項　　目		旧税率分小計 X	税率6.24%適用分 D	税率7.8%適用分 E	合計 F (X＋D＋E)	
事業区分別の合計額	⑥	(付表5-2の⑥X欄の金額)　　円	円	円	円	売上割合
第一種事業 (卸売業)	⑦	(付表5-2の⑦X欄の金額)			※第一表「事業区分」欄へ	％
第二種事業 (小売業等)	⑧	(付表5-2の⑧X欄の金額)			※　〃	
第三種事業 (製造業等)	⑨	(付表5-2の⑨X欄の金額)			※　〃	
第四種事業 (その他)	⑩	(付表5-2の⑩X欄の金額)			※　〃	
第五種事業 (サービス業等)	⑪	(付表5-2の⑪X欄の金額)			※　〃	
第六種事業 (不動産業)	⑫	(付表5-2の⑫X欄の金額)			※　〃	

(2) (1)の事業区分別の課税売上高に係る消費税額の明細

項　　目		旧税率分小計 X	税率6.24%適用分 D	税率7.8%適用分 E	合計 F (X＋D＋E)
事業区分別の合計額	⑬	(付表5-2の⑬X欄の金額)　　円	円	円	円
第一種事業 (卸売業)	⑭	(付表5-2の⑭X欄の金額)			
第二種事業 (小売業等)	⑮	(付表5-2の⑮X欄の金額)			
第三種事業 (製造業等)	⑯	(付表5-2の⑯X欄の金額)			
第四種事業 (その他)	⑰	(付表5-2の⑰X欄の金額)			
第五種事業 (サービス業等)	⑱	(付表5-2の⑱X欄の金額)			
第六種事業 (不動産業)	⑲	(付表5-2の⑲X欄の金額)			

注意　1　金額の計算においては、1円未満の端数を切り捨てる。
　　　2　旧税率が適用された取引がある場合は、付表5-2を作成してから当該付表を作成する。
　　　3　課税売上げにつき返品を受け又は値引き・割戻しをした金額(売上対価の返還等の金額)があり、売上(収入)金額から減算しない方法で経理して経費に含めている場合には、⑥から⑫欄には売上対価の返還等の金額(税抜き)を控除した後の金額を記載する。

(1／2)

(3) 控除対象仕入税額の計算式区分の明細

イ 原則計算を適用する場合

控 除 対 象 仕 入 税 額 の 計 算 式 区 分		旧税率分小計 X	税率6.24%適用分 D	税率7.8%適用分 E	合計 F (X＋D＋E)
④ × みなし仕入率 $\dfrac{⑭×90\%＋⑮×80\%＋⑯×70\%＋⑰×60\%＋⑱×50\%＋⑲×40\%}{⑬}$	⑳	(付表5-2の⑳X欄の金額) 円	円	円	円

ロ 特例計算を適用する場合

(イ) 1種類の事業で75%以上

控 除 対 象 仕 入 税 額 の 計 算 式 区 分		旧税率分小計 X	税率6.24%適用分 D	税率7.8%適用分 E	合計 F (X＋D＋E)
(⑦F／⑥F・⑧F／⑥F・⑨F／⑥F・⑩F／⑥F・⑪F／⑥F・⑫F／⑥F)≧75% ④×みなし仕入率(90%・80%・70%・60%・50%・40%)	㉑	(付表5-2の㉑X欄の金額) 円	円	円	円

(ロ) 2種類の事業で75%以上

控 除 対 象 仕 入 税 額 の 計 算 式 区 分			旧税率分小計 X	税率6.24%適用分 D	税率7.8%適用分 E	合計 F (X＋D＋E)
第一種事業及び第二種事業 (⑦F＋⑧F)／⑥F≧75%	④×	$\dfrac{⑭×90\%＋(⑬－⑭)×80\%}{⑬}$	㉒	(付表5-2の㉒X欄の金額) 円	円	円	円
第一種事業及び第三種事業 (⑦F＋⑨F)／⑥F≧75%	④×	$\dfrac{⑭×90\%＋(⑬－⑭)×70\%}{⑬}$	㉓	(付表5-2の㉓X欄の金額)			
第一種事業及び第四種事業 (⑦F＋⑩F)／⑥F≧75%	④×	$\dfrac{⑭×90\%＋(⑬－⑭)×60\%}{⑬}$	㉔	(付表5-2の㉔X欄の金額)			
第一種事業及び第五種事業 (⑦F＋⑪F)／⑥F≧75%	④×	$\dfrac{⑭×90\%＋(⑬－⑭)×50\%}{⑬}$	㉕	(付表5-2の㉕X欄の金額)			
第一種事業及び第六種事業 (⑦F＋⑫F)／⑥F≧75%	④×	$\dfrac{⑭×90\%＋(⑬－⑭)×40\%}{⑬}$	㉖	(付表5-2の㉖X欄の金額)			
第二種事業及び第三種事業 (⑧F＋⑨F)／⑥F≧75%	④×	$\dfrac{⑮×80\%＋(⑬－⑮)×70\%}{⑬}$	㉗	(付表5-2の㉗X欄の金額)			
第二種事業及び第四種事業 (⑧F＋⑩F)／⑥F≧75%	④×	$\dfrac{⑮×80\%＋(⑬－⑮)×60\%}{⑬}$	㉘	(付表5-2の㉘X欄の金額)			
第二種事業及び第五種事業 (⑧F＋⑪F)／⑥F≧75%	④×	$\dfrac{⑮×80\%＋(⑬－⑮)×50\%}{⑬}$	㉙	(付表5-2の㉙X欄の金額)			
第二種事業及び第六種事業 (⑧F＋⑫F)／⑥F≧75%	④×	$\dfrac{⑮×80\%＋(⑬－⑮)×40\%}{⑬}$	㉚	(付表5-2の㉚X欄の金額)			
第三種事業及び第四種事業 (⑨F＋⑩F)／⑥F≧75%	④×	$\dfrac{⑯×70\%＋(⑬－⑯)×60\%}{⑬}$	㉛	(付表5-2の㉛X欄の金額)			
第三種事業及び第五種事業 (⑨F＋⑪F)／⑥F≧75%	④×	$\dfrac{⑯×70\%＋(⑬－⑯)×50\%}{⑬}$	㉜	(付表5-2の㉜X欄の金額)			
第三種事業及び第六種事業 (⑨F＋⑫F)／⑥F≧75%	④×	$\dfrac{⑯×70\%＋(⑬－⑯)×40\%}{⑬}$	㉝	(付表5-2の㉝X欄の金額)			
第四種事業及び第五種事業 (⑩F＋⑪F)／⑥F≧75%	④×	$\dfrac{⑰×60\%＋(⑬－⑰)×50\%}{⑬}$	㉞	(付表5-2の㉞X欄の金額)			
第四種事業及び第六種事業 (⑩F＋⑫F)／⑥F≧75%	④×	$\dfrac{⑰×60\%＋(⑬－⑰)×40\%}{⑬}$	㉟	(付表5-2の㉟X欄の金額)			
第五種事業及び第六種事業 (⑪F＋⑫F)／⑥F≧75%	④×	$\dfrac{⑱×50\%＋(⑬－⑱)×40\%}{⑬}$	㊱	(付表5-2の㊱X欄の金額)			

ハ 上記の計算式区分から選択した控除対象仕入税額

項 目		旧税率分小計 X	税率6.24%適用分 D	税率7.8%適用分 E	合計 F (X＋D＋E)
選 択 可 能 な 計 算 式 区 分 (⑳ ～ ㊱) の 内 か ら 選 択 し た 金 額	㊲	(付表5-2の㊲X欄の金額) 円	※付表4-1の④D欄へ 円	※付表4-1の④E欄へ 円	※付表4-1の④F欄へ 円

注意　1　金額の計算においては、1円未満の端数を切り捨てる。
　　　2　旧税率が適用された取引がある場合は、付表5-2を作成してから当該付表を作成する。

(2／2)

(R1.10.1以後終了課税期間用)

232

第4-(5)号様式

付表1-2 税率別消費税額計算表 兼 地方消費税の課税標準となる消費税額計算表　　　　　　　　　　　一 般
〔経過措置対象課税資産の譲渡等を含む課税期間用〕

課　税　期　間	・　・　〜　・　・	氏 名 又 は 名 称	

区　　　　　　分		税率3％適用分 A	税率4％適用分 B	税率6.3％適用分 C	旧税率分小計 X (A＋B＋C)
課 税 標 準 額	①	円 000	円 000	円 000	※付表1-1の①X欄へ 円 000
①の内訳	課税資産の譲渡等の対価の額 ①-1	※第二表の②欄へ	※第二表の③欄へ	※第二表の④欄へ	※付表1-1の①-1X欄へ
	特定課税仕入れに係る支払対価の額 ①-2	※①-2欄は、課税売上割合が95％未満、かつ、特定課税仕入れがある事業者のみ記載する。		※第二表の⑧欄へ	※付表1-1の①-2X欄へ
消 費 税 額	②	※第二表の⑫欄へ	※第二表の⑬欄へ	※第二表の⑭欄へ	※付表1-1の②X欄へ
控 除 過 大 調 整 税 額	③	(付表2-2の㉗・㉘A欄の合計金額)	(付表2-2の㉗・㉘B欄の合計金額)	(付表2-2の㉗・㉘C欄の合計金額)	※付表1-1の③X欄へ
控除税額	控除対象仕入税額 ④	(付表2-2の㉖A欄の金額)	(付表2-2の㉖B欄の金額)	(付表2-2の㉖C欄の金額)	※付表1-1の④X欄へ
	返還等対価に係る税額 ⑤				※付表1-1の⑤X欄へ
	⑤の内訳 売上げの返還等対価に係る税額 ⑤-1				※付表1-1の⑤-1X欄へ
	特定課税仕入れの返還等対価に係る税額 ⑤-2	※⑤-2欄は、課税売上割合が95％未満、かつ、特定課税仕入れがある事業者のみ記載する。			※付表1-1の⑤-2X欄へ
	貸倒れに係る税額 ⑥				※付表1-1の⑥X欄へ
	控除税額小計 (④＋⑤＋⑥) ⑦				※付表1-1の⑦X欄へ
控除不足還付税額 (⑦－②－③)	⑧		※⑪B欄へ	※⑪C欄へ	※付表1-1の⑧X欄へ
差 引 税 額 (②＋③－⑦)	⑨		※⑫B欄へ	※⑫C欄へ	※付表1-1の⑨X欄へ
合 計 差 引 税 額 (⑨－⑧)	⑩				
地方消費税の課税標準となる消費税額	控除不足還付税額 ⑪		(⑧B欄の金額)	(⑧C欄の金額)	※付表1-1の⑪X欄へ
	差 引 税 額 ⑫		(⑨B欄の金額)	(⑨C欄の金額)	※付表1-1の⑫X欄へ
合計差引地方消費税の課税標準となる消費税額 (⑫－⑪)	⑬		※第二表の㉑欄へ	※第二表の㉒欄へ	※付表1-1の⑬X欄へ
譲渡割額	還 付 額 ⑭		(⑪B欄×25/100)	(⑪C欄×17/63)	※付表1-1の⑭X欄へ
	納 税 額 ⑮		(⑫B欄×25/100)	(⑫C欄×17/63)	※付表1-1の⑮X欄へ
合 計 差 引 譲 渡 割 額 (⑮－⑭)	⑯				

注意　1　金額の計算においては、1円未満の端数を切り捨てる。
　　　2　旧税率が適用された取引がある場合は、当該付表を作成してから付表1-1を作成する。

(R5.10.1以後終了課税期間用)

233

第4-(6)号様式

付表2-2　　課税売上割合・控除対象仕入税額等の計算表

〔経過措置対象課税資産の譲渡等を含む課税期間用〕

一 般

| 課 税 期 間 | ・ ・ ～ ・ ・ | 氏名又は名称 | |

項　　目		税率3％適用分 A	税率4％適用分 B	税率6.3％適用分 C	旧税率分小計X (A＋B＋C)
課 税 売 上 額 （ 税 抜 き ）	①	円	円	円	※付表2-1の①X欄へ　円
免 税 売 上 額	②				
非 課 税 資 産 の 輸 出 等 の 金 額 、海 外 支 店 等 へ 移 送 し た 資 産 の 価 額	③				
課税資産の譲渡等の対価の額（①＋②＋③）	④				(付表2-1の④F欄の金額)
課 税 資 産 の 譲 渡 等 の 対 価 の 額 （ ④ の 金 額 ）	⑤				
非 課 税 売 上 額	⑥				
資 産 の 譲 渡 等 の 対 価 の 額 （ ⑤ ＋ ⑥ ）	⑦				(付表2-1の⑦F欄の金額)
課 税 売 上 割 合 （ ④ ／ ⑦ ）	⑧				(付表2-1の⑧F欄の割合) ［　　　　％］※端数 切捨て
課 税 仕 入 れ に 係 る 支 払 対 価 の 額 （ 税 込 み ）	⑨				※付表2-1の⑨X欄へ
課 税 仕 入 れ に 係 る 消 費 税 額	⑩				※付表2-1の⑩X欄へ
適格請求書発行事業者以外の者から行った課税仕入れに係る経過措置の適用を受ける課税仕入れに係る支払対価の額（税込み）	⑪				※付表2-1の⑪X欄へ
適格請求書発行事業者以外の者から行った課税仕入れに係る経過措置により課税仕入れに係る消費税額とみなされる額	⑫				※付表2-1の⑫X欄へ
特 定 課 税 仕 入 れ に 係 る 支 払 対 価 の 額	⑬	※⑬及び⑭欄は、課税売上割合が95％未満、かつ、特定課税仕入れがある事業者のみ記載する。			※付表2-1の⑬X欄へ
特 定 課 税 仕 入 れ に 係 る 消 費 税 額	⑭			(⑬C欄×6.3/100)	※付表2-1の⑭X欄へ
課 税 貨 物 に 係 る 消 費 税 額	⑮				※付表2-1の⑮X欄へ
納 税 義 務 の 免 除 を 受 け な い （ 受 け る ）こ と と な っ た 場 合 に お け る 消 費 税 額の 調 整 （ 加 算 又 は 減 算 ） 額	⑯				※付表2-1の⑯X欄へ
課 税 仕 入 れ 等 の 税 額 の 合 計 額（⑩＋⑫＋⑭＋⑮±⑯）	⑰				※付表2-1の⑰X欄へ
課 税 売 上 高 が 5 億 円 以 下 、 か つ 、課 税 売 上 割 合 が 95 ％ 以 上 の 場 合（⑰の金額）	⑱				※付表2-1の⑱X欄へ
課5課95個別対応方式／⑰のうち、課税売上げにのみ要するもの	⑲				※付表2-1の⑲X欄へ
税億税％／⑰のうち、課税売上げと非課税売上げに共 通 し て 要 す る も の	⑳				※付表2-1の⑳X欄へ
売未売上／個別対応方式により控除する課 税 仕 入 れ 等 の 税 額〔⑲＋（⑳×④／⑦）〕	㉑				※付表2-1の㉑X欄へ
上円割の／一括比例配分方式により控除する課税仕入れ等の税額　（⑰×④／⑦）	㉒				※付表2-1の㉒X欄へ
高又合高控の除調／課税売上割合変動時の調整対象固定資産に係る消 費 税 額 の 調 整 （ 加 算 又 は 減 算 ） 額	㉓				※付表2-1の㉓X欄へ
がはが合税額整／調整対象固定資産を課税業務用（非課税業務用）に 転 用 し た 場 合 の 調 整 （ 加 算 又 は 減 算 ） 額	㉔				※付表2-1の㉔X欄へ
／居 住 用 賃 貸 建 物 を 課 税 賃 貸 用に 供 し た （ 譲 渡 し た ） 場 合 の 加 算 額	㉕				※付表2-1の㉕X欄へ
差控 除 対 象 仕 入 税 額〔（⑱、㉑又は㉒の金額）±㉓±㉔＋㉕〕がプラスの時	㉖	※付表1-2の④A欄へ	※付表1-2の④B欄へ	※付表1-2の④C欄へ	※付表2-1の㉖X欄へ
引控 除 過 大 調 整 税 額〔（⑱、㉑又は㉒の金額）±㉓±㉔＋㉕〕がマイナスの時	㉗	※付表1-2の③A欄へ	※付表1-2の③B欄へ	※付表1-2の③C欄へ	※付表2-1の㉗X欄へ
貸 倒 回 収 に 係 る 消 費 税 額	㉘	※付表1-2の③A欄へ	※付表1-2の③B欄へ	※付表1-2の③C欄へ	※付表2-1の㉘X欄へ

注意　1　金額の計算においては、1円未満の端数を切り捨てる。
　　　2　旧税率が適用された取引がある場合は、当該付表を作成してから付表2-1を作成する。
　　　3　①、⑨及び⑬X欄は、付表2-1のF欄を計算した後に記載する。
　　　4　⑨、⑪及び⑬欄には、値引き、割戻し、割引きなど仕入対価の返還等の金額がある場合（仕入対価の返還等の金額を仕入金額から直接減額している場合を除く。）には、その金額を控除した後の金額を記載する。
　　　5　⑪及び⑫欄の経過措置とは、所得税法等の一部を改正する法律（平成28年法律第15号）附則第52条又は第53条の適用がある場合をいう。

(R5.10.1以後終了課税期間用)

234

第4-(7)号様式

付表4－2　税率別消費税額計算表　兼　地方消費税の課税標準となる消費税額計算表
〔経過措置対象課税資産の譲渡等を含む課税期間用〕

〔簡　易〕

課　税　期　間	・　・　～　・　・	氏　名　又　は　名　称	

区　　　　　　　分		税率3％適用分 A	税率4％適用分 B	税率6.3％適用分 C	旧税率分小計 X (A＋B＋C)
課　税　標　準　額	①	円 000	円 000	円 000	※付表4-1の①X欄へ 円 000
課 税 資 産 の 譲 渡 等 の 対 価 の 額	①-1	※第二表の②欄へ	※第二表の③欄へ	※第二表の④欄へ	※付表4-1の①-1X欄へ
消　　費　　税　　額	②	※付表5-2の①A欄へ ※第二表の⑫欄へ	※付表5-2の①B欄へ ※第二表の⑬欄へ	※付表5-2の①C欄へ ※第二表の⑭欄へ	※付表4-1の②X欄へ
貸倒回収に係る消費税額	③	※付表5-2の②A欄へ	※付表5-2の②B欄へ	※付表5-2の②C欄へ	※付表4-1の③X欄へ
控　除　控除対象仕入税額	④	(付表5-2の⑤A欄又は㉗A欄の金額)	(付表5-2の⑤B欄又は㉗B欄の金額)	(付表5-2の⑤C欄又は㉗C欄の金額)	※付表4-1の④X欄へ
返 還 等 対 価 に 係 る 税 額 除	⑤	※付表5-2の③A欄へ	※付表5-2の③B欄へ	※付表5-2の③C欄へ	※付表4-1の⑤X欄へ
税　貸倒れに係る税額	⑥				※付表4-1の⑥X欄へ
額　控 除 税 額 小 計 (④＋⑤＋⑥)	⑦				※付表4-1の⑦X欄へ
控 除 不 足 還 付 税 額 (⑦－②－③)	⑧		※⑪B欄へ	※⑪C欄へ	※付表4-1の⑧X欄へ
差　引　税　額 (②＋③－⑦)	⑨		※⑫B欄へ	※⑫C欄へ	※付表4-1の⑨X欄へ
合 計 差 引 税 額 (⑨－⑧)	⑩				
地方消費税の課税標準となる消費税額　控除不足還付税額	⑪		(⑧B欄の金額)	(⑧C欄の金額)	※付表4-1の⑪X欄へ
差　引　税　額	⑫		(⑨B欄の金額)	(⑨C欄の金額)	※付表4-1の⑫X欄へ
合計差引地方消費税の課税標準となる消費税額 (⑫－⑪)	⑬		※第二表の㉑欄へ	※第二表の㉒欄へ	※付表4-1の⑬X欄へ
譲　渡　還　付　額 割	⑭		(⑪B欄×25/100)	(⑪C欄×17/63)	※付表4-1の⑭X欄へ
額　納　税　額	⑮		(⑫B欄×25/100)	(⑫C欄×17/63)	※付表4-1の⑮X欄へ
合 計 差 引 譲 渡 割 額 (⑮－⑭)	⑯				

注意　1　金額の計算においては、1円未満の端数を切り捨てる。
　　　2　旧税率が適用された取引がある場合は、当該付表を作成してから付表4-1を作成する。

(R1.10.1以後終了課税期間用)

第4-(8)号様式

付表5－2　控除対象仕入税額等の計算表
〔経過措置対象課税資産の譲渡等を含む課税期間用〕

簡 易

課 税 期 間	・ ・ ～ ・ ・	氏名又は名称	

Ⅰ　控除対象仕入税額の計算の基礎となる消費税額

項　　目		税率3%適用分 A	税率4%適用分 B	税率6.3%適用分 C	旧税率分小計 X (A＋B＋C)
課 税 標 準 額 に 対 す る 消 費 税 額	①	(付表4-2の②A欄の金額)　　円	(付表4-2の②B欄の金額)　　円	(付表4-2の②C欄の金額)　　円	※付表5-1の①X欄へ　　円
貸 倒 回 収 に 係 る 消 費 税 額	②	(付表4-2の③A欄の金額)	(付表4-2の③B欄の金額)	(付表4-2の③C欄の金額)	※付表5-1の②X欄へ
売 上 対 価 の 返 還 等 に 係 る 消 費 税 額	③	(付表4-2の⑤A欄の金額)	(付表4-2の⑤B欄の金額)	(付表4-2の⑤C欄の金額)	※付表5-1の③X欄へ
控 除 対 象 仕 入 税 額 の 計 算 の 基 礎 と な る 消 費 税 額 （ ① ＋ ② － ③ ）	④				※付表5-1の④X欄へ

Ⅱ　1種類の事業の専業者の場合の控除対象仕入税額

項　　目		税率3%適用分 A	税率4%適用分 B	税率6.3%適用分 C	旧税率分小計 X (A＋B＋C)
④ × みなし仕入率 （90%・80%・70%・60%・50%・40%）	⑤	※付表4-2の④A欄へ　　円	※付表4-2の④B欄へ　　円	※付表4-2の④C欄へ　　円	※付表5-1の⑤X欄へ　　円

Ⅲ　2種類以上の事業を営む事業者の場合の控除対象仕入税額

(1)　事業区分別の課税売上高(税抜き)の明細

項　　目		税率3%適用分 A	税率4%適用分 B	税率6.3%適用分 C	旧税率分小計 X (A＋B＋C)
事 業 区 分 別 の 合 計 額	⑥	円	円	円	※付表5-1の⑥X欄へ　　円
第 一 種 事 業 （ 卸 売 業 ）	⑦				※付表5-1の⑦X欄へ
第 二 種 事 業 （ 小 売 業 等 ）	⑧				※付表5-1の⑧X欄へ
第 三 種 事 業 （ 製 造 業 等 ）	⑨				※付表5-1の⑨X欄へ
第 四 種 事 業 （ そ の 他 ）	⑩				※付表5-1の⑩X欄へ
第 五 種 事 業 （ サ ー ビ ス 業 等 ）	⑪				※付表5-1の⑪X欄へ
第 六 種 事 業 （ 不 動 産 業 ）	⑫				※付表5-1の⑫X欄へ

(2)　(1)の事業区分別の課税売上高に係る消費税額の明細

項　　目		税率3%適用分 A	税率4%適用分 B	税率6.3%適用分 C	旧税率分小計 X (A＋B＋C)
事 業 区 分 別 の 合 計 額	⑬	円	円	円	※付表5-1の⑬X欄へ　　円
第 一 種 事 業 （ 卸 売 業 ）	⑭				※付表5-1の⑭X欄へ
第 二 種 事 業 （ 小 売 業 等 ）	⑮				※付表5-1の⑮X欄へ
第 三 種 事 業 （ 製 造 業 等 ）	⑯				※付表5-1の⑯X欄へ
第 四 種 事 業 （ そ の 他 ）	⑰				※付表5-1の⑰X欄へ
第 五 種 事 業 （ サ ー ビ ス 業 等 ）	⑱				※付表5-1の⑱X欄へ
第 六 種 事 業 （ 不 動 産 業 ）	⑲				※付表5-1の⑲X欄へ

注意　1　金額の計算においては、1円未満の端数を切り捨てる。
　　　2　旧税率が適用された取引がある場合は、当該付表を作成してから付表5-1を作成する。
　　　3　課税売上げにつき返品を受け又は値引き・割戻しをした金額（売上対価の返還等の金額）があり、売上（収入）金額から減算しない方法で経理して経費に含めている場合には、⑥から⑫欄には売上対価の返還等の金額（税抜き）を控除した後の金額を記載する。

(1／2)

(R1.10.1以後終了課税期間用)

(3) 控除対象仕入税額の計算式区分の明細

イ 原則計算を適用する場合

控 除 対 象 仕 入 税 額 の 計 算 式 区 分		税率3%適用分 A	税率4%適用分 B	税率6.3%適用分 C	旧税率分小計 X (A+B+C)
④ × みなし仕入率 $\dfrac{⑭×90\%+⑮×80\%+⑯×70\%+⑰×60\%+⑱×50\%+⑲×40\%}{⑬}$	⑳	円	円	円	※付表5-1の⑳X欄へ 円

ロ 特例計算を適用する場合

(イ) 1種類の事業で75%以上

控 除 対 象 仕 入 税 額 の 計 算 式 区 分 (各項のF欄については付表5-1のF欄を参照のこと)		税率3%適用分 A	税率4%適用分 B	税率6.3%適用分 C	旧税率分小計 X (A+B+C)
(⑦F/⑥F・⑧F/⑥F・⑨F/⑩F・⑩F/⑥F・⑪F/⑥F・⑫F/⑥F)≧75% ④×みなし仕入率(90%・80%・70%・60%・50%・40%)	㉑	円	円	円	※付表5-1の㉑X欄へ 円

(ロ) 2種類の事業で75%以上

控 除 対 象 仕 入 税 額 の 計 算 式 区 分 (各項のF欄については付表5-1のF欄を参照のこと)			税率3%適用分 A	税率4%適用分 B	税率6.3%適用分 C	旧税率分小計 X (A+B+C)
第一種事業及び第二種事業 (⑦F+⑧F)/⑥F≧75%	④×	$\dfrac{⑭×90\%+(⑬-⑭)×80\%}{⑬}$	㉒	円	円	円	※付表5-1の㉒X欄へ
第一種事業及び第三種事業 (⑦F+⑨F)/⑥F≧75%	④×	$\dfrac{⑭×90\%+(⑬-⑭)×70\%}{⑬}$	㉓				※付表5-1の㉓X欄へ
第一種事業及び第四種事業 (⑦F+⑩F)/⑥F≧75%	④×	$\dfrac{⑭×90\%+(⑬-⑭)×60\%}{⑬}$	㉔				※付表5-1の㉔X欄へ
第一種事業及び第五種事業 (⑦F+⑪F)/⑥F≧75%	④×	$\dfrac{⑭×90\%+(⑬-⑭)×50\%}{⑬}$	㉕				※付表5-1の㉕X欄へ
第一種事業及び第六種事業 (⑦F+⑫F)/⑥F≧75%	④×	$\dfrac{⑭×90\%+(⑬-⑭)×40\%}{⑬}$	㉖				※付表5-1の㉖X欄へ
第二種事業及び第三種事業 (⑧F+⑨F)/⑥F≧75%	④×	$\dfrac{⑮×80\%+(⑬-⑮)×70\%}{⑬}$	㉗				※付表5-1の㉗X欄へ
第二種事業及び第四種事業 (⑧F+⑩F)/⑥F≧75%	④×	$\dfrac{⑮×80\%+(⑬-⑮)×60\%}{⑬}$	㉘				※付表5-1の㉘X欄へ
第二種事業及び第五種事業 (⑧F+⑪F)/⑥F≧75%	④×	$\dfrac{⑮×80\%+(⑬-⑮)×50\%}{⑬}$	㉙				※付表5-1の㉙X欄へ
第二種事業及び第六種事業 (⑧F+⑫F)/⑥F≧75%	④×	$\dfrac{⑮×80\%+(⑬-⑮)×40\%}{⑬}$	㉚				※付表5-1の㉚X欄へ
第三種事業及び第四種事業 (⑨F+⑩F)/⑥F≧75%	④×	$\dfrac{⑯×70\%+(⑬-⑯)×60\%}{⑬}$	㉛				※付表5-1の㉛X欄へ
第三種事業及び第五種事業 (⑨F+⑪F)/⑥F≧75%	④×	$\dfrac{⑯×70\%+(⑬-⑯)×50\%}{⑬}$	㉜				※付表5-1の㉜X欄へ
第三種事業及び第六種事業 (⑨F+⑫F)/⑥F≧75%	④×	$\dfrac{⑯×70\%+(⑬-⑯)×40\%}{⑬}$	㉝				※付表5-1の㉝X欄へ
第四種事業及び第五種事業 (⑩F+⑪F)/⑥F≧75%	④×	$\dfrac{⑰×60\%+(⑬-⑰)×50\%}{⑬}$	㉞				※付表5-1の㉞X欄へ
第四種事業及び第六種事業 (⑩F+⑫F)/⑥F≧75%	④×	$\dfrac{⑰×60\%+(⑬-⑰)×40\%}{⑬}$	㉟				※付表5-1の㉟X欄へ
第五種事業及び第六種事業 (⑪F+⑫F)/⑥F≧75%	④×	$\dfrac{⑱×50\%+(⑬-⑱)×40\%}{⑬}$	㊱				※付表5-1の㊱X欄へ

ハ 上記の計算式区分から選択した控除対象仕入税額

項 目		税率3%適用分 A	税率4%適用分 B	税率6.3%適用分 C	旧税率分小計 X (A+B+C)
選 択 可 能 な 計 算 式 区 分 (⑳ ～ ㊱) の 内 か ら 選 択 し た 金 額	㊲	※付表4-2の④A欄へ 円	※付表4-2の④B欄へ 円	※付表4-2の④C欄へ 円	※付表5-1の㊲X欄へ 円

注意 1 金額の計算においては、1円未満の端数を切り捨てる。
　　 2 旧税率が適用された取引がある場合は、当該付表を作成してから付表5-1を作成する。

(2／2)

(R1.10.1以後終了課税期間用)

付表1−3　税率別消費税額計算表　兼　地方消費税の課税標準となる消費税額計算表　　　　一　般

課　税　期　間	・・　～　・・	氏 名 又 は 名 称	

区　　　　　　　分		税率 6.24 ％ 適 用 分 A	税率 7.8 ％ 適 用 分 B	合　　　　　計　　C (A＋B)
課　税　標　準　額	①	円 000	円 000	※第二表の①欄へ 円 000
①の内訳 課 税 資 産 の 譲 渡 等 の 対 価 の 額	①-1	※第二表の⑤欄へ	※第二表の⑥欄へ	※第二表の⑦欄へ
特 定 課 税 仕 入 れ に 係 る 支 払 対 価 の 額	①-2	※①-2欄は、課税売上割合が95%未満、かつ、特定課税仕入れがある事業者のみ記載する。 ※第二表の⑨欄へ		※第二表の⑩欄へ
消　　費　　税　　額	②	※第二表の⑮欄へ	※第二表の⑯欄へ	※第二表の⑪欄へ
控 除 過 大 調 整 税 額	③	(付表2-3の㉗・㉘A欄の合計金額)	(付表2-3の㉗・㉘B欄の合計金額)	※第一表の③欄へ
控除税額 控 除 対 象 仕 入 税 額	④	(付表2-3の㉔A欄の金額)	(付表2-3の㉔B欄の金額)	※第一表の④欄へ
返 還 等 対 価 に 係 る 税 額	⑤			※第二表の⑰欄へ
⑤の内訳 売 上 げ の 返 還 等 対 価 に 係 る 税 額	⑤-1			※第二表の⑱欄へ
特 定 課 税 仕 入 れ の 返 還 等 対 価 に 係 る 税 額	⑤-2	※⑤-2欄は、課税売上割合が95%未満、かつ、特定課税仕入れがある事業者のみ記載する。		※第二表の⑲欄へ
貸 倒 れ に 係 る 税 額	⑥			※第一表の⑥欄へ
控 除 税 額 小 計 (④＋⑤＋⑥)	⑦			※第一表の⑦欄へ
控 除 不 足 還 付 税 額 (⑦－②－③)	⑧			※第一表の⑧欄へ
差 引 税 額 (②＋③－⑦)	⑨			※第一表の⑨欄へ 00
地方消費税の課税標準となる消費税額 控 除 不 足 還 付 税 額 (⑧)	⑩			※第一表の⑰欄へ ※マイナス「−」を付して第二表の㉚及び㉜欄へ
差 引 税 額 (⑨)	⑪			※第一表の⑱欄へ ※第二表の㉚及び㉜欄へ 00
譲渡割額 還 付 額	⑫			(⑩C欄×22/78) ※第一表の⑲欄へ
納 税 額	⑬			(⑪C欄×22/78) ※第一表の⑳欄へ 00

注意　　金額の計算においては、1円未満の端数を切り捨てる。

(R5.10.1以後終了課税期間用)

238

付表2-3　　課税売上割合・控除対象仕入税額等の計算表　　　　　　　　　　　　　　一　般

課　税　期　間	・・～・・	氏名又は名称	

項　　目		税率 6.24 % 適用分 A	税率 7.8 % 適用分 B	合　　　計　　C (A+B)
課 税 売 上 額 （ 税 抜 き ）	①	円	円	円
免　税　売　上　額	②			
非 課 税 資 産 の 輸 出 等 の 金 額 、 海 外 支 店 等 へ 移 送 し た 資 産 の 価 額	③			
課 税 資 産 の 譲 渡 等 の 対 価 の 額 (① ＋ ② ＋ ③)	④			※第一表の⑮欄へ
課 税 資 産 の 譲 渡 等 の 対 価 の 額 (④ の 金 額)	⑤			
非　　課　　税　　売　　上　　額	⑥			
資 産 の 譲 渡 等 の 対 価 の 額 (⑤ ＋ ⑥)	⑦			※第一表の⑯欄へ
課 税 売 上 割 合 (④ ／ ⑦)	⑧			[　　%] ※端数切捨て
課 税 仕 入 れ に 係 る 支 払 対 価 の 額 (税 込 み)	⑨			
課 税 仕 入 れ に 係 る 消 費 税 額	⑩			
適格請求書発行事業者以外の者から行った課税仕入れに係る 経過措置の適用を受ける課税仕入れに係る支払対価の額(税込み)	⑪			
適格請求書発行事業者以外の者から行った課税仕入れに係る 経過措置により課税仕入れに係る消費税額とみなされる額	⑫			
特 定 課 税 仕 入 れ に 係 る 支 払 対 価 の 額	⑬	※⑬及び⑭欄は、課税売上割合が95%未満、かつ、特定課税仕入れがある事業者のみ記載する。		
特 定 課 税 仕 入 れ に 係 る 消 費 税 額	⑭		(⑬B欄×7.8/100)	
課 税 貨 物 に 係 る 消 費 税 額	⑮			
納 税 義 務 の 免 除 を 受 け な い (受 け る) こ と と な っ た 場 合 に お け る 消 費 税 額 の 調 整 (加 算 又 は 減 算) 額	⑯			
課 税 仕 入 れ 等 の 税 額 の 合 計 額 (⑩＋⑫＋⑭＋⑮±⑯)	⑰			
課 税 売 上 高 が 5 億 円 以 下 、 か つ 、 課 税 売 上 割 合 が 95 % 以 上 の 場 合 (⑰の金額)	⑱			
課5課95 税億税% 売円売未 上・上満 高又割の がは合場 5合が合	個別対応方式	⑰のうち、課税売上げにのみ要するもの	⑲			
		⑰のうち、課税売上げと非課税売上げに 共 通 し て 要 す る も の	⑳			
		個 別 対 応 方 式 に よ り 控 除 す る 課 税 仕 入 れ 等 の 税 額 〔⑲＋(⑳×④／⑦)〕	㉑			
	一括比例配分方式により控除する課税仕入れ 等の税額　(⑰×④／⑦)		㉒			
控除税額の調整	課税売上割合変動時の調整対象固定資産に係る 消 費 税 額 の 調 整 (加 算 又 は 減 算) 額		㉓			
	調整対象固定資産を課税業務用(非課税業務用) に 転 用 し た 場 合 の 調 整 (加 算 又 は 減 算) 額		㉔			
	居 住 用 賃 貸 建 物 を 課 税 賃 貸 用 に 供 し た (譲 渡 し た) 場 合 の 加 算 額		㉕			
差引	控 除 対 象 仕 入 税 額 〔(⑱、㉑又は㉒の金額)±㉓±㉔＋㉕〕がプラスの時		㉖	※付表1-3の④A欄へ	※付表1-3の④B欄へ	
	控 除 過 大 調 整 税 額 〔(⑱、㉑又は㉒の金額)±㉓±㉔＋㉕〕がマイナスの時		㉗	※付表1-3の③A欄へ	※付表1-3の③B欄へ	
貸 倒 回 収 に 係 る 消 費 税 額			㉘	※付表1-3の③A欄へ	※付表1-3の③B欄へ	

注意　1　金額の計算においては、1円未満の端数を切り捨てる。
　　　2　⑨、⑪及び⑬欄には、値引き、割戻し、割引きなど仕入対価の返還等の金額がある場合(仕入対価の返還等の金額を仕入金額から直接減額している場合を除く。)には、その金額を控除した後の金額を記載する。
　　　3　⑪及び⑫欄の経過措置とは、所得税法等の一部を改正する法律(平成28年法律第15号)附則第52条又は第53条の適用がある場合をいう。

(R5.10.1以後終了課税期間用)

239

課税資産の譲渡等の対価の額の計算表 〔軽減売上割合（10営業日）を使用する課税期間用〕 | 売上区分用 |

　軽減対象資産の譲渡等（税率6.24％適用分）を行う事業者が、適用対象期間中に国内において行った課税資産の譲渡等（免税取引及び旧税率（6.3％等）が適用される取引は除く。）の税込価額を税率の異なるごとに区分して合計することにつき困難な事情があるときは、この計算表を使用して計算をすることができます（所得税法等の一部を改正する法律（平成28年法律第15号）附則38①）。

　以下の①～⑪欄に、当該適用対象期間中に行った取引について記載してください。

課 税 期 間	・・　～　・・	氏 名 又 は 名 称	
適 用 対 象 期 間	・・　～　・・		

			事 業 の 区 分 ご と の 計 算			
			（　　　）	（　　　）	（　　　）	合 計
税率ごとの区分が困難な事業における課税資産の譲渡等	課税資産の譲渡等の税込価額の合計額	①	円	円	円	
	通常の事業を行う連続する10営業日	②	年 月 日 (自)　・・ (至)　・・	年 月 日 (自)　・・ (至)　・・	年 月 日 (自)　・・ (至)　・・	
	②の期間中に行った課税資産の譲渡等の税込価額の合計額	③	円	円	円	
	③のうち、軽減対象資産の譲渡等（税率6.24％適用分）に係る部分の金額（税込み）	④				
	軽 減 売 上 割 合 （④／③）（※1）	⑤	〔　　　％〕 ※端数切捨て	〔　　　％〕 ※端数切捨て	〔　　　％〕 ※端数切捨て	
	軽減対象資産の譲渡等（税率6.24％適用分）の対価の額の合計額（税抜き） （①×④／③×100／108）（※1）	⑥	円	円	円	円
	軽減対象資産の譲渡等以外の課税資産の譲渡等（税率7.8％適用分）の対価の額の合計額（税抜き） （（①－（①×④／③））×100／110）（※1）	⑦				

（※1）　主として軽減対象資産の譲渡等（税率6.24％適用分）を行う事業者が、軽減売上割合の算出につき困難な事情があるときは、「50／100」を当該割合とみなして計算することができる。その場合は、②～④欄は記載せず、⑤欄に50と記載し、⑥及び⑦欄の金額の計算において、「④／③」を「50／100」として計算する。

税率ごとの区分が可能な課税資産の譲渡等の課税資産の譲渡等に区分けが困難な事業における	軽減対象資産の譲渡等（税率6.24％適用分）の対価の額の合計額（税抜き）（※2）	⑧	円
	軽減対象資産の譲渡等以外の課税資産の譲渡等（税率7.8％適用分）の対価の額の合計額（税抜き）（※3）	⑨	

（※2）　⑧欄には、軽減対象資産の譲渡等（税率6.24％適用分）のみを行う事業における課税資産の譲渡等の対価の額を含む。
（※3）　⑨欄には、軽減対象資産の譲渡等以外の課税資産の譲渡等（税率7.8％適用分）のみを行う事業における課税資産の譲渡等の対価の額を含む。

全課税資産の譲渡等における	軽減対象資産の譲渡等（税率6.24％適用分）の対価の額の合計額（税抜き） （⑥合計＋⑧）	⑩	※付表1-1を使用する場合は、付表1-1の①-1D欄へ ※付表4-1を使用する場合は、付表4-1の①-1D欄へ ※付表1-3を使用する場合は、付表1-3の①-1A欄へ ※付表4-3を使用する場合は、付表4-3の①-1A欄へ	円
	軽減対象資産の譲渡等以外の課税資産の譲渡等（税率7.8％適用分）の対価の額の合計額（税抜き） （⑦合計＋⑨）	⑪	※付表1-1を使用する場合は、付表1-1の①-1E欄へ ※付表4-1を使用する場合は、付表4-1の①-1E欄へ ※付表1-3を使用する場合は、付表1-3の①-1B欄へ ※付表4-3を使用する場合は、付表4-3の①-1B欄へ	

注意　1　金額の計算においては、1円未満の端数を切り捨てる。
　　　2　事業の区分ごとの計算がこの計算表に記載しきれないときは、この計算表を複数枚使用し、事業の区分ごとに①～⑦欄を適宜計算した上で、いずれか1枚の計算表に⑥及び⑦欄の合計額を記載する。

課 税 資 産 の 譲 渡 等 の 対 価 の 額 の 計 算 表
〔軽減売上割合(10営業日)を使用する課税期間用〕の留意事項等

1　この計算表における「**適用対象期間**」とは、基準期間における課税売上高が 5,000 万円以下である課税期間（法37①に規定する分割等に係る課税期間を除く。）のうち、令和元年 10 月 1 日から令和 5 年 9 月 30 日までの期間に該当する期間をいいます(附則 38①)。

2　この計算表における「**軽減対象資産の譲渡等(税率 6.24%適用分)**」とは、令和元年 10 月 1 日から令和 5 年 9 月 30 日までの間に国内において行う課税資産の譲渡等のうち以下の(1)及び(2)に該当するものをいいます(附則 34①)。

(1)　飲食料品(食品表示法(平成 25 年法律第 70 号)第 2 条第 1 項に規定する食品(酒税法(昭和 28 年法律第 6 号)第 2 条第 1 項に規定する酒類を除く。)をいい、食品と食品以外の資産が一の資産を形成し、又は構成しているもののうち一定の資産を含む。)の譲渡（次に掲げる課税資産の譲渡等は、含まないものとする。）

イ　飲食店業等を営む者が行う食事の提供(テーブル、椅子、カウンターその他の飲食に用いられる設備のある場所において飲食料品を飲食させる役務の提供をいい、当該飲食料品を持ち帰りのための容器に入れ、又は包装を施して行う譲渡は、含まないものとする。)
ロ　課税資産の譲渡等の相手方が指定した場所において行う加熱、調理又は給仕等の役務を伴う飲食料品の提供(ただし一定の場合を除く。)

(2)　一定の題号を用い、政治、経済、社会、文化等に関する一般社会的事実を掲載する新聞(1 週に 2 回以上発行する新聞に限る。)の定期購読契約(当該新聞を購読しようとする者に対して、当該新聞を定期的に継続して供給することを約する契約をいう。)に基づく譲渡

3　この計算表における「**軽減対象資産の譲渡等以外の課税資産の譲渡等(税率 7.8%適用分)**」とは、令和元年 10 月 1 日から令和 5 年 9 月 30 日までの間に国内において行う課税資産の譲渡等のうち、以下の(1)から(3)に該当しない課税資産の譲渡等をいいます。

(1)　上記の 2 に該当する課税資産の譲渡等
(2)　輸出免税の適用がある課税資産の譲渡等
(3)　税率引上げに伴う経過措置の適用により旧税率が適用される一定の課税資産の譲渡等

4　「課税資産の譲渡等の対価の額の計算表〔小売等軽減仕入割合を使用する課税期間用〕」を使用する場合は、この計算表を使用することはできません。

第5-(2)号様式

課税資産の譲渡等の対価の額の計算表 〔小売等軽減仕入割合を使用する課税期間用〕 　売上区分用

軽減対象資産の譲渡等(税率6.24%適用分)を行う事業者が、適用対象期間中に国内において行った卸売業及び小売業に係る課税資産の譲渡等(免税取引及び旧税率(6.3%等)が適用される取引は除く。)の税込価額を税率の異なるごとに区分して合計することにつき困難な事情があるときは、この計算表を使用して計算をすることができます(所得税法等の一部を改正する法律(平成28年法律第15号)附則38②)。

以下の①～⑬欄に、当該適用対象期間中に行った取引について記載してください。

課　税　期　間	・・ ～ ・・	氏名又は名称	
適　用　対　象　期　間	・・ ～ ・・		

			事　業　の　区　分　ご　と　の　計　算		
			(　　　)	(　　　)	合計
卸売業及び小売業に係る課税取引	課税仕入れに係る支払対価の額 (税込み)	①	円	円	
	特定課税仕入れに係る支払対価の額×110／100 (経過措置により旧税率が適用される場合は×108／100)	②			
	保税地域から引き取った課税貨物に係る税込引取価額	③			
	課税仕入れに係る支払対価の額等の合計額 (①+②+③)	④			
	④のうち、軽減対象資産の譲渡等(税率6.24%適用分)にのみ要するものの金額 (税込み)	⑤			
	小 売 等 軽 減 仕 入 割 合 (⑤／④) (※1)	⑥	〔　　%〕 ※端数切捨て	〔　　%〕 ※端数切捨て	
	課税資産の譲渡等の税込価額の合計額	⑦	円	円	
	軽減対象資産の譲渡等(税率6.24%適用分)の対価の額の合計額 (税抜き) (⑦×⑤／④×100／108) (※1)	⑧			円
	軽減対象資産の譲渡等以外の課税資産の譲渡等(税率7.8%適用分)の対価の額の合計額 (税抜き) ((⑦-(⑦×⑤／④))×100／110) (※1)	⑨			

(※1) 主として軽減対象資産の譲渡等(税率6.24%適用分)を行う事業者が、小売等軽減仕入割合の算出につき困難な事情があるときは、「50／100」を当該割合とみなして計算することができる。その場合は、①～⑤欄は記載せず、⑥欄に50と記載し、⑧及び⑨欄の金額の計算において、「⑤／④」を「50／100」として計算する。

卸売業及び小売業に係る課税取引以外	軽減対象資産の譲渡等(税率6.24%適用分)の対価の額の合計額 (税抜き)	⑩	円
	軽減対象資産の譲渡等以外の課税資産の譲渡等(税率7.8%適用分)の対価の額の合計額 (税抜き)	⑪	

全事業に係る課税取引	軽減対象資産の譲渡等(税率6.24%適用分)の対価の額の合計額 (税抜き) (⑧合計+⑩)	⑫	※付表1-1を使用する場合は、付表1-1の①-1D欄へ ※付表1-3を使用する場合は、付表1-3の①-1A欄へ 円
	軽減対象資産の譲渡等以外の課税資産の譲渡等(税率7.8%適用分)の対価の額の合計額 (税抜き) (⑨合計+⑪)	⑬	※付表1-1を使用する場合は、付表1-1の①-1E欄へ ※付表1-3を使用する場合は、付表1-3の①-1B欄へ

注意　1　金額の計算においては、1円未満の端数を切り捨てる。

　　　2　事業の区分ごとの計算がこの計算表に記載しきれないときは、この計算表を複数枚使用し、事業の区分ごとに①～⑨欄を適宜計算した上で、いずれか1枚の計算表に⑧及び⑨欄の合計額を記載する。

課 税 資 産 の 譲 渡 等 の 対 価 の 額 の 計 算 表
〔小売等軽減仕入割合を使用する課税期間用〕の留意事項等

1　この計算表における**「適用対象期間」**とは、基準期間における課税売上高が 5,000 万円以下である課税期間（法 37①の規定の適用を受ける課税期間及び同項に規定する分割等に係る課税期間を除く。）のうち、令和元年 10 月 1 日から令和 5 年 9 月 30 日までの期間に該当する期間をいいます（附則 38②）。

2　この計算表における**「軽減対象資産の譲渡等（税率 6.24％適用分）」**とは、令和元年 10 月 1 日から令和 5 年 9 月 30 日までの間に国内において行う課税資産の譲渡等のうち以下の(1)及び(2)に該当するものをいいます（附則 34①）。

　⑴　飲食料品（食品表示法（平成 25 年法律第 70 号）第 2 条第 1 項に規定する食品（酒税法（昭和 28 年法律第 6 号）第 2 条第 1 項に規定する酒類を除く。）をいい、食品と食品以外の資産が一の資産を形成し、又は構成しているもののうち一定の資産を含む。）の譲渡（次に掲げる課税資産の譲渡等は、含まないものとする。）

　　イ　飲食店業等を営む者が行う食事の提供（テーブル、椅子、カウンターその他の飲食に用いられる設備のある場所において飲食料品を飲食させる役務の提供をいい、当該飲食料品を持ち帰りのための容器に入れ、又は包装を施して行う譲渡は、含まないものとする。）
　　ロ　課税資産の譲渡等の相手方が指定した場所において行う加熱、調理又は給仕等の役務を伴う飲食料品の提供（ただし一定の場合を除く。）

　⑵　一定の題号を用い、政治、経済、社会、文化等に関する一般社会的事実を掲載する新聞（1 週に 2 回以上発行する新聞に限る。）の定期購読契約（当該新聞を購読しようとする者に対して、当該新聞を定期的に継続して供給することを約する契約をいう。）に基づく譲渡

3　この計算表における**「軽減対象資産の譲渡等以外の課税資産の譲渡等（税率 7.8％適用分）」**とは、令和元年 10 月 1 日から令和 5 年 9 月 30 日までの間に国内において行う課税資産の譲渡等のうち、以下の(1)から(3)に該当しない課税資産の譲渡等をいいます。

　⑴　上記の 2 に該当する課税資産の譲渡等
　⑵　輸出免税の適用がある課税資産の譲渡等
　⑶　税率引上げに伴う経過措置の適用により旧税率が適用される一定の課税資産の譲渡等

4　以下の(1)又は(2)に該当する場合は、この計算表を使用することはできません。

　⑴　簡易課税制度の適用を受ける場合
　⑵　「課税資産の譲渡等の対価の額の計算表〔軽減売上割合（10 営業日）を使用する課税期間用〕」又は「課税仕入れ等の税額の計算表〔小売等軽減売上割合を使用する課税期間用〕」を使用する場合

第4-(13)号様式

付表6　税率別消費税額計算表
〔小規模事業者に係る税額控除に関する経過措置を適用する課税期間用〕

特　別

課　税　期　間	・　・　〜　・　・	氏 名 又 は 名 称	

Ⅰ　課税標準額に対する消費税額及び控除対象仕入税額の計算の基礎となる消費税額

区　　　　　分	税率 6.24 % 適用分 A	税率 7.8 % 適用分 B	合　　　計　　　C (A+B)
課 税 資 産 の 譲 渡 等 の 対 価 の 額　①	※第二表の⑤欄へ　　　　　円	※第二表の⑥欄へ　　　　　円	※第二表の⑦欄へ　　　　　円
課　税　標　準　額　②	①A欄（千円未満切捨て）　000	①B欄（千円未満切捨て）　000	※第二表の①欄へ　　　　　000
課 税 標 準 額 に 対 す る 消 費 税 額　③	（②A欄×6.24/100）　※第二表の⑮欄へ	（②B欄×7.8/100）　※第二表の⑯欄へ	※第二表の⑪欄へ
貸 倒 回 収 に 係 る 消 費 税 額　④			※第一表の③欄へ
売 上 対 価 の 返 還 等 に 係 る 消 費 税 額　⑤			※第二表の⑰、⑱欄へ
控除対象仕入税額の計算 の 基 礎 と な る 消 費 税 額 （ ③ ＋ ④ － ⑤ ）　⑥			

Ⅱ　控除対象仕入税額とみなされる特別控除税額

項　　　　　目	税率 6.24 % 適用分 A	税率 7.8 % 適用分 B	合　　　計　　　C (A+B)
特 別 控 除 税 額 （ ⑥ × 80 % ）　⑦			※第一表の④欄へ

Ⅲ　貸倒れに係る税額

項　　　　　目	税率 6.24 % 適用分 A	税率 7.8 % 適用分 B	合　　　計　　　C (A+B)
貸 倒 れ に 係 る 税 額　⑧			※第一表の⑥欄へ

注意　金額の計算においては、1円未満の端数を切り捨てる。

(R5.10.1以後終了課税期間用)

244

第 6 －(1)号様式

消費税及び地方消費税の更正の請求書

※順　号	
※整理番号	

税務署受付印	納　税　地	（〒　　　－　　　）（電話　　　－　　　－　　　　）
令和　　年　　月　　日	（フリガナ）	
	氏　　　名	
税務署長	個　人　番　号	

下記のとおり、国税通則法第 23 条（消費税法第 56 条）及び地方税法附則第 9 条の 4 の規定により更正の請求をします。

更正の請求の対象となる納税申告、更正、決定	令和　　年　月　日から　令和　　年　月　日までの課税期間	申告・更正・決定
	令和　　年　月　日付	
更正の請求をする理由、請求をするに至った事情等		
修正申告書提出年月日又は更正決定通知書受理年月日	令和　　年　　月　　日	

（請求額の明細）

区　　　分				正　当　と　す　る　額
消費税の税額の税額の計算	課　税　標　準　額		①	０００円
	消　　費　　税　　額		②	
	控　除　過　大　調　整　税　額		③	
	控除税額	控　除　対　象　仕　入　税　額	④	
		返　還　等　対　価　に　係　る　税　額	⑤	
		貸　倒　れ　に　係　る　税　額	⑥	
		控　除　税　額　小　計　(④＋⑤＋⑥)	⑦	
	控　除　不　足　還　付　税　額　(⑦－②－③)		⑧	
	差　引　税　額　(②＋③－⑦)		⑨	００
	中　間　納　付　税　額		⑩	００
	納　付　税　額　(⑨－⑩)		⑪	００
	中　間　納　付　還　付　税　額　(⑩－⑨)		⑫	００
	こ　の　請　求　前　の　既　確　定　税　額		⑬	
地方消費税の税額の税額の計算	地方消費税の課税標準となる消費税額	控　除　不　足　還　付　税　額	⑭	
		差　引　税　額	⑮	００
	譲渡割額	還　付　額	⑯	
		納　税　額	⑰	００
	中　間　納　付　譲　渡　割　額		⑱	００
	納　付　譲　渡　割　額　(⑰－⑱)		⑲	００
	中　間　納　付　還　付　譲　渡　割　額　(⑱－⑰)		⑳	００
	こ　の　請　求　前　の　既　確　定　譲　渡　割　額		㉑	

還付される税金の受取場所	イ　銀行等の預金口座に振込みを希望する場合　　　　　　　　　　　　　　　　　　　本店・支店 　　　　　　　　　　　銀行　　　　　　　　　　　　　　　　　　出　張　所 　　　　　　　　金庫・組合　　　　　　　　　　　　　　　　　　本所・支所 　　　　　　　　漁協・農協 　　　　　　　　　　　　　　預金　口座番号 ロ　公金受取口座への振込みを希望する場合 　　□　公金受取口座を利用する	ハ　ゆうちょ銀行の貯金口座に振込みを希望する場合 　　貯金口座の記号番号 　　　　　　　　－ ニ　郵便局等の窓口での受け取りを希望する場合 　　郵便局名等
	※　個人番号（マイナンバー）の記載がない場合は、公金受取口座を利用することができません。	

添付書類		税理士署名	

※税務署処理欄	通信日付印	年　月　日	確認	番号確認	身元確認	□ 済 □ 未済	確認書類	個人番号カード／通知カード・運転免許証 その他（　　　　　）	備考

245

第6-(2)号様式

消費税及び地方消費税の更正の請求書

※整理番号 _____

（税務署受付印）	納　税　地	（〒　－　） （電話　－　－　）
令和　年　月　日	（フリガナ） 法　人　名	
	法　人　番　号	
税務署長殿	（フリガナ） 代表者氏名	

国税通則法第23条及び地方税法附則第9条の4の規定に基づき　　自　令和　年　月　日　課税期間の
消費税法第56条　　　　　　　　　　　　　　　　　　　　　　　至　令和　年　月　日

令和　年　月　日付　申告・更正・決定に係る課税標準等又は税額等について下記のとおり更正の
請求をします。

記

区　　　　　分			更　正　の　請　求　金　額
消費税の税額の計算	課　税　標　準　額	①	000円
	消　　費　　税　　額	②	
	控　除　過　大　調　整　税　額	③	
	控除税額	控　除　対　象　仕　入　税　額 ④	
		返　還　等　対　価　に　係　る　税　額 ⑤	
		貸　倒　れ　に　係　る　税　額 ⑥	
		控　除　税　額　小　計（④＋⑤＋⑥）⑦	
	控　除　不　足　還　付　税　額（⑦－②－③）⑧		
	差　引　税　額（②＋③－⑦）⑨		00
	中　間　納　付　税　額 ⑩		00
	納　付　税　額（⑨－⑩）⑪		00
	中　間　納　付　還　付　税　額（⑩－⑨）⑫		00
	この　請　求　前　の　既　確　定　税　額 ⑬		
地方消費税の税額の計算	地方消費税の課税標準となる消費税額	控除不足還付税額 ⑭	
		差　引　税　額 ⑮	00
	譲渡割額	還　付　額 ⑯	
		納　税　額 ⑰	00
	中　間　納　付　譲　渡　割　額 ⑱		00
	納　付　譲　渡　割　額（⑰－⑱）⑲		00
	中　間　納　付　還　付　譲　渡　割　額（⑱－⑰）⑳		00
	この　請　求　前　の　既　確　定　譲　渡　割　額 ㉑		

（更正の請求をする理由等）

修正申告書提出年月日	令和　年　月　日	添付書類
更正決定通知書受理年月日	令和　年　月　日	

還付される税金の受取場所	イ　銀行等の預金口座に振込みを希望する場合 銀　行　　本店・支店 金庫・組合　出張所 漁協・農協　本所・支所 _____ 預金　口座番号	ロ　ゆうちょ銀行の貯金口座に振込みを希望する場合 貯金口座の記号番号 　－ ハ　郵便局等の窓口での受け取りを希望する場合 郵便局名等

税理士署名	

※税務署処理欄	部門	決算期	業種番号	番号確認	整理簿	備考	通信日付印　年　月　日	確認

246

国税庁ホームページで申告書を作成しよう！

　個人事業者の消費税及び地方消費税の確定申告書は、国税庁ホームページの「確定申告書等作成コーナー」で作成することができます。

　「確定申告書等作成コーナー」の画面の案内に従って金額等を入力すれば、税額などが自動計算され、消費税及び地方消費税の申告書等が作成できます。

　作成が終わったら、印刷して郵送等で提出又はe-Taxでデータ送信できます。

※　e-Taxでデータ送信するには、①電子証明書（マイナンバーカード）の取得及び②マイナンバーカード読取対応のスマートフォン又はICカードリーダライタの取得が必要となります。

（1）申告書の選択

1　国税庁ホームページの「所得税の確定申告書」を選択

　国税庁ホームページを開き、「所得税の確定申告書」をクリックします。

　画面が表示されますので、「確定申告特集」クリックします。

2 「申告書等の作成開始」を選択

確定申告書等作成コーナーのトップ画面が表示されますので、クリックします。

3 作成方法と提出方法を選択

申告書等の作成方法と提出方法を選択します。

新規に作成する場合と途中又は過去のデータを活用して作成する場合を選択することができます。

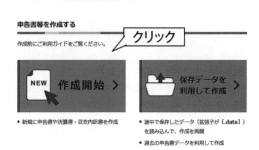

印刷して書面で提出する場合は、下の「印刷して書面提出する」をクリックします。

また、e-Taxで送信する場合は、下の「e-Taxで提出する」をクリックします。

4 利用環境などの確認

利用環境を確認します。

また、利用規約を確認し、同意する場合は、「利用規約に同意して次へ」をクリックしてください。

5 「消費税の確定申告書作成コーナー」を選択

作成する申告書等を選択する画面です。該当する年分を確認し、「消費税」をクリックしてください。

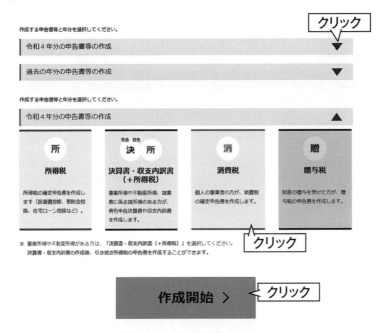

(2) 申告内容の入力

1 一般課税・簡易課税の条件判定等

基準期間の課税売上高等を入力します。

この項目を入力することにより、一般課税・簡易課税の条件判定等がされます。

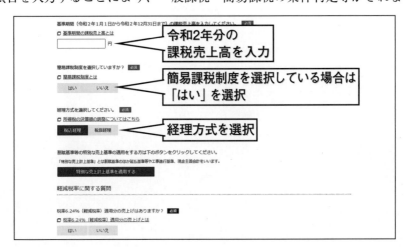

2 所得区分の選択【簡易課税】

3 事業区分の選択【簡易課税】

「事業所得（営業等）」、「雑所得（原稿料等）」を選択した場合のみ表示されます。

4 所得区分ごとの売上（収入）金額等の入力【簡易課税】

　所得区分ごとの「売上額等を入力する」ボタンをクリックし、所得区分ごとの売上（収入）金額等を入力します。

　※　売上額等の入力が終わった所得区分は、「売上額等を入力する」ボタンが、「訂正・内容確認」

ボタン及び「削除」ボタンに変わります。

5 事業所得(営業等)の売上(収入)金額等の入力【簡易課税】

「青色申告決算書」又は「収支内訳書」を基に売上(収入)金額等を入力します。

なお、売上(収入)金額等に、「免税取引」、「非課税取引」、「非課税資産の輸出等」及び「不課税取引」が含まれている場合には、それぞれの金額を入力します。

※ 次図は、事業所得(営業等)の第1種事業を選択した場合の表示になります。

6 不動産所得の売上(収入)金額等の入力【簡易課税】

「青色申告決算書」又は「収支内訳書」を基に売上(収入)金額等を入力します。

なお、収入金額等に、「免税取引」、「非課税取引」及び「不課税取引」が含まれている場合には、それぞれの金額を入力します。

不動産所得の収入金額等の入力 簡易課税 税込

トップ画面 ＞ 事前準備 ＞ **申告書等の作成** ＞ 申告書等の送信・印刷 ＞ 終了

収入金額・免税取引・非課税取引等の金額の入力

収入金額の中に、免税、非課税又は不課税に係るものが含まれている場合は、その金額も入力してください。

	賃貸料	礼金・権利金・更新料	科目名（任意）
収入金額 必須	円	円	円
うち免税取引	円	円	円
うち非課税取引	円	円	円
うち不課税取引	円	円	円
うち課税取引	円	円	円

売上げに係る対価の返還等の金額の入力

令和4年1月1日から令和4年12月31日の間で、収入金額から直接減額していない売上げに係る対価の返還等の金額がありますか？ 必須

🔲 売上げに係る対価の返還等とは
  はい　　いいえ

発生した貸倒金の金額の入力

令和4年1月1日から令和4年12月31日の間で発生した貸倒金はありますか？ 必須
  はい　　いいえ

回収した貸倒金の金額の入力

令和4年1月1日から令和4年12月31日の間で回収した貸倒金はありますか？ 必須
  はい　　いいえ

7 所得区分ごとの売上（収入）金額等の入力（入力完了）【簡易課税】

　全ての所得区分の売上額等の入力が完了したら、「入力終了（次へ）」ボタンをクリックします。

　※　売上額等の入力が終わっていない所得区分は、「売上額等を入力する」と表示されているので、4に戻って入力してください。

売上（収入）金額等の入力 簡易課税 税込

トップ画面 ＞ 事前準備 ＞ **申告書等の作成** ＞ 申告書等の送信・印刷 ＞ 終了

事業区分ごとに売上（収入）金額の入力を行ってください。

所得区分	事業区分	売上（収入）金額等
✓ 事業所得（営業等）	第1種事業	訂正・内容確認
✓ 不動産所得	第6種事業	訂正・内容確認

クリック

前に戻る　　　データを保存して中断　　　次へ進む

お問い合わせ　個人情報保護方針　利用規約　推奨環境　　　Copyright (c) 2021 NATIONAL TAX AGENCY All Rights Reserved.

8 中間納付税額等の入力

　中間申告に係る納付税額がある方は、中間納付税額等を入力します。

　中間申告を行っていない方は、何も入力せず「入力終了（次へ）＞」ボタンをクリッ

クします。

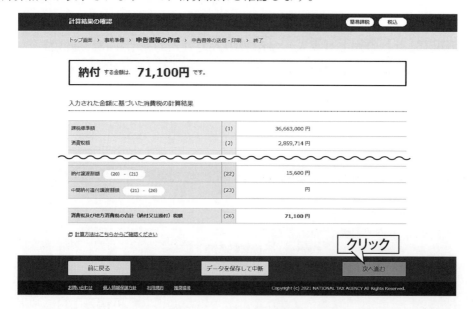

中間納付税額等の入力　　　　　　　　　　簡易課税　税込

トップ画面 ＞ 事前準備 ＞ **申告書等の作成** ＞ 申告書等の送信・印刷 ＞ 終了

中間申告に係る納付税額のある方は、入力してください。

中間申告を行っていない方は、入力する必要はありません ので、画面下の「次へ進む」ボタンをクリックしてください。

中間申告とは

中間申告に係る納付税額がある場合は入力

中間納付税額

□ 円

中間納付譲渡割額

□ 円

※ 中間申告に係る納付税額には、「中間納付税額」と「中間納付譲渡割額」が含まれていますので、それぞれの金額を入力してください。
※ 税務署から送付した申告書には、中間納付税額（[10]欄）、中間納付譲渡割額（[21]欄）にその合計額が印字されています。なお、1月ごと（年11回）の中間申告を行った場合、中間納付税額及び中間納付譲渡割額は印字されませんので、最終の中間申告分まで（11回分）の消費税及び地方消費税額を合計して入力してください。

税務署から送付した申告書等の中間納付税額等の印字場所

前に戻る　　　　データを保存して中断　　　　次へ進む

お問い合わせ先　個人情報保護方針　利用規約　推奨環境　　　Copyright (c) 2021 NATIONAL TAX AGENCY All Rights Reserved.

9 計算結果の確認

計算結果が表示されますので、計算結果を確認します。

計算結果の確認　　　　　　　　　　簡易課税　税込

トップ画面 ＞ 事前準備 ＞ **申告書等の作成** ＞ 申告書等の送信・印刷 ＞ 終了

納付 する金額は、 **71,100円** です。

入力された金額に基づいた消費税の計算結果

課税標準額	(1)	36,663,000 円
消費税額	(2)	2,859,714 円
納付譲渡割額 (20) - (21)	(22)	15,600 円
中間納付還付譲渡割額 (21) - (20)	(23)	円
消費税及び地方消費税の合計（納付又は還付）税額	(26)	71,100 円

計算方法はこちらからご確認ください

クリック

前に戻る　　　　データを保存して中断　　　　次へ進む

お問い合わせ先　個人情報保護方針　利用規約　推奨環境　　　Copyright (c) 2021 NATIONAL TAX AGENCY All Rights Reserved.

10 住所・氏名等の入力

納付は、以下のいずれかの方法で行ってください。
申告書の提出後に、税務署から納付書の送付や納税通知等のお知らせはありませんので、ご注意ください。
各納付方法の詳細については、国税庁ホームページをご覧ください。

納付手続名	納付方法
振替納税 **期限** 令和5年3月31日（金）までに振替依頼書を提出してください。 令和4年分の期限内申告分の振替日は、令和5年4月27日（木）です。 **手数料** 不要です。	指定した預貯金口座からの引落しにより納付する方法です。 期限内に申告された場合に限りご利用いただけます。 以下に該当する方は振替依頼書等の提出が必要です。 ● 初めて振替納税を利用される方 ● ご利用中の金融機関等を変更される方 　　　　　**振替依頼書（書面）を作成する** ※振替依頼書（書面）を作成するには、金融機関お届け印が必要です。 ● ご利用中の方で、申告書の提出先税務署が変わった方 　振替納税の継続を希望される方は、チェックボックスを選択ください。 　なお、振替納税を利用する金融機関を変更する場合は、改めて振替依頼書の提出が必要となります。 ※申告書の提出先税務署が変わらない方は、チェックボックスの選択は必要ありません。 　　　　　**振替納税の継続を希望する □**
電子納税 **期限** 令和5年3月31日（金） **手数料** 不要です。 インターネットバンキング等を利用して納付される場合、利用のための手数料がかかる場合があります。	e-Taxを利用してダイレクト納付（e-Taxによる口座振替）又はインターネットバンキング等から納付する方法です。
クレジットカード納付 **期限** 令和5年3月31日（金） **手数料** 納付税額に応じた決済手数料がかかります。 決済手数料は国の収入になるものではありません。	「国税クレジットカードお支払サイト」（外部サイト）上での手続により、納付受託者へ国税の納付を委託する方法です。 <注意事項> クレジットカード納付をした場合、納付済の納税証明書の発行が可能となるまで、3週間程度かかる場合があります。
スマホアプリ納付 **期限** 令和5年3月31日（金） **手数料** 不要です。	申告書等とともに出力されるスマホアプリ納付用QRコードを読み取って、「国税スマートフォン決済専用サイト」（外部サイト）上での手続により、納付受託者へ国税の納付を委託する方法です。 利用可能なPay払いはこちらをご確認ください。 <注意事項> スマホアプリ納付をした場合、納付済の納税証明書の発行が可能となるまで、3週間程度かかる場合があります。 　　　　　**スマホアプリ納付用QRコードを作成する □**
コンビニQR納付 **期限** 令和5年3月31日（金） **手数料** 不要です。	申告書等とともに、コンビニ納付用QRコードを出力し、利用可能なコンビニエンスストアで納付する方法です。 利用可能なコンビニエンスストアはこちらをご確認ください。 <注意事項> コンビニ納付をした場合、納付済の納税証明書の発行が可能となるまで、3週間程度かかる場合があります。 　　　　　**コンビニ納付用QRコードを作成する □**
窓口納付 **期限** 令和5年3月31日（金） **手数料** 不要です。	金融機関又は所轄の税務署の窓口で納付する方法です。 納付書は一部の金融機関及び全国の税務署の窓口に用意しています。

納税地・氏名等の入力

東日本大震災により避難されている方はこちらをご参照ください。

制限文字数を超える場合、省略可能な文字（マンション名等）は省略して入力して差し支えありません。

納税地情報

納税地		住所 　事業所等
		事業所等の所在地を納税地とする場合には、届出が必要です。
住所又は事業所等	郵便番号	123 － 4567 　郵便番号から住所入力
	都道府県市区町村	都道府県 　　　　　　∨ 市区町村 　　　　　　∨
		郵便番号から検索できなかった方は、こちらから都道府県や市区町村を選択してください。
	町名・番地	[都道府県市区町村と合計で28文字以内] ○○町1－1－1
	建物名・号室	[28文字以内] ○○アパート101号室

申告書を提出する税務署

提出先税務署	都道府県 選択してください ∨ 税務署 　　　　　　∨
	リストから都道府県を選択後、税務署名を選択してください。 🔲 管轄の税務署を調べる
整理番号	[半角数字8桁] 01234567
	税務署から送付された申告書等により整理番号がお分かりになる場合は入力してください。 🔲 この番号を入力してください。
提出年月日	令和 ∨ 　∨ 年 　∨ 月 　∨ 日 提出時に手書きしても差し支えありません。

氏名等

氏名（カナ）	[11文字以内] コクゼイ	[11文字以内] タロウ
氏名（漢字）	[10文字以内] 国税	[10文字以内] 太郎
マイナンバー（個人番号）	－ 　－ 　 🔲 マイナンバーの入力欄を表示する。	
電話番号	[半角数字合計14桁以内] 03 － 1234 － 5678 平日の昼間にご連絡のとれる電話番号を市外局番より入力してください（携帯電話でも結構です。）。	

屋号・雅号

フリガナ	[40文字以内] コクゼイショウテン
漢字	[30文字以内] 国税商店

⚠ 住所や氏名等の基本情報について、申告書等を提出される際には忘れずに記載（入力）をお願いします。

前に戻る 　　　データを保存して中断 　　　次へ進む

お問い合わせ　個人情報保護方針　利用規約　推奨環境 　　　Copyright (c) 2021 NATIONAL TAX AGENCY All Rights Reserved.

11 申告書等印刷

印刷する帳票を選択し印刷します。

印刷に当たっての留意事項

- 申告書等はAdobe Acrobat Readerで表示・印刷しますので、インストールしていない方は、「推奨環境」のバージョンを確認し、ダウンロードしてください。
  - ダウンロードはこちら

- 申告書等は、Ａ４サイズの「普通紙」を使用して、白黒又はカラーで片面印刷してください。

- 提出用の申告書等については、3点マークが正しく印刷されているか確認してください。
  - 印刷結果の確認方法はこちら

- プリンタをお持ちでない方は、コンビニエンスストア等のプリントサービスを利用して申告書等の印刷をすることができます。
  - プリントサービスの詳細はこちら

印刷する帳票の選択

印刷する必要がない帳票については、項目のチェックを外してください。

チェック	項目
☑	消費税及び地方消費税申告書（第一表）（簡易用）【提出用】
☑	消費税及び地方消費税申告書（第二表）【提出用】
☑	本人確認書類（写）添付台紙
☑	付表4-3【提出用】
☑	付表5-3【提出用】
☑	消費税及び地方消費税申告書（第一表）（簡易用）【控用】
☑	消費税及び地方消費税申告書（第二表）【控用】
☑	付表4-3【控用】
☑	付表5-3【控用】
☑	課税売上高計算表
☑	提出書類等のご案内

帳票表示・印刷

手順1 下の「帳票表示・印刷」ボタンをクリックしてください。
手順2 画面下に表示される通知の「ファイルを開く」をクリックして帳票を表示し、印刷してください。
  - 帳票の印刷で分からないことがある方はこちら

帳票表示・印刷

12 消費税の納税義務者でなくなった旨の届出書作成選択

　下図は、令和4年分の課税売上高が1,000万円以下となった場合に表示されます。

　提出書を作成コーナーで作成する場合は「作成する」を選択し、「入力終了（次へ）＞」をクリックします。

消費税の納税義務者でなくなった旨の届出書作成選択

トップ画面 ＞ 事前準備 ＞ 申告書等の作成 ＞ 申告書等の送信・印刷 ＞ 終了

令和4年分の課税売上高が1,000万円以下となりました。
令和4年分の課税売上高が1,000万円以下となった方は、原則として、令和6年分の消費税の納税義務が免除されますので、「消費税の納税義務者でなくなった旨の届出書」を提出する必要があります。

☐ 災害（地震、風水害、雪害等）により被害を受けた方は、消費税法の特例を受けられる場合がありますので、こちらをご覧ください。

「消費税の納税義務者でなくなった旨の届出書」を作成しますか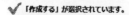

✔ 「作成する」が選択されています。

⚠ ・この届出書を提出した場合であっても、特定期間（原則として、令和5年1月1日から令和5年6月30日）の課税売上高が1,000万円を超える場合には、この届出の適用開始課税期間の納税義務は免除されません。
・課税事業者選択届出書を提出している方が免税事業者に戻ろうとする場合は、「消費税課税事業者選択不適用届出書」を提出する必要があります（確定申告書作成コーナーでは作成できません。）。

消費税の納税義務者でなくなった旨の届出書の作成 簡易課税 税込

トップ画面 ＞ 事前準備 ＞ 申告書等の作成 ＞ 申告書等の送信・印刷 ＞ 終了

納税義務者となった日	▢ ▢年 ▢月 ▢日
	※ 先に提出した「消費税課税事業者届出書」の「適用開始課税期間」後の初日を入力してください。
この届出書の提出年月日	令和▢ ▢年 ▢月 ▢日
	※ 提出時に手書きしても差し支えありません。
参考事項	[各行40文字以内]

前に戻る　　データを保存して中断　　次へ進む

260

執筆者等一覧

大 谷 靖 洋

足 立 昌 隆

長 尾 梨 沙

森 田 廉 直

宮 澤 拓 哉

令和5年11月改訂

消費税簡易課税の税額計算と一目でわかる事業区分

2023年12月1日　発行

編　者　　大谷　靖洋

発行者　　新木　敏克

発行所　　公益財団法人 納税協会連合会
〒540-0012 大阪市中央区谷町1-5-4　電話（編集部）06（6135）4062

発売所　　株式会社 清文社
大阪市北区天神橋2丁目北2-6（大和南森町ビル）
〒530-0041　電話 06（6135）4050　FAX 06（6135）4059
東京都文京区小石川1丁目3-25（小石川大国ビル）
〒112-0002　電話 03（4332）1375　FAX 03（4332）1376
URL https://www.skattsei.co.jp/

印刷：㈱太洋社

ISBN978-4-433-70273-1